How to Think

哲学

Like

思维

a Philosopher

清晰思考的 12 条关键原则
Essential Principles *for* Clearer Thinking

Julian Baggini
[英] 朱利安·巴吉尼 著
陈劲 姜智勇 译

中信出版集团 | 北京

图书在版编目（CIP）数据

哲学思维：清晰思考的12条关键原则 /（英）朱利安·巴吉尼著；陈劲，姜智勇译. -- 北京：中信出版社，2024.3

书名原文：How to Think Like a Philosopher: Essential Principles for Clearer Thinking

ISBN 978-7-5217-6314-0

Ⅰ.①哲… Ⅱ.①朱… ②陈… ③姜… Ⅲ.①哲学－普及读物 Ⅳ.① B-49

中国国家版本馆 CIP 数据核字（2024）第 008353 号

Originally published in English by Granta Books under the title *How to Think Like a Philosopher*
Copyright © Julian Baggini, 2023
Julian Baggini asserts the moral right to be identified as the author of this work.
Simplified Chinese translation copyright ©2024 by CITIC Press Corporation
ALL RIGHTS RESERVED
本书仅限中国大陆地区发行销售

哲学思维——清晰思考的12条关键原则
著者：　　［英］朱利安·巴吉尼
译者：　　陈劲　姜智勇
出版发行：中信出版集团股份有限公司
　　　　　（北京市朝阳区东三环北路 27 号嘉铭中心　邮编　100020）
承印者：　三河市中晟雅豪印务有限公司

开本：787mm×1092mm　1/16　印张：22.25　字数：256 千字
版次：2024 年 3 月第 1 版　　印次：2024 年 3 月第 1 次印刷
京权图字：01-2024-0809　　书号：ISBN 978-7-5217-6314-0
定价：69.00 元

版权所有·侵权必究
如有印刷、装订问题，本公司负责调换。
服务热线：400-600-8099
投稿邮箱：author@citicpub.com

目录 CONTENTS

序言　　　　　　　　i

第一章　　集中注意力　　　　　　　　001
第二章　　质疑一切，包括你的质疑本身　　021
第三章　　推敲每一个步骤　　　　　　041
第四章　　遵循事实　　　　　　　　　073
第五章　　使用准确的语言　　　　　　097
第六章　　兼容并蓄，全面思考　　　　127
第七章　　学些心理学　　　　　　　　151
第八章　　捕捉重点　　　　　　　　　177
第九章　　培养自知之明　　　　　　　207
第十章　　独立思考，但不要独自思考　231
第十一章　把万物联系起来　　　　　　259
第十二章　永不放弃　　　　　　　　　283
结语　　　　305
关键概念词汇表　　311
受访者　　　325
注释　　　　337

序言

INTRODUCTION

> 聪明人最容易在傻事上栽跟头。一个人越是狡狯，就越不可能怀疑自己会在阴沟里翻船，因而，捉住他的圈套往往就越简单。
>
> —— 陀思妥耶夫斯基，《罪与罚》

人类失去理性了吗？还是从未拥有过它？每个时代都有人哀叹理性的式微，只不过在今天，这些声音听起来更聒噪、更无望、更不绝于耳。尽管如此，我们仍无法想象历史上哪个时代的理性活动会比现在更轻松。曾几何时，人们目不识丁的可能性远远大于能读会写的；教会和宫廷牢牢把控着出版；书籍高得离谱的价格让人望而却步；政治上和宗教上的不同意见可能把人送上绞刑架；科学知识寥若晨星、谎言谬论如日中天……难道说那时人们的思维反倒比现在更缜密吗？这让人难以置信。即使在短短50年前，多数人的主要信息来源也仅限于党派色彩浓重的报纸及屈指可数的电视和广播频道。当时的公共图书馆发挥着如今维基百科的作用，然而它们的藏书量小得多，检索起来也很不方便。

专家们总是急不可耐地宣布，自己所处时代的衰颓与非理性是最严重的，而哲学家们往往更多地看到，人类理性的失灵由来已久，且无处不在。人类的确迫切需要更好地思考，而且现在就需要，而其原因仅仅在于它永远是必需的，并且这里的"永远"指的都是"现在"。当前泛滥成灾的扭曲思维亟待纠正，过去也是一样。过去只能游走在边缘地带的蠢事如今占据了舞台的中央：阴谋论、气候变化否认论、疫苗怀疑论、宗教极端主义、江湖医术骗局……简直不可尽数。与此同时，曾经广受敬重的主流变得无所适从。英国女王问过几位经济学家这样一个让他们非常难堪的问题：为什么他们没能预见2008年金融危机的爆发？那是女王最能代表自己国民的时刻之一。人们不需要多么精深的专业知识就可以知道，气候灾难早已迫在眉睫。然而，全世界的领导者却在争座次、抢交椅，忙得不亦乐乎。在很多教育程度发达的富裕工业化国家里，例如美国、巴西和匈牙利等，数百万选民抛弃了正统政治，把选票投给了教唆仇恨、蛊惑人心的民粹主义政客。

优秀思维占据上风的例子同样有很多，这让我们更多地看到了希望。众多迹象都在彰显人类的智慧与创造力，例如：新冠疫苗的快速研发、绝对贫困人口的大幅下降、人们对非理性的深刻认识以及对种族主义、厌女症和同性恋恐惧症等问题的危害更加深入的理解等。

想要更好地促进理性思考，我们可以从哲学家身上学到很多。数千年来，哲学家始终是完善思维的行家里手。在一个对新奇性和创新顶礼膜拜的时代，人们更有必要重新学习历史上最了不起的思想，真正领悟经典常变常新的道理。当然，并不是每位哲学家都认同我的说法，因为哲学家本来就是争论不休的，即使是——或者说尤其是——在面对最根本的问题时。哲学并不是缜密推理的垄断者，也不可能对粗陋草率的思想免疫。但是只有哲学把焦点对准了明晰思考的必要意义，并把它看得高于一切。哲学以外的每个学科各有自己的确凿依据。科学家可以做实验，经济学家有数据可依，人类学家有"参与性观察法"，历史学家有史料，考古学家有文物……只有哲学家两手空空，没有特别的信息来源。哲学家的独门功夫只有在没有保障可依的情况下进行思考的能力。因此，想学会如何更好地思考、如何在缺少可依靠的专门知识的情况下更好地思考，再没有比哲学家更好的榜样了。

然而，哲学推理原则的标准框架遗漏了最重要的部分。哲学专业的学生要学习逻辑推理原则，他们有成堆的谬误需要避免，他们还要解释归纳推理和溯因推理之间的不同，诸如此类的技能不胜枚举。这些都非常重要，但是仅凭它们是不够的。这就好比开车，绝大多数驾驶者都懂得如何换挡和控制速度，但是，开得好与不好的差别主要不在于驾驶者对驾驶原理和驾驶技术的掌握程度，而在于他们对开车这件事的**态度**。态度才是最要紧的：你有多重视这件事？开车时你会多专心？你有多大的动力把车开好？你对路面上的其他人考虑多少？思考也是如此：态度和技能同样重要。

恰当的态度是哲学独有的"X 因子"[①]——我们也可以称之为"P 因子"[②]。最优秀的哲学家凭此脱颖而出，把那些具备一切逻辑技能却唯独缺少洞察力的同辈甩在身后。"P 因子"和"X 因子"同样让人难以捉摸，也无法对其做出准确的定义。它是一种美德。这里的美德指的并不是食用有机燕麦或者爱岗敬业。在古希腊哲学

[①] "X 因子"指人们获得成功所必备但又难以准确描述的要素。——编者注
[②] 因为哲学一词的英文首字母为 P，故作者将其化同为"P 因子"。——译者注

中，美德指的是有利于好好生活——和好好思考——的习惯、态度和性格特征。德性认识论（认识论是一种关于知识的理论）的推理方法认为，好的推理离不开特定的思维习惯和态度，它不仅仅是可以编成计算机程序的表面流程那么简单。最近几十年来，学院哲学界开始越来越多地理解和欣赏认识论中的美德，但这还远远不够。现在是时候把它放在优质思维中的核心地位了，那才是它应有的位置。

在过去的三十多年里，我始终致力于研究哲学、阅读哲学、撰写哲学著作、谈论哲学，而且经常和哲学家探讨。这些经历让我越来越确信，如果少了"认识美德"的"P因子"，批判性思维的种种技能就只能是卖弄高深的把戏。耍这些把戏的人依仗敏捷的才思把他人的论证撕成碎片，给旁观者留下深刻印象。我要把真正优秀思维的源泉同这种所谓的聪慧划清界限。缺少"P因子"的聪慧思想者往往无聊至极，令人生厌。对哲学推动人类认识世界并理解彼此这一历史使命来说，这些人毫无帮助。

我的兴趣并不仅限于探究是什么造就了优秀的哲学家，还试图捋清是什么造就了优秀的思维——关于一切事物的优秀思维。因此，本书的目标不仅是提出关于哲学问题的认识并说明哲学家是怎样思考这些问题的，它还要阐明哲学的思维习惯如何适用于政治问题和一般问题的解决，如何帮助我们关照自我以及理解这个世界。

多年来，为了撰写期刊文章和专著，我采访过几十位全球顶尖的哲学家和思想家。这些采访将为本书提供丰富的养料。我的很多采访对象都曾无意或者明确地评论过自己的工作方式。这些评论远比他们关于哲学方法的高谈阔论更富有揭示性和启发意义。我还会援引很多伟大的哲学经典。我提到的例证大多来自西方哲学传统——那是我学习的专业，不过其中蕴含的原理是普遍适用的。我偶尔还会引用其他各国的哲学著作，它们同样会说明哲学原理的普适性。从哲学的历史来看，女性从未获得与男性平起平坐的话语权，因此，尽管我会引用很多杰出女性哲学家的观点，但是本书的引用名单仍然不可避免地偏向男性。

我还会审视各种各样的圈套和陷阱，它们密布在人们成为熟练理性思想者的道路上。无论使用者的出发点多么美好，理性思维都可能遭到滥用和误用。其实所有的工具都是如此。德性认识论的一大特征在于它对警醒和谦逊的需要。要警惕每个自诩绝顶聪明的思想者：真正的天才很少会被自负心冲昏头脑。

我想把本书同其他"聪明思想"的堂皇大作划清界限，另一个原因在于我并不讳谈优秀思维的绝对难度。假如我一边邀请读者像哲学家一样思考，一边把这件事的困难掩藏起来，那么我的邀请就是虚伪的。过厚的糖衣只会破坏糖果的口感，减少营养成分。在密不透风的注意力经济中，我们总是受到终南捷径的诱惑。人人都想抄近路、省时间，想方设法地提高自己的认知速度。然而这样的思想很快就会撞上效率的极限，而且每一条近路都是有代价的。我们需要的不是更多的法门，而是消灭法门的法门：思考绝非易事，我们应该恰如其分地实践它，而不应该一味地追求方便之门。

勤加练习，我们的思想会变得更出色。如果本书不能发挥缜密思维的"锻炼"作用，它就是毫无用处的。因此，我会在每一章的开头引用一段陀思妥耶夫斯基的话，这样做的本意是为读者提供一种智力操练的机会。它们不应该被当作在社交媒体上广泛传播的文案：被"提炼"的智慧火花噼啪作响，人们不由得赞许点头，然后分享了事。希望读者结合各章的内容自己判断这些引言所蕴含的联系和深意。

我是哲学的坚定支持者，但是我对哲学家**始终是**"可传授的思维技巧"的最佳包办者这一说法充满了怀疑。包括剑桥大学在内的很多大学院系都在这样自我吹嘘，[1]但事实并非如此。西塞罗说过一句家喻户晓的名言："没有什么荒唐至极的话是哲学家没说过的。"令人不快的真相在于，很多哲学家在自己专业领域以外的理性思维糟糕至极，大哲学家罗素就是个例子。罗素在20世纪初发表的逻辑学作品堪称逻辑学史上最壮观的失败案例之一。罗素的传记作者瑞·蒙克就指出："罗素在哲学领域以外的很多作品堪比垃圾。它们缺少恰当的思考，看上去十分草率……他在这些作品里宣泄自己的偏见。他没有在考虑眼前问题时顾及所有应该想到的重要方面。"因此，我也会时不时地提醒读者，在有些情况下，**请不要像哲学家一样思考**，至少不要像某些哲学家那样思考。

我无法保证本书会让你成为优秀的思想者。但是，想要明白梅西为什么成为梅西、C罗为什么成为C罗，我们用不着成为像他们一样红遍全球的顶级明星。同样的道理，想要懂得伟大哲学家的才能所在并向他们学习，我们也用不着成为孔夫子或者康德。我们都渴望向最优秀的人学习，然而我们不会幻想自己和他们比肩而立。更脚踏实地的希望在于，我们会成为更好的自己。

[第一章]

集中注意力

CHAPTER
ONE

大自然用不着你的恩准。你的心思与她何干？她的法则就摆在那里，喜欢也好、厌恶也罢，反正你必须接受她的本来面目，而且还要承受她带来的全部结果。你看那堵墙，它就是一堵墙。凡此种种，莫不如是。

——陀思妥耶夫斯基，《地下室手记》

在我读研究生时，我的短期导师蒂姆·克兰给我上了难忘的一课。那是我这辈子受过的最温柔也最结实的一记棒喝。当时，我即将完成博士二年级的学习。克兰发现，我如果想获得博士学位，非要全力以赴地提高自己不可。他最重要的建议是，我要学会成为自己的审稿人，成为自己更出色的编辑。他并未批评我的文章错漏百出（不过我敢肯定，我当时确实如此）。他的意思是，我要学会不断地检视自己的写作，把自己变成一把细齿篦子，不放过任何一处错漏疏失的地方。

这个建议听起来有些古怪，因为它未免太过宽泛了。克兰并没有指出我的哪些推论不合理，或者我的哪项论证总结得不够准确，又或者我把哪些事实搞错了——但我不得不承认，这三项"指控"当时对我应该都成立。他强调的是一种方法：我必须拿出更多的注意力，聚精会神地审视自己写下的每一个字、每一条推论。这也是改正以上所有错误（以及其他错误）最有用的办法。

最后，我只用了三年多一点儿的时间就完成了毕业论文。克兰给予我的教诲非常有效，因为它提醒我切勿本末倒置。究其本质，推理中出现的一切形式谬误都是认知疏失造成的。这也是"粗心大意"这一表述一针见血的原因。只要人们没有倾注足够的注意力，那就会出现糟糕的推理。注意力是晓畅推理的"秘方"，可正襟危坐的逻辑指南和一本正经的批判性思维手册根本不屑于提到它。

同样的道理，假如对推理的对象注意不够，多么出色的道理也做不到一以贯之。比如，美国民权运动的最高峰已经过去了半个多世纪，为什么还会爆发"黑人的命也重要"运动？妇女早在几十年前就赢得了投票权，为什么厌女倾向仍然普遍存在于每个民主社会？既然医院和医疗信托机构把救死扶伤当作最高宗旨，为什么它们离不开患者倡导组织的督促？上述观点并不缺少站得住脚的论证。不论性别、肤色或者种族背景，人人都拥有平等的权利与机会，这个道理早已深入人心，不存在什么异议。患者的福祉高于一切，这是每位医疗工作者笃行的最高信条。尽管这些原则得到了几乎所有人的拥护，但是它们并未击穿层出不穷的偏见和冷漠——几百年来的压制和精英权力把这一切刻进了大众心理的深处。想清楚一件事是一回事，注意它是另一回事。

如果只是在抽象层面想通一个问题，我们的思想就没有做到足够通透。只是单纯在脑海中建构概念，这样的思考是贫乏无物的。这种脱节的认识无法与我们从生活中获得的经验充分接轨，因此，它无法改变我们的行为，甚至无法改变我们内心深处的想法。那么，如何让思想走出"大脑"，走进"心灵"，并付诸行动？一切的根源在于密切关注。我们必须更多地关注世界，留心他人。

想做到专心一致，就必须关注它的社会维度。这一点非常重要。我们不能只在乎这个世界对我们来说是什么样的，还要注意它对别人而言是什么样的。因此，在思考类似种族主义、厌女倾向或者患者倡导组织等问题时，我们必须特别留意他人的感受和证词，尤其要关注那些受其影响最深刻、最剧烈的人。

纵观哲学史，尤其是（但不限于）西方哲学史，这种需要并未得到一贯的、充分的认可。直到近些年，为数不少的哲学家才开始正视这个问题。很明显，他们大多来自一个较新的领域：社会认识论。这个领域方兴未艾，它主要检视社群、网络和其他人群在知识形成过程中所发挥的作用——这些要素之前一直没有得到应有的认识。

"证言"是社会认识论的一个关键概念。因为没有一个人能亲身验证万事万物的一切真相，因此，我们必须依靠他人的见证。但是，说到这里，我们究竟应该信赖谁的证言？何时的证言？为了什么的证言？还有，哪些人的证言遭到了不公正的摒弃？为什么有些人的证言没有被听到？

如果有些人的看法遭到了不公正的排挤或者忽视，而另一些人的看法得到了过分的重视，我们就称其为"证言不公"。米兰达·弗里克和雷·兰顿等当代哲学家都曾强调指出：长久以来，女性的声音始终受到压制和削弱，她们像是被捂住了嘴，只能发出含混不清的呜噜声。兰顿指出，社会（尤其是色情作品）对性的表达、讨论和描述方式损毁了女性的性选择能力。女性的拒绝从未被当真过。这主要是因为人们习以为常地认为，女性口中的"不要"是"犹抱琵琶"、是"故作正经"，还有人硬是把它理解为"欲擒故纵"。

哈维·卡雷尔写过很多文章讨论这样一种情况：在医患相处的过程中，患者是最了解自己身体和健康状况的人，可是，这些患者独有的认识并没有得到重视。医生才是唯一的专家。这种文化造成了对护士和患者等基层人员所具知识的系统性轻视。卡雷尔这些关于专业医务人员的著述为临床实践带来了一些改变。它证明了这样的认识并不只是理论上的推测。

聆听别人说话并不代表永远**听从**别人所说。举个例子，当我说"站在马路边上对经过的美女吹口哨是一种不尊重女性的行为"时，可能有人会说，不对，某位女士很喜欢有人对她吹口哨。但这并不能证明我的说法是错的，尤其是因为还有很多女性并不认同她的看法。蜻蜓点水般在遭受直接影响的人群中进行一次投票调查同样无法得到正确的答案。在有些父权主义盛行的社会里，歧视女性的社会准则早已根深蒂固，大部分女性可能会表示自己对现状非常满意。照这样说，有时医生懂的就是比患者多。

盲目接受别人说的一切并不等于专心倾听，那只是被动接收对方嘴巴里发出的声音并将其全盘接受。真正的倾听不仅是聆听对方的话语，还要参与其中，有时还会提出不同意见。认为一个人无法接受批评或挑战，那才是我们对他（她）的不尊重。

聪明的倾听还需要注意区分对象。比如，很多人想为跨性别人士提供最有力的帮助，他们热切地期待倾听跨性别人群讲述自己的经历和期望。这些都是再好不过的。但是，跨性别人士的想法各不相同，即使是最强大、最仗义执言的支持团体，也无法为每一位跨性别者代言。

如果卓越的思考需要的只是聚精会神，为什么还要劳神费力地提高我们的逻辑技能、科学修养和统计素养呢？这一切都是值得努力的，因为它们是行之有效的工具和手段，能帮助我们更好地集中注意力，告诫我们应该当心什么。不过，单纯地凝神专注已经可以让我们相当好地思考。实际上我认为，思考在很大程度上**就是**专心致志。做到专心并不容易，它需要我们付出极大的气力。"专心"（attend）一词的拉丁词源（adtendere）可以说明这一点：其中的"ad"本义为"朝着"，"tendere"本义为"拉扯"，二者合在一起的字面意义为"朝着……拉扯"。如此看来，要想近距离地专注于某个事物，不付出足够的气力是不行的。"专心"还意味着身临其境，就像出席婚礼一样。无论需要注意的是什么，我们都必须完全地亲身投入其中。与之相关的法语动词是"attendre"，其含义是等待。这提醒我们，耐心和恒心往往是人们付出注意力、收获成功的必要条件，缺一不可。

为了说明专心是第一要务，我们要花些时间来钻研西方哲学史上的几桩公案。以"我思故我在"为例。即使对哲学一无所知的人大概也会经常提到它，很多人甚至知道它的拉丁文写法（cogito ergo sum）。它的提出者是17世纪的法国哲学家笛卡儿。虽然这句话只有3个拉丁单词，但它似乎道尽了我们所认为的自己对哲学的一切了解。它包括了人对自身的认识（cogito，思考）和存在（sum，存在）问题，最重要的是，它还谈到了逻辑论证的建构（ergo，因此）。

它使用的模式还展现了最短论证的真实模样。这种模式从一个前提出发（在这里，前提是"我思"），然后推出一个结论（"我在"），整个过程的真正动作由一个字来概括（"故"）。类似这样的逻辑论证带来了被我们视为真理的结果，揭示了崭新的、令人惊讶的结论。它们一本正经、明白无误地把前提同结论联系在一起。它被普遍视为最标准的推理范式。哲学家是最懂得其中运用之妙的行家里手。如此说来，想学会最好地进行推理，最顺理成章的做法是师法哲学。

但是，我认为这里存在夸大哲学形式论证重要性的风险，或者说得再宽泛一些，它可能夸大了推理的重要性。比如，我把前面的两段看作推理演练：我本想阐明哲学论证需要什么，但是在此过程中，我在精确地**描述**哲学时所花费的力气要多于建构论证本身。它只在末尾出现了很短的一段论证。我通过这段论证提出的是，如果说推理就是为了得出结论，那么它属于哲学的专长，因此，哲学算是推理技能最好的老师。但是，这个论证所做的一切不过是把已经表述过的启示明白无误地说出来。想知道这一论证是否通顺，我们的主要工作并不是分析它从前提到结论的推进过程。相反，我们要去检验它的假设：类似这样的论证算是良好推理的范式吗？哲学家是个中专家吗？为了回答这些问题，我们就必须凝神审视它在推理过程中实际发挥的逻辑作用，以及哲学家使用它们的频率和实际效果等。也就是说，我们在整个过程中做得最多的是仔细观察、审视相关描述是否抓住了原本想要描述的对象。这里需要的注意力远远大于推论本身。

当足够专心时，我们可能会被自己的发现惊呆。请仔细思考"我思故我在"这句话：它真的是一项论证吗？看起来是的，毕竟它有连词"因而"（即"故"字）。可是，它如果是一项论证，实在称不上有趣。我们可以从任意一项论"我"的陈述中得出"故我在"的结论。比如，为什么不能是"我饮故我在"？为什么不能说"我是粉色的，所以我存在"？它们似乎同样说得通。

在形式逻辑看来，"我思故我在"属于一种循环论证：结论之所以成立，是因为它早已包含在前提中。我们在说"我思"、"我饮"或者"我是粉色的"时，就已经断言了有一个主体"我"的存在。笛卡儿的"论证"结果断然截去了"我"的动作或品性，留给我们的只有"我"的存在。因此，从某种意义上说，"我思故我在"的结论实际上比它赖以立足的预设前提所包含的内容反而**更少**。那么，它为什么看上去意蕴深长呢？那只是因为这句话明确提出了"我在"，在此之前，"我在"是蕴含在"我思"之中的，是隐而不显的。

"我思"带来"我在"，只要学过语文的人都不难理解它。不仅如此，就算时态再怎么变换，同样的含义依然成立。比如，"我曾思，故我曾在""她将饮，故她将在"。我们甚至可以写出一些奇怪的混合时态的句子，如"斯人已逝，故他曾在"等。写出这样的句子容易得很，不是哲学科班出身的人照样能做到。

这是否意味着笛卡儿名不副实？难道笛卡儿只是哲学王国里一个轻如鸿毛的小人物，而不是泰山北斗吗？难道哲学不是人类思想的巅峰，而是用学究的语言把显而易见的事物复述一遍的酸腐手艺吗？都不是。我希望都不是。笛卡儿不是笨蛋。在写下"我思故我在"时，他已经意识到这句话在逻辑结构上与"我饮故我在"无异。但是他同时认为，"我思"是特别的，是与众不同的。他在《哲学原理》中这样写道："如果我说'我看见，或者我在散步，故我在'，并把它作为一种身体上的动作施于人的视觉或步态，那么我的结论并不是绝对确切的。"[1]

为什么这么说？因为这个结论的确定程度与预设前提的确定程度相等，而这句话里的预设前提并不确定。当我说"我在走路"时，我可能是错的。我可能正在梦见自己走路，或者我可能正处在一种计算机所建构的模拟环境里，而我认为自己正在马路上走着，实际上我就坐在一把椅子上，完全沉浸在虚拟世界里。因此，虽说"我在散步，故我在"在字面意义上说得通，但是，如果我不能确定"我在散步"是真的，那么这个论证就无法成立。

正常情况下，如果我们看上去正在走路，那么我们就是在走路，我们没理由怀疑"我在走路"的真实性。但是，笛卡儿追求的是一条特别的哲学路径，他并不是在为人们的日常思考出谋划策。他想建立的是可以确信的、绝对正确的条件，并把它作为奠定一切知识的坚固基石。因此，他必须知道什么是**必然**成立、无可怀疑的。

笛卡儿认识到，他想证明的不只是自己**是否**存在，还包括自己是**一种怎样**的存在。这让他的论证变得更清晰。从逻辑上来说，我可以说"我爱喝酒，所以我是个贪杯的家伙"，或者"我是粉色的，所以我是个粉东西",然而,由于我们无法绝对确信自己真的在饮酒,也无法绝对确信自己所见的颜色与本色相符,因此,这样的论证实际上建立在可疑前提的基础之上。"你在喝酒"也许只是触觉或嗅觉上的幻觉,你也可能出现短暂性色盲。

"我思"则不同,因为只要对它生出质疑心,人便是在思考,这说明"我思"是不可能不成立的。如果你认为自己没有在思考,那恰恰证明你正在思考。

现在我们可以看出,笛卡儿完全不是在构建一种逻辑论证,相反,他是在认真仔细地专注于自身的经验,观察什么是可怀疑的,什么是无可怀疑的。结果他发现,我们习以为常的几乎一切事物都可能是错觉。别人可能不是人,而是高级机器人或者牵线木偶;我们可能在做梦,或者置身于虚拟世界,而不是有血有肉的现实世界。唯一无可置疑的只有"我思",或者更宽泛地说,只有我们的意识。如果我尝到了巧克力的滋味,也许巧克力并不存在,但它的味道真实存在;假如我听到了一段乐章,也许并没有一个人或者一种器物正在演奏它,可我还是切实地听到了它;假如你正在读这段话,本书也许并不存在,但是这些字句仍然出现在你的脑海里。

笛卡儿在《第一哲学沉思集》中对自我性质做出最明确的阐释。而且他并没有通过论证的形式提出自己的结论,也没有使用"故"字。相反,他指出自己通过关于怀疑的试验得出了这样的结论:"这与我是不可分割的。我是我、我存在:这是确定无疑的。"

如此说来,西方哲学中最著名的一句话根本不是论证,而是一系列密切观察的结果。哲学家的座右铭也许要改一改——从"我思故我在"改成"我专心,所以我是哲学家"。占据哲学思维核心地位的不是构建严密的论证,而是密切地集中注意力。

如果笛卡儿没有提出论证，那么我们应该如何评价他的观察呢？答案是更密切地关注。笛卡儿并没有止步于"我们实际上是存在的"这一可靠结论。他迅速得出更进一步的结论，并认识到自我的其他几项重要特征，包括他的意识是不可分割的、非物质的，他的意识与他的身体根本不同且可以互相分离。我们的也是一样。

大多数哲学家据此判定，笛卡儿未免操之过急了。他的失误在于这样一种认识：由于自己可以不借助身体而感知到意识的存在，所以二者是不同的。但是，我可以想象水不是 H_2O，或者世上真的有小妖怪。这并不代表水不是 H_2O，也不代表小妖怪就生活在花园的那一头。我们不能从简单的可设想性（或者不可设想性）遽然跳到有关经验现实的结论上。即使不懂得这种"可设想性论证"的问题，我们也不难发现笛卡儿的谬误。只要专心观察，我们就能发现，笛卡儿从"我存在"到达"我是无形心智"的道路实际上是走不通的。只要足够专心地审视一项论证的递进过程，我们往往就能看出其中的错误步骤和可疑之处。

我想说的是，就切实的、重要的意义而论，专心**即**推理。让我们对反对笛卡儿这一论点的最有力意见稍加思考。18 世纪苏格兰哲学家大卫·休谟写下这段话时所指何人，人们对此应该不存在任何疑问："根据某些哲学家的想象，人无时无刻不在密切觉察那个常说的**自我**。人会感受到它的存在以及这种存在的连续性，即使不存在可供展示的证据，人们也会对它完美无缺的同一性和简单性深信不疑。"[2] 休谟对这一主题之下的诸多问题做过大量论述，其中最关键的是他重做了笛卡儿关于内省的试验，不同的是，休谟做得更认真，也更细致。

我的感受是，当我最贴近地走进所谓的"自我"时，我总是会遇到这样或那样具体而微的知觉，比如冷热、明暗、爱恨或苦乐等等。我从未在没有遇到这些知觉的情况下抓住过"自我"。除了这些知觉，我从未观察到任何别的东西。

　　你也可以自己试试看。努力探知那个拥有你的想法和体验的"自我"。写到这里时，我正在这么做。我观察到的是：我的肚子有点儿疼，还有些若隐若现的耳鸣，足弓也有点儿酸；我听到了隔壁房间的广播声，还有一首歌——Yes乐队的《孤独心灵的主人》（"Owner of a Lonely Heart"）——的调子周而复始地盘旋在我的脑海中，非常扰人（我也不知道为什么它总是在我耳朵里单曲循环）。我还发现，在我的手指即将碰到键盘时，我甚至没有意识到自己要敲的是什么字。我描述的这些体验是我当时的全部感受。除了它们，我没有观察到一个额外的"自我"。我的"自我"似乎就是"一堆知觉"，如同休谟说的那样。[3]

　　休谟发现，他的观察并不是一种论证。他这样写道："如果一个人经过严肃公允的反思之后，认定他和他的自我是两种不同的概念，那么我不得不坦白地承认自己无法和他继续理论下去。"我们无法通过论证的办法让一个注意力涣散的人放弃他由于不专心而得出的观点。我们能做的只有请他再专心一些。在这个例子里，我们会请他学一些现象学知识：多了解一些主观体验的特征。

　　丹尼尔·丹尼特明确告诉过我，并不是每位哲学家都能透彻地理解休谟的意思。丹尼特兼修认知科学与哲学，这让一些同侪认为丹尼特算不上真正的哲学家。在我看来，他极其专心地关注经验事实以及心理学、神经科学的发现，而且他想让别人也做到这一点。这让他的作品充满了雄浑的力道。丹尼特说过："我会出其不意地用现象学来揭示学生们的弱点。他们惊讶地发现，自己视野的外周居然如此含糊不清。很多事实会让他们惊诧不已，比如，人的视野并不是从这一边到那一边全部具有色觉。我认为，很多非实证心灵哲学家的工作受到了一套关于现象学是什么的普遍假设的无意识的指导。然而，这些假设是错的。"

似乎我们过分执着于事物的表面现象，因此无法看到它们的真实模样——即使真相只有一步之遥，只要专心注意就可揭示。我们就像在纸页上方描绘天空的孩子，根本不会把它同地平线联系起来。那么，关于自我，还有多少是远在天边、近在眼前的？

数不胜数。这是 20 世纪早期以来欧陆哲学主流学派的观点。现象学最初是由胡塞尔提出的，随后由波伏瓦、萨特和海德格尔等人发扬光大。现象学的重点在于对 18 世纪普鲁士哲学家康德的回应。康德提出，人类对事物的认识仅限于现象，对其本体则一无所知。

现象学家对此深信不疑。他们推论提出，我们通过体验感觉到的世界**就是**我们的世界，它也是我们能够理解的唯一世界。我们必须对一切认为人可能拥有一个独立存在的世界的想法存而不论，胡塞尔称之为现象学的"悬搁"，并用括弧把它括了起来，以示强调。胡塞尔指出，要"回归事物本身"，就必须在体察世界的同时更加专注地审视它。这里的"事物本身"不带有形而上的、关于"自在之物"的先入之见。这一方法需要精确的描述，而精确的描述离不开密切的注意。正如胡塞尔所说："我从不追求指导别人，我只想做一名引路人，指出并描述我所看到的。"[5]

现象学方法表明，人无法把对自己体验本身的注意力同对身边环境的注意力截然分开。想要专心地投入世界，我们就必须观察它是如何在我们身上体现自己的，因为除此之外，我们根本无可关注。即使科学也是如此。虽然科学似乎超越了事物当下的模样，但它只是进一步深入现象世界的结构内部。

我们可以发现，日本哲学把注意力置于核心地位加以强调，这也解释了为什么日本在现代西方哲学运动中单单对现象学情有独钟。日本的哲学传统为什么如此与众不同？我曾就这个问题采访过日本哲学家小林康夫。小林康夫指出，哲学的重点在于对论证过程的专心致志。对他来说，哲学主要并不是"在概念上重构世界"，它的立足点在于人与世界之间的一种"审美反应"。

密切注意是一种智识上的习惯，它帮助人们收获哲学以外的种种裨益。伟大科学家的过人之处在于，他们能注意到别人视而不见的东西。1928年青霉素的发现就是个很好的例子。这一切源于亚历山大·弗莱明的一次发现。在一次度假归来时，他发现自己出发前忘了收起细菌培养皿，并注意到那个培养皿里某些不同寻常的模式变化。在更仔细地观察之后，弗莱明发现了"霉菌汁"，进而发现了青霉素。

读到弗莱明的发现时，我们可能会不由自主地认为：我也能注意到培养皿里的模式变化。但是，在现实生活中，我们的注意力非常容易被自己先前的看法和预期拴住。如果不去主动观察，我们很可能对近在眼前的事物视而不见。举个例子。我们可以在网上找到很多解释"变化盲"的视频——我们会忽视某个场景中的某些变化，而在发现之后，又会觉得这些变化十分明显。[6]有些试验表明，人们有时候甚至不会注意到自己正在谈话的对象换了个人。[7]在另一项试验中，观察者集中精神观察一颗球的运动，甚至没注意到一个穿着猩猩道具服装的人走过屏幕，他还做出捶胸顿足的动作。[8]人的注意力是可以被误导的，而且误导的方式有很多，尤其是在我们没有主动集中注意力的时候。

然而，什么事物是值得注意的？哲学家并不总是最好的判定者。自从阿里斯托芬在自己的戏剧中嘲讽哲学家生活在徒有虚名的云雾中以来，他们一直被视为一群不食人间烟火的人。柏拉图似乎把这当成一种奉承，虽然他的老师苏格拉底因此沦为了阿里斯托芬众多作品的取笑对象。在柏拉图的对话录《泰阿泰德》中，苏格拉底说，哲学家"甚至不知道法庭和参议院大厅在哪里，也不知道任意一处公共集会场所在哪里"。[9]泰勒斯（亦称"米利都的泰勒斯"）也是一样。"他夜观天象，研究群星，结果掉到了坑里。因此，他遭到一位机智的色雷斯女仆的奚落。人们说，泰勒斯过于渴望了解天空，所以无法看到自己脚下有什么。同样的嘲弄适用于所有终生研究哲学的人。"

我认为柏拉图说得不对，最优秀的哲学家从来都不会预设自己所思考的问题重要还是琐碎、大还是小。这样的假设只会蒙蔽人的洞察力。举个例子，人们一直对嗅觉和味觉抱有偏见，认为它们是低一等的、动物性的知觉。这种偏见在西方可以远溯到亚里士多德和柏拉图的著作。在长达数百年的时间里，当哲学家研究感官知觉时，他们总是会聚焦于视觉和听觉，忽略嗅觉、味觉乃至触觉，因为后三者过于依赖肉身，让人不屑一顾。吃喝同样一度遭到摒弃，尽管它们是绝无仅有的两种同时运用到人的五种感官知觉的文化实践活动。这种歧视如今得到了纠正，食物哲学领域涌现出了一批引人入胜的作品。

法国哲学家罗歇－波尔·德鲁瓦在他睿智的畅销著作《事情是什么样的？》(*How Are Things*?) 中号召人们通过哲学来关注日常生活。这本小书的标题有两层含义：哲学家总是关注现实生活的本质（这属于本体论的范畴），而人们应该多做一些具体的探究，关心更**实在**的事物，比如雨伞、五斗橱、一张火车票或者一把开瓶器。关于有些问题——比如我们生活得怎么样、我们是谁——别人是怎么说的？德鲁瓦的这本小书看似轻松，其实立意非常严肃。他在鼓励一种哲学导向，帮助人们换一种眼光看待万物，从而进入一个新境界。就像他说的那样："我努力改变人们的态度，改变人们看待日常生活和日常环境的眼光以及感受它们的方式。"

德鲁瓦唤起了哲学孩童般的一面。很多哲学家都曾对此发表评论，其中最引人注目的是以赛亚·伯林。他曾提出："哲学家就是不停地提出孩子问题的成年人。"[10] 德鲁瓦也说过："我认为，在哲学最深层的根部，总是存在一块孩子气的部分，即使是最精深奥妙的哲学，也带有一种孩童初见世界时的惊奇。"

我们可以在全世界很多其他的哲学传统中发现其对日常生活的强调。中国、印度和日本的哲学家都曾论述过日常饮食起居和人际交往的正确方式。如果想理解人的生活和圆满人生的本质，那就不能忽视日常生活，因为这样可能让最要紧的细节从你眼前溜走。

想做到认真专注，首先必须保证自己拥有合适的心境。这也是思想准备在很多哲学传统中成为一项核心修炼的原因。宋代大儒朱熹曾经写道："今且要读书，须先定其心，使之如止水，如明镜。"[11] 他还建议"且静坐，教他心平气定"，再去读书。这能让任何人更充分地领会书中的内容。

印度哲学的各个派别同样强调专心致志的必要性，因此特别重视冥想的练习，以此达到平心静气的状态，让自己更好地接纳真正的感知和认识。正因如此，很多印度哲学著作都包含细致的指南，教人们如何打坐，怎样呼吸吐纳。这些做法在西方显得有些格格不入。

在这些传统中，心智的准备和聚精会神带有一种道德维度。恰当的心理状态被描述为"澄澈明净""专静纯一"。优秀思想者与粗劣思想者之间的界限不仅在于他们的聪慧程度，还在于其是否拥有正心诚意的态度。比如，印度经典著作《正理经》就把**论议**和**诡论议**区分得非常清楚。前者是真诚的，是建立在真正知识的基础之上的；而后者仅仅是想不择手段地驳倒对手。

西方哲学中很少能见到个人品德与卓越推理之间的联系，伯纳德·威廉斯是个难得一见的例外。他把"精确"和"真诚"树立为"真理的两大美德"。他认识到，思考并不是一种简单的技术能力，而是一种人格的体现。"精确的美德是与发现真理、正确地处理事物联系在一起的。真诚的美德指的是通过诚实的方式把这一切告知他人。"真诚可以防止自欺，助力精确。在威廉斯看来，如果对真理的探寻没有遵循这些美德展开，人们根本不可能发现真理。这也是为什么"尼采终生都在强调诚实的重要意义，说它是压倒一切的理智德性，认为它是需要勇气的"。我之所以认同这一点，还因为威廉斯是20世纪下半叶最具洞察力的英国道德哲学家之一。他的著作流淌着真诚，它们似乎总是能抓住最要紧的地方，从不会匆忙得出不成熟的结论。

我们还在一句评论中看到了理智德性和伦理德性的身影。维特根斯坦对罗素说过："在成为一个体面的人之前，我怎么可能成为一名逻辑学家？"这句话听起来很奇怪，瑞·蒙克——既是罗素传记的作者，也是维特根斯坦传记的作者——给出了他的解释，即无论思考的对象是什么，想要做到清晰明了，我们都必须"去除阻碍明晰思考的路障"，这些路障就包括我们的个人弱点。哲学也好，人对自己的诚实也好，都要求我们不仅要拥有智慧，还要拥有诚实为人的意志力。所以，蒙克指出，罗素曾经深陷多种形式的自欺中无法自拔，他当时缺少的并不是智慧，而是"人格的力量"。

蒙克指出的是优秀人格与卓越推理之间的一种令人着迷的联系。维特根斯坦说过，"逻辑与道德是同一的"。这听起来也许让人难以置信，但是就像蒙克指出的，那种"对明确性的不懈求索"离不开思想的明确和动机的纯正。而这种明确和纯正是自欺者和欺人者无法获得的。为了更好地思考，人首先必须用严苛的诚实对待自己，确保自己是在为正当的理由而推理。

因此，推理者的人格与对其所做推理的评价之间并不是毫无关联的。心怀恶毒动机的聪明人是极其危险的，因为他们会提出令人信服的理由，以此谋求自己的利益，而不是为了实现真理。我们必须关注每一项推理，注意论者的动机和利益，即使——尤其——当论者就是我们自己时。

怎样做到专心致志？

- 在透彻思考任何事物之前，首先让自己进入恰当的心智框架和适合思考的状态。聚精会神需要清醒的头脑和体力。如果形式上的训练有所帮助，例如吐纳和冥想等，不妨用起来。
- 聚焦问题的实际情况，而不是你认为的情况。观察自己的真实感受，观察事物的实际状况。去除先入之见并非易事，因为它们大多根深蒂固、深藏不露。
- 在观察事物时，人们容易从观察结果直接跳到结论。要提防这种错误。很多人分不清事物的真实意义和我们自以为的意义，或者搞不清事物真实含义与其后果之间的区别。
- 要当心注意力"劫持者"。什么会分散你的心神，蒙蔽你的双眼，让你不能把注意力集中在正确的对象上？
- 要小心提防证真偏差——它有时也被称为"我方偏差"。如果事实恰好符合你的先入之见，一定要反思自己是不是犯了"挑拣有利证据，忽视不利事实"的错误。
- 多听他人的意见，多和别人接触，尤其是那些经验与当前问题比较贴近的人。尊重他们的看法，但不要盲目听从。
- 不要以为自己知道什么是重要的、什么是无足轻重的。要时刻留意那些可能被认为不重要而遭到忽视的重要方面。

[第二章]

质疑一切，包括你的质疑本身

CHAPTER TWO

自称愚钝的人恰恰是最睿智的,哪怕一个月自谦一次也算数。这样的才能如今难得一见。

——陀思妥耶夫斯基,《波波克》

"要质疑一切。在倾听别人讲述时，不要做任何假定。"这是一种非常高尚的情操。说出这番话的人还鼓励人们主动查验事实、开展试验。这让他听上去像是一位批判性思维的布道者。说这话的实际上是马克·萨金特，他是美国最著名的地平论者之一。[1]

萨金特和其他阴谋论者都向我们突出证明了怀疑论的种种风险。一旦离开了娴熟的技术，再聪慧的人也可能得出疯狂的结论。"怀疑一切"这句简单的忠告并不能告诉我们怎样恰如其分地做到它。并不是一切事物都值得同等质疑，也不应该用同一种方式质疑一切。同时，并非每一次寻找答案的失败都是致命的。为了避免"为了质疑而质疑"的错误，我们必须懂得它在什么时候是至关重要的、在什么时候是毫无意义的。必须谨慎仔细地质疑。亚里士多德也许会告诉我们，每个人都会质疑，这并不难。但是，为了正当目的，在合适的时间和恰当的程度上通过正确的方法质疑适宜的对象，这并不容易做到。

质疑是批判性思维的关键所在，这是毫无疑问的。巴基斯坦裔英国学者、公共知识分子齐亚乌丁·萨达尔说过，他在高中时读到伊本·图菲勒的《哈义·本·叶格赞的故事》。从那时起，提出问题就成了他的方法论。根据萨达尔的描述，这部诞生于12世纪的著作不只是"伊斯兰世界的第一部小说"，它"可能也是伊斯兰世界里第一部真正意义上的哲理小说"。小说的主人公在一个小岛上过着离群索居的生活，他"开始思考天上的群星和身边的动物，通过这样的思考，他得出结论：造物主是真实存在的"。

同故事中的哈义一样，对萨达尔来说，"究竟是什么成就了一个好问题"这样的质疑成了他追问求索的必要组成部分。"一个问题在什么时候才算合格的问题？在什么情况下算不上一个问题？在什么情况下,一个问题得出答案的方式使得回答毫无意义?"萨达尔说:"我想做的就是提出中肯的问题。"

并不是所有问题都值得被提出或回答。比如一位税务稽查员问:"你是从什么时候开始偷税的?"这个问题首先被置入了"你在偷税"的预设。这被称为"复杂问题谬误"。在这种谬误里,问题本身包含了存在争议的假定。这是一种很常见的修辞比喻,尤其是在政治圈里。比如这个问题:"首相要等到什么时候才能展现出领袖风采?"想回答这个问题,首相必须承认自己尚未展现出领袖风采。人们经常在日常生活中问出这种诱导式的问题。他们会问:"你为什么对我扯谎?"其实可能并没人撒谎。或者有人会问:"你什么时候才能不这么自私?"其实自私的人可能是提问者,他们想霸占你更多的时间和注意力。

我们总是提出错误的问题。约翰·塞尔说过:"大多数哲学家的脑子里都存放着一大堆傻问题,那都是他们在阅读随便什么人写的东西时继承而来的。我想说的是,还有那么多好问题摆在那里,它们是'随便什么人'**没有**写过的。"塞尔是一位美国哲学家。从20世纪60年代至今,他始终活跃在哲学舞台上。塞尔发现,人们最常提出的问题往往是习以为常的问题,而不是最需要解答的问题。即使在哲学领域里,这种情况也存在。

在日常生活中,我们总是提出错误的问题。很多人又是吸烟又是酗酒,反而担心起油麦菜上有没有残留农药这种小问题。保守人士追问有多少人多领了社会福利,反而不太关心偷税漏税问题。要知道,对国家经济来说,后者造成的窟窿比前者大得多。也许我们大多数人都有这样的问题:过多地考虑如何实现自己的人生目标,而没有充分思考这些目标到底合不合适。

一种错误的提问方式会迅速造成令人麻痹的怀疑主义。比如，以下这句话是哲学的根本问题之一："你怎么知道？"只要连续不断地对每个问题提出"你怎么知道"，你很快就会发现，确切的答案是不存在的。

"下雨了。""你怎么知道？""我能看到，也能感觉到。""你怎么知道自己不是在计算机模拟的环境里，或者你只是在做一个栩栩如生的梦，又或者是不是有人在你的咖啡里下了致幻剂？""这听起来太愚蠢了！"你看，没有答案……

"我爱他。""你怎么知道？""我就是爱他。每个人都知道相爱时的内心感受。""你怎么知道自己爱上的是不是爱上一个人的那种感受，或者，你怎么知道这不是一种肤浅的痴迷，而确定它是真爱？""我不知道，也没人知道。"对呀！

"没有什么是可以确信的。"这是一种正当的想法。"没有什么是**真正**可知的。"这是一条浸满怀疑毒汁的结论。我们总是轻易地从前者滑向后者。有些人觉得这很刺激。但它是有害的，因为它不给我们相信任何事物的理由，从而让我们的行动无据可依。

值得庆幸的是，这种怀疑论的挑衅中存在致命的缺陷：它提出一种不可理喻的要求，并因为我们未能满足这一要求而大发牢骚。如果说知识必须是"超越**一切**质疑"的，那么没有什么能通过它的考验。但这是不可能的，你无法排除整个世界只是一个幻象、一种模拟或者一场大梦的可能性。我们对环境的感知可能遭到系统性扭曲。我可能是这世上唯一一个具有知觉的生灵，其他人不过是全息影像或自动机器。我甚至可能是不存在的，至少不是与世长存的万物之灵：我可能在 2 秒钟之前才被制造出来，我的记忆是被植入的，它让我看上去好像已经存在了几十年。我可能疯了。尽管这些想法百般离奇，但是彻底地排除它们仍然是极其困难的。数千年来没有一个人能做到这点。

同理，我们无法证明这个世界没有被精英分子统治，因为如果真的如此，证据早已被掩藏殆尽。我们无法百分之百确定自己的配偶是忠诚的，除非把她（他）整天锁起来或者时时刻刻跟踪她（他）。对确定性的强烈需要最终会把你我引向充满狐疑的忧惧。它是走向妄想与偏执的快速通道。

如何正确地应对怀疑主义？我们必须明确指出，它对证据标准的要求太高了。先是树立一种不可能完成的挑战，然后在它无法实现时哭喊"失败"，这只会为怀疑主义送上一场轻松但得不偿失的胜利。为所有的情境投上怀疑的阴影只是一场哲学意义上的游戏。它和我们对真理的诚挚追求毫无关系。

以气候变化为例。现状如何？我们需要做些什么？我们已经越来越清楚地知道这些问题的答案，但是，我们无法做到百分之百确定。太阳活动的模式会发生变化，日益增长的温室气体会因太阳辐射的降低而被抵消。这些都在可能的范围之内。但是可能归可能，你一定不会把赌注押在它身上。

对确定性的过度执着是愚不可及的，它无异于自掘坟墓，因为它让每一条路都走不通。想象一下，一个人站在正在沉没的泰坦尼克号的甲板上，拒绝登上救生艇，因为他无法百分之百确定那艘小艇会不会沉没。他对确定性的想法没错，但那并不重要。因为没人能确定那艘小艇会不会沉没。无论选择怎么做，你的依据都是不确定的。所有的看法都是不确定的，但是，它们的不确定程度并不是**均等的**。

彻头彻尾的怀疑论者在哲学领域极为罕见，但是怀疑主义的问题仍然充斥于各类教科书。这着实令人心忧。约翰·塞尔提出，由于接受了笛卡儿"哲学的主要宗旨是回应怀疑主义"这一观点，哲学世界铸下了一个"长达 300 年的大错"。300 年可能是一种低估：早在古希腊时期，对抗怀疑主义就是人们最重要的关注问题之一，它在印度哲学中同样拥有悠久的历史。然而，塞尔提出："我没把怀疑主义太当回事。"我很认同他的说法。尽力解决怀疑主义论调当然有它的益处，但是，哲学领域的其他工作不可能因此被搁置，一直等到怀疑主义这只恶龙被除掉为止。

我们对任何事物的认识都无法做到百分之百确定。认识到这一点至关重要。一旦领悟了这一点，我们就能看到，进一步追问的作用并不是为了增加确定性，而是为了检验我们观念的基础，了解它的牢靠程度，并且明白地接受一点：牢不可破的基础根本不存在。

也许是怀疑主义的缘故，提问往往被视为一种天生具有消极意味的做法。"对某事某物发问"成了质疑、成了质问。哲学的培养是鼓励这种提问的。你会格外留意糟糕的论证，你所发现的众多糟糕论证会让你严重分心，以至无法看到出色的论证。它们都是错的——这一发现会蒙蔽你的双眼，让你看不见什么是对的。

比如，我总是对那些宣称有机食物具有优越性的论调充满怀疑。"有机"的含义究竟是什么？在我提出这样的问题时，关于这个概念的长长一串缺点和局限性开始变得明显起来。有机与非有机的区别并不在于其性质上的根本不同，它的根据来自那些掌控"有机"标签的人一手打造的标准。也就是说，可能一位农民和她的邻居用了一模一样的耕种方式，但是，因为她没有购买有机认证标识，所以她的产品就不是有机的，而掏了钱的邻居的产品就是有机的。同样的道理，有些食品是用100%有机原料制成的，但是它们无法为自己合法地贴上有机标签。

对有机纯度的简单宣称是站不住脚的。有机农场并不能免除化学制品的使用，至少有机肥料是含有化学物质的，就像一切生物和死亡生物都含有化学物质一样。"有机食物更健康"的断言尚未得到证实。打个比方，假设我们发现，有机牛奶的微量营养元素含量更高，但这并不是因为其本身是有机的，而是因为奶牛是在牧场上散养的。同时，不存在有力的证据证明，传统作物中的杀虫剂含量构成了严重的健康风险。有机食物自有其风险存在。2011年，一场大肠杆菌疫情夺走了53人的生命。它的源头是德国的一家有机农场。面向农产品的有机标准相对较高，因此农场主们固执地使用替代性药物，确实无效时再尝试现代农药。这种做法纯属教条主义，它没有任何科学依据。类似的例子还有很多。

这一切并不能让我成为反有机人士，但是我发现，关于有机标签自带优越感的道德假设会激怒我。我看穿它虚软无力的陈词滥调，并为自己拥有这种能力而沾沾自喜。我的质疑是怀疑主义哲学面对盲从群氓的又一场胜利。

然而，从另一种意义上来说，我的质疑还不够：我没有充分地质疑自身的质疑。我破除的是一种关于有机食品益处的幼稚的、过分热情的观点，而这种观点实际上是个过于容易的目标。在展开辩论时，我把一个更微妙的问题搁置一旁：总的来说，有机食品的优点是否足以使它超越绝大多数的替代产品，成为值得优先选择的对象？后来我逐渐发现，一般情况下，这个问题的答案是肯定的。当然，很多特别出色的农场并没有申请有机认证，而且其中一些农场的可持续发展能力和动物福利水平甚至高于有机农场的平均水平。这是事实。但是，只要看一看货架，你就会发现，人们的选择通常很简单：要么选择高度工业化的大规模农业产品，要么选择有机食品。绝大多数的工业化农业系统会把动物当作物件来对待，而用以饲养这些动物的谷物和豆类常常产自砍伐森林而来的土地。它还依靠合成肥料开展大规模单一栽培，这种生产方式会破坏环境，危害野生动物的栖息条件，对生物多样性造成威胁。有机方案也许不够完美，但它几乎总是更可取的选择。

为了从正反两面恰当地说明这个问题，我过快地对此进行分析。你如果能足够仔细地观察它们，也许会得出不同的结论。但是，我想说的重点并不在于这些具体问题的内容本身，而在于它所说明的思想习惯和架构。简言之，一连串的追问很容易自我繁衍，愈演愈烈。它可能让错误越变越大，这种消极的做法会让你忽视这个事物的优点，甚至用更大的错误取代之前的错误。

因此，在质疑各种论证、想法和他人时，一定要拷问自己的动机、意图和目标。你有没有过分热衷于炫耀自己超凡脱俗的思维能力？你是不是太过沉迷于言辞的锋芒，忘了用积极的一面来平衡消极的一面？起初的质疑从何而来？最终目的又是什么？比如，你是为了拷问有机食品运动的种种说法，还是为了确定最好的耕种方式是什么？基本上，任何一种想法都不乏狂热的支持者。他们会对它的种种优点夸大其词。它也许名不副实，但它仍然可能是最有力的竞争者。

质疑绝不能沦为一味寻找对象的缺点和漏洞，还要看到它们的长处和益处。它还包括对目标、动机和意图的检视，甚至包括对自身品格的拷问。

没完没了的质疑可能令人沮丧。道德哲学家菲利帕·福特给我讲过一个老笑话，其中蕴含很多道理。"哲学家就是这样一种人：你问他一个问题，他谈了一通看法，结果你不仅没听懂他的话，还搞不清楚原来那个问题是什么。"福特有一种罕见的坦诚，她能做到"知之为知之，不知为不知"。虽然她的职业生涯从第二次世界大战持续至 21 世纪初，但是她的著述极少，因为她很少感到自己对什么事了解得足够精深，足以去谈论它。她发现，通向更深领悟的第一步往往是自知之明——认识到自己有多么不理解自以为理解的东西。在你自以为懂得时，尤其是当你觉得对象显而易见时，这种感觉就会格外地让人惶恐不安。

"显而易见的"东西极其危险，因为它们常常把既定的观念当作确实的真理。有些事物看起来无可置疑，那只是因为我们缺少质疑它们的能力，而不是因为它们确实不存在可疑之处。"非洲人不如欧洲人聪明"，这（对很多欧洲人来说）曾经是明摆着的事实。同样"显而易见的"观念还有很多，比如"很多工作不适合女人来做""鱼儿不会感到疼痛""同性恋让人深恶痛绝""太阳从东边升起又从西边落下""事物是由固态质料组成的""流行歌曲是靡靡之音"等。

哲学家拥有一种力量，通过训练，他们会去质疑那些"明摆着的真理"，比如"存在一个不变的本我""世界是由物质构成的""人能直接感知世间万物""人类拥有自由意志""科学描述了世界的本来面目""审美判断仅仅是个品位问题""语言是事物的标签"等。这种力量极富成效，一个很好的近期例证是西蒙·克里奇利对一项伦理学准则的质疑。自从康德写下了"如果一项行动是'应该去做'的,它首先必须是自然条件下可能实现的",这项准则俨然成了公理。[2] 它也被简单归结为"应当蕴含能够"。换句话说,只有当人们实际上**做得到**某事时,我们才会说,他们应当做这件事。因为只有这样才说得通。如果我生病的母亲住在遥远的地方,而我买不起机票,那么,"我应该去探望母亲"这个说法就是无稽之谈。同理,如果一场交通事故由张三负全责,他就不能埋怨李四为什么不加小心避开他。似乎没有什么比这更显而易见了。

然而,克里奇利提出了"应当蕴含**不能够**"的观点。他并不是认为人能做到不可能的事。他的意思是,我们的目标应该高于可能,这样才能避免"还不错"的自鸣得意。克里奇利指出,他对康德说法的反转"更要紧、更真切地回应了我们应该为之献身的道德要求"。他表示:"我认为,如果让道德立足于做得到或有能力做到某事这一感觉,或者仅仅满足于某些人的某些行为,那么它会让人迷失其中。"只有对自己提出如此高的要求,我们才有希望变得像自己期望的那样好。提出高于当前能力的要求并不是不切实际的做法,我们可以通过它认识到自己永远是不完美的。

克里奇利对康德这一公理的挑战堪称质疑的绝佳例证。他并不是在吹毛求疵,也不是在为自己脸上贴金。事实恰恰相反。克里奇利说过,对"应当蕴含能够"的否定是似非而是的。他的质疑对象大部分仍然完好无损。他的意思并不是说,我们应当去责怪人们:你为什么做不到你本来就不可能做到的事?他的质疑不是为了质疑本身,而是为了向前推进我们的思考。因为我们也许轻易地认为自己的思考已经功德圆满。他向我们发出邀请,并提醒我们,"我已经尽力做到了最好"不是自我反思的终点,而是起点。

质疑假设是一种德行。克里奇利对康德的质疑可以被看作这种德行的典范。对假设的检视是哲学家的核心能力之一。看似强有力的论证中常常藏有错误的假设,哲学家会准确地抓住它们。这已经成为他们的习惯。例如,癌症筛查、医疗支出和戒毒康复显然都是好事。因此,每当有人呼吁增加这些好事时,他们通常会认为,这当然也是一件好事。通常如此,但有时未必。"如果某个事物是好的,那么增加该事物的数量就是更好的。"英国保守主义哲学家罗杰·斯克鲁顿把这一假设称为"加总谬误"。更多的好事加在一起,不一定总能产生更好的结果,甚至可能产生糟糕的结果。万物各有法度,有自己的理想水平和完美分布。吃一块蛋糕可能是一种享受,连吃十块蛋糕可能是种惩罚。接种疫苗是件好事,但是注射双倍剂量或者不加区分地给每个人都来上一针,则可能产生危险。

在现实生活中,我们常常认为好事多多益善。保健品厂商推销剂量极高的维生素片,超量的维生素含有潜藏风险;很多人购买多余的保险,超出实际需要的投保浪费钱财;有些乐队一心翻制自己的成名专辑,更多的复刻把自己带进创意的死胡同。克里斯汀·科尔斯戈德提出,"加总谬误"的害处非此一端。它还会蒙蔽我们的双眼,让我们看不到分享好物可能比聚敛好物的益处更大。政府如果能把更多的资源用于建造公共图书馆、服务设施和公共活动空间,并向每个人开放这些设施和空间,作为个体的公民就能更多地获益。

有的时候,加总谬误的预设前提并没有被明白地揭示出来,这时,我们往往更容易掉进它的陷阱。其实,只要看到"某物是好的,更多的某物必定更好"这一说法,我们立刻就能发现它的可疑之处。这种隐而不显的假定前提被称为"省略三段论"。你如果能习惯性地发现它们,往往能迅速发现自己的思考在哪里出现问题。

让我们拿一个问题来举例说明:想要增加有益健康的肠道细菌,我们应该吃些什么?大量证据证明,肠道菌群的丰富多样性具有健康价值。这提高了人们对发酵食品的兴趣——因为它们含有多种多样的"好"细菌,即"益生菌",所以消费者把它看作促进肠道健康的秘诀。发酵乳制品开菲尔乳就是这类产品中的一员。它的生产厂商经常使用类似这样的宣传语——"改善肠道菌群"或者"有益肠道健康"等。发酵食品只要富含"好"细菌,就必然成为改善肠道生物群落的好办法——这似乎成了尽人皆知的常识。

然而,这里存在一个值得怀疑的预设前提:尽管这些细菌是在人体以外培养的,但是它们可以在人类肠道这个全然不同的环境里存活并繁衍。截至本书写作时,我们仍然不清楚这个前提是否成立。《英国医学杂志》的一篇调研文章提出这样的结论:尽管"益生菌营养品能为人体健康带来多种有益效果",但是,现在还很难确定,它同食物中的天然益生菌相比孰优孰劣。可供想象的事实是:人体总共包含500到1 000种肠道细菌,而开菲尔乳——尽管是一种出色的、富含有益细菌的食品——只含有大约40种细菌。而且绝大多数的肠道细菌无法通过饮食摄入获得。事实上,医学界普遍认为,想把肠道生物群落的多样性提升到最高水平,最好的办法是饮食的多样化,多多摄取膳食纤维。[3]

另一个常见的预设前提是,我们尽管对他人心里的想法知之甚少,却总是相信自己对他人的立场了如指掌。瑞·蒙克就是这种刻板印象的受害者之一,当时他是一名罗素的批评家。罗素学术生涯后期的活动和政论文章让他成为和平主义者和众多左翼自由主义者心中的英雄。蒙克指出:"假如我说这篇政论作品写得很糟糕,它是一篇粗劣的文字，而它恰巧支持了某一立场。有人读到它，并且同样支持这一立场，他们就无法把这一立场同这篇拙劣的文章区分开。"他说，批评者一定认为，"我曾是某种右翼宗教的狂热分子，因为我显然对罗素作为左翼活圣人的崇高地位不以为然"。由此可见，批评你朋友的人不见得总是你的敌人。

每个人都知道，我们应该质疑自己的假设。几年前，我参加过一家企业的讲座。演讲者在一块白板上写下了"assume"（以为）这个词，然后用两条竖线把它分成了三部分（即"ass|u|me"）。接下来，他对听众说："我们如果总是自以为是，就会犯傻。"①说这句话时，他的表情里既有扬扬自得的成分，又有故作谦卑的姿态。那是一种难得一见的混合体。用这种方式提出观点堪称干脆利落，但是也稍显卖弄。可以肯定的是，包括他在内的很多人都曾多次这样讲过。它很快就会变成陈词滥调。但是，想当然的自然倾向太过强烈，以至我们无法想当然地认为自己终于懂得了怎样不去想当然。

质疑假设的结果常常是抛弃假设。不过，质疑的关键目的并不是揭穿各种思想的假面具，而是更好地理解它们。例如，休谟质疑人们有关因果关系的看法。他指出，我们从未见过一个事物**引发**了另一个事物，只能看到一个事物**跟随**另一个事物而发生。我们看见的并不是水浇灭了火，而是水浇在火上，然后火灭了。因果关系是我们**认为**的，并不是我们直接**观察到**的。同样，我们也无法证明"凡事有果必有因"这一普遍原理。理性推理强调"有果必有因"，但它并没有告诉我们世上究竟有没有真正意义上的"果"。

---

① 用两条竖线隔开之后，原本的"assume"就变成"ass""u""me"三部分，也就是英文中的"傻蛋""你""我"，故演讲者有此一说。——译者注

休谟的因果理论引发了大量的论述和辩论。只不过，无论人们如何解读它，有一点始终是非常明确的：休谟认为，在实际生活中，我们不能，也不应该认为，这个世界是不受因果律控制的。休谟对因果关系的质疑并不是为了废弃它，而是为了帮助我们更好地理解它的立足之本。也就是说，它是我们须臾不可缺少的概念，是我们理解世界的核心，但它并不是以经验或推理为基础。

　　如果能秉承这种精神提出问题，那么许多质疑将会更有益。比如，很多无神论者会质疑宗教信仰，觉得它没有得到推理或经验的证明，从而得出宗教信仰是一派胡言的结论。如果事情真的这么简单，为什么那么多人笃信宗教？他们可不是傻瓜。对此，更加有益的质疑会抱有不同的目的。它不仅想知道宗教信仰是不是真的，更想了解人们为什么信奉宗教，拥有信仰究竟意味着什么。

　　在这一宗旨的指导下，我们会不由自主地思考：宗教信仰在多大程度上立足于人的主观经验，而不是准科学的推理。它在性质上常常是神话虚构的，而不是确凿真实的。它是接纳神秘和矛盾的。这样的质疑对人们的信仰无损，同时可以改变我们对它的认识方式。

　　信心和信念当然有它们存在的必要。但是，如果我们希望尽可能明晰地思考，那么坚定信仰的缺失反而是件好事，而不是坏事。我发现，最优秀的哲学家不仅愿意质疑自己的能力，而且会质疑哲学本身的价值。音乐家迈洛说过："我最喜欢的一些哲学家对自己的事业真的又爱又恨，比如维特根斯坦就是这样。假如你持续不断地质疑一切，那么，你就会对自身努力的有效性产生怀疑。"我很认同这句话。

　　斯蒂芬·马尔霍尔最广为人知的一面应该是他对系列电影《异形》的哲学评论。他的观点同样呼应了上述说法。谈到哲学家在强行进入并质疑预设前提这件事中的表现时，马尔霍尔指出："如果我们能对科学家、撰写艺术评论的人和其他人做出这样的事，那么，仅仅出于纯粹的一致性，我们也应该同样认真地质疑自己的营生。"做到这一点的人"仅仅是一贯保持哲学态度的哲学家，亦即对自己研究的哲学秉持哲学应有的态度"。

哲学家西蒙·格伦迪宁精细研读过海德格尔、维特根斯坦和德里达等哲学家稍显晦涩的著述。他更有力地表达了这种自我怀疑："任何一位哲学家都要面对一种非常棘手的情况，那就是发现自己正在做的事——包括曾经自认为值得做的事——也许只是在原地打转，是镜花水月的徒劳，甚至可能是有损无益的。"

丹尼尔·丹尼特也说过类似的话："最优秀的哲学家永远都在走钢丝。只要向左或者向右踏错一步，睿智的哲理都会变成十足的废话，变成糟糕的东西。因此，用漫画手法来讽刺哲学家永远是一件过于容易的事，根本不值得做。只要稍做手脚，你就可以让任何一位哲学家看起来像个彻头彻尾、傻气横溢的白痴，包括亚里士多德、康德和任何一位你叫得上名字的哲学家在内。"

并非每一位哲学家都具备这样的自我怀疑精神，他们甚至不愿意对自己所相信的一切提出疑问。蒂莫西·威廉森在牛津大学担任威克姆逻辑学教授。这是个响当当的名号，意味着他是一位广受敬重的主流哲学家。我问过他，有没有担心过自己的哲学思考可能是空洞无物的。他立刻给我一个坚决果断的回答："没有。"威廉森说："有人经常担心人们说的话是不是完全空泛的，这纯属神经过敏。"他同意"沦落到满篇废话"属于一种"职业风险"，但他同时指出："如果由此认为，哲学从本质上说永远都是空洞的，那简直是无药可救的危言耸听。"

在我看来，值得忧心的问题并不是"哲学在本质上永远是空洞的"，而是我们正在从事的哲学（或思维）的具体**类型**或**实例**是空无一物的。对于他以之为业的、以英语为母语的学术哲学所具有的主导之势，威廉森没有这样的担忧，因为他认为，无论技术上的细节如何，哲学总是与人类思想的其他各领域紧密相连，比如自然科学等。如果说哲学真的是空无一物的，那么人类的整个理性思维也只能是空洞虚无的。

威廉森的自信并不能让我信服。它充满了自我陶醉。这太不哲学了。他和其他哲学家本应思考的疑点是：哲学并非看上去那样同科学和理性探究紧密相连。哲学用来解决某些问题的探究方式也许很好地适用于其他问题，但是根本不适合当前问题。通常来说，我并不认为这种可能真的存在。但是我认为，最重要的是去验证它是否存在，而不是想当然地认为它是存在的。

还有一位哲学家没有做到应有的自我质疑。他就是迈克尔·达米特。达米特不仅是语言哲学的巨擘，而且信奉罗马天主教。这在他的同辈中堪称凤毛麟角。菲利帕·福特曾经问他："如果你的论证与你的宗教信仰背道而驰，那该如何是好？"达米特回答她说："如果我确切地知晓某种真理，怎么会出现你说的这种情况？"福特对此解释说："他们（宗教信仰者）认为自己知道真理，而且对此毫无疑问，就像我不会质疑自己正在和别人交谈一样。"对达米特来说，他的宗教信仰是毋庸质疑的。哲学的疑问只能游走在教堂的大门之外。

很多人认为，质疑他人的宗教观念是一种粗鲁无礼的行为。可我看不出为什么单单宗教信仰可以置身我们对自身其他信念的深刻推敲之外。很多宗教思想家都认同我的这一质疑。齐亚乌丁·萨达尔指出，古时的伊斯兰教对这种观念持开放态度——我们应当发挥自身的理性才具，甚至用它来质问宗教本身。这正与当前的普遍认识相抵牾：伊斯兰教——它的字面意思是"顺从"——要求人们搁置批判思想。"《古兰经》不断地敦促读者思考。这本经书里遍布着这样的句子：'他们可曾想过？''难道你们不该想想吗？''此中确有许多迹象。'"《古兰经》显然是一部宗教经典，可它却在不断地提出问题。我觉得这非常吸引人。

虽然就像威廉森说的那样，**没完没了**地质疑自己和自己的行为纯属神经过敏，但是，**定期**地反躬自省必定有利于哲学意义上的健康。再怎么说，这样做至少有助于减轻一个人的骄傲和自满。哲学家一向以质疑一切的能力而自傲。假如他们把自己排除在质疑的范围之外，或者把自己珍视的信念排除在外，那他们就是自相矛盾的——这里的"自相矛盾"是对"虚伪"的礼貌说法。

和批判性思维的很多重要方面一样，质疑的重要意义是显而易见的。但是，要做到上乘的质疑，并把它变成一种习惯，是很难的，尤其我们正处在日益增长的、对"正能量"普遍盲信的风潮中。这股风潮正在席卷西方社会——至少是以英语为母语的地区。人们总是被怂恿对别人的想法和做法给予过分的支持、表现出过分的激动和不知疲倦的"积极向上"。如果一个人提出了一种创业的想法，即使这个想法听起来一塌糊涂，我们也不应该表现出一丝一毫的质疑，因为那是很糟糕的表达方式，那会"践踏他人的梦想"。质疑也许能挽救人，帮助人们避免在创业冒险中损失大量金钱，但是它太"消极"了，所以得不到任何支持。在这个挑战经常被误认为是构陷的时代里，我们需要比以往任何时代都更加努力地检视自身的假设，发挥它的重要价值。

如何质疑？

- 检讨自己提出的问题：它是不是确实需要回答的问题，而不是人云亦云的问题？
- 检讨自己提出的问题：它是不是组织得当？有些问题会迫使你从极为有限的答案中做出选择，而且它们都没有说到重点。
- 切忌为了质疑而质疑。问问自己，你质疑的目的是什么？
- 确切答案的缺失不能成为投靠怀疑主义的理由。确定性有时是可遇不可求的，不宜强求。
- 拷问自己的动机。你为什么质疑？是为了更好地理解问题还是为了推翻什么，或者为了维护自己先前的某些信念？
- 不要过多地关注糟糕的回答。有的时候，好的回答只要一个就够了。
- 如果一件事看起来显而易见或者理所当然，它总是值得我们再靠近些，更仔细地端详一番。
- 有的时候，我们的错误并不是找错了一棵树，而是进错了一片森林。要对这样的错误时刻保持警醒。我们可能在根本问题上走错了方向。这样的可能性是存在的，务必要用开放的心态看待这个问题。

[第三章]

推敲每一个步骤

❖ ❖ ❖

CHAPTER
THREE

一百次猜疑也成不了一个证据。

——陀思妥耶夫斯基,《罪与罚》

新冠疫情期间，英国政府下令严禁出门会客，可是时任英国首相鲍里斯·约翰逊却在府邸和办公室里举办了好几场社交聚会，有酒有菜，甚至还有乐队。约翰逊对此矢口否认，他声称首相府没有举办过聚会，但是警方随后介入调查，并对首相府和其他政府办公室违反防疫规定的聚会开出了126张罚单，其中有一张是直接开给约翰逊的。这说明约翰逊在坚称"我当然没有违反防疫规定"时没说实话。他的前一任首相在下议院指出："我这位尊贵的朋友和他身边的人要么没读过或者没读懂防疫规定，要么他们觉得（唐宁街）10号是法外之地，这些规定管不着他们。"也就是说，约翰逊要么是明知故犯（这说明他撒了谎），要么是在不知情的情况下举办了聚会（这意味着他批准颁布了一项他自己看不懂的法规）。总而言之，他要么昏聩颠顶，要么心不在焉。

约翰逊最后还是保住了他的首相宝座。这件事表明，扎实的论证并不足以说服人们按照结论行事。尽管如此，这一论证本身仍不失为一个好例子。它说明了一种力量——追问已知事实能够证明什么。我认为，"由此证明了什么？"是逻辑推理的关键问题。想要验证一项论证是否成立，你只需要问一个问题：**"由此是否可证？"** 比如，已知"猪终有一死"和"珀西是一头猪"是事实，由此是否可证，珀西做不到长生不老？（可以。）比如，已知一种食物含有致癌物质，而你不想患上癌症，那么，由此是否可证，你应该避免食用这种食物？（不能。）再比如，在电影《一条叫旺达的鱼》（*A fish Called Wanda*）里，奥托喜欢读哲学书，这是事实，那么由此是否可证，奥托不可能是个笨蛋？（不能，因为旺达说过，笨蛋才会读哲学书，"他们根本看不懂"。）历史上从未有过关于奇迹的可靠证明，由此是否可证，我们应该怀疑一切宣扬奇迹的断言？（差不多。）

推理中最重要的习惯之一就是提出"由此是否可证？"。我们即使对逻辑学一无所知，几乎也可以一直正确地回答这个问题——只要保持密切的专注即可。举一个前文提到的例子。当时你可能没有立刻反应过来。我在前文说过，我们不想患上癌症，但是食物中含有致癌物质的这个事实**无法**证明我们应该避免食用它。为什么推断不成立？从逻辑上说，它当然和"你如果不想中毒，就不要吃有毒的东西"是一样的。但是，只要仔细思考一下，你就会注意到，这两个例子虽然都使用"含有"这个动词，但是它们并未说明食物中含有**多少**致癌物质或毒素。在这两个例子里，最重要的问题其实是含量。随便一种热饮、一片腌肉或者一块烤焦的比萨都含有致癌物质，杏仁含有氰化物，但是它们的含量都非常低，因此，在正常的摄入量下，它们不会对人体健康构成任何威胁（需要注意的是，如今很多人食用的加工肉制品中致癌物质的含量远远超出了正常水平）。一个人如果拒绝食用任何含有毒素的食物，哪怕是一丝一毫，那么他恐怕也要饿死了。

"由此能否推出？"这个问题简单得很。不过，想更深入地理解如何提出和回答它，我们必须分清由一件事推断出另一件事的几种形式。人们通常认为，这种推理的黄金标准是**演绎法**。在日常语言中，我们对"演绎"这个动词的使用比较宽松，但是它在逻辑学中有非常明确的含义。在一项演绎中，如果前提——推理赖以立足的叙述——是真的，那么结论**必然**是真的。因为结论必然由此成立，所以论证是**有效的**。

回头看前面的例子。如果你的前提是"猪必有一死"和"珀西是猪"，那么，"珀西必有一死"必然成立。这个近乎废话的论证最大的力量在于，它的有效性来自它的结构：我们知道，具有相同结构的**任何**论证都是有效的。这种结构是这样的：

> 每个 x 都是 y。
>
> 这是一个 x。
>
> 因此，这是一个 y。

因此，下述演绎同样是有效的："每一位公民都享有居留权。我是公民。因此，我享有居留权。"但是，如果前提是假的，那么有效会变得无用。如果并非每一位公民都享有居留权，那么你的演绎是无用的。我们希望自己的论证是**正确合理的**，这就需要前提事实上是真的，而且论证是有效的。

这就是演绎法的作用原理。其余关于它的一切只是明白地告诉你，如果没有给予足够的注意，你可能会错过什么。实验心理学早已证明，大多数人在抽象推理和形式推理方面缺少天赋，因此，你可能错过的有很多。这真是一件让人伤心的事。但这并不应该让我们太过沮丧。我们的问题在于，人类实际上相当擅长使用推理来解决实际生活中的问题，尤其是在和别人一道思考、集思广益的时候。只有当我们被要求忘掉常识，完全专注于论证结构，使用 x 和 y 或者抽象名词来推理时，我们才会觉得困难。有人迫使我们放下生存必需的一切常识和实用思维技能，难怪我们会不知所措。

通常来说，在第一次接触演绎法时，大多数人都要花些时间来理解**有效**论证和**可靠**论证之间的区别。我详细论述过这一区别，不过，你如果初次接触它，也许无法窥见此前论述的全貌。所以，请完成下面的小测试。请问这是一项有效论证吗？

所有的橄榄球运动员都是尼安德特人。

艾米莉·斯卡拉特是一名橄榄球运动员。

因此，艾米莉·斯卡拉特是尼安德特人。

  答案是"对的"，这是一项有效论证。还记得有效性的定义吗？前提如果为真，必定可证结论为真。这里的关键在于"如果"一词。如果所有橄榄球运动员真的都是尼安德特人，而且艾米莉·斯卡拉特是一名橄榄球运动员，那么一定可以得出她是尼安德特人的结论。这就像"所有的猪必有一死，珀西是一头猪，所以珀西必有一死"一样确定。但是，在艾米莉·斯卡拉特的例子里，前提是不真的。因此，论证过程虽然仍然**有效**，但并不**可靠**。斯卡拉特应该给自己找一名擅长诽谤诉讼的律师。

  这种区别非常简单，但它需要我们改掉从小到大的语言习惯。大多数人口中的"有效"是非常宽泛的，实际上类似于"说得通的"、"合理的"或者"确切的"，比如人们常说的"这是个有效的观点"。但是，哲学里不存在有效的**观点**，它只认**论证**。

  即使掌握了有效性和可靠性之间的区别，确定一项论证实际上是否有效或者/并且可靠也不是件容易的事。请看下面的例子：

天然食物对大多数人有益。

蓝莓是一种天然食物。

那么，蓝莓对大多数人有益。

  可能很多读者已经看出来了，这一论证是有效的，但并不可靠。如果前提为真，结论必定为真。但是，第一项前提是不真的，不信可以问问那些把毒芹误当作野欧芹食用的人。如果你搞错了这件事，也许是因为你被结论为真的事实误导了。不过有时候糟糕的论证也能碰巧得出正确的结论，但这并不能让它成为合格的论证。比如：

> 纳粹政府警告民众，吸烟有害健康。
> 所有政府都应该向纳粹学习。
> 因此，政府应该警告民众，吸烟有害健康。

在这个例子中，结论来自有效论证，但是它包含的一项前提错得离谱（何止离谱，它简直错得令人发指）。在评价论证时，我们并不是在逐项评判论证中的主张。我们审视的是主张之间的**联系**，以及这些主张是否经得起推敲。比如：

> 如果人类活动造成的气候变化是真的，那么在过去的 40 年里，全球变暖的速度应为每 10 年提高约 0.18 摄氏度。
> 在过去的 40 年里，全球变暖的速度为每 10 年提高约 0.18 摄氏度。
> 因此，人类活动造成的气候变化是真的。

这又是一项真实的结论，而且它的前提也都是真的。但它是无效的，它也因此自动成为不可靠论证。再次强调，关键在于"如果"。"如果 x，就会 y"无法推出"如果 y，就会 x"。比如，"如果昨晚下雨了，地面就会是湿的"无法推出"如果地面是湿的，那么昨晚一定下雨了"。就算昨晚没下雨，地面仍然可能是湿的。它可能被洗过、被刷过，甚至可能被洪水淹过。同样的道理，即使真正的人类活动会造成地球气温升高，但是，气温的升高也可能是其他原因造成的。长期以来，否认气候变化是人为造成的观点就是依靠这种可能性强词夺理的。从原则上来说，全球变暖确实可能是太阳活动或者其他自然周期的结果。只是证据表明并非如此。

这种逻辑谬误被称为"肯定后件"。比如，你的初始前提是"如果 x，那么 y"，并且确定了结果 y 的真实性，此时你无法有效推出"x 也是真的"这一结论。举一个很明显的例子。由"如果一辆车是路特斯品牌，它一定很贵"出发，我们无法有效地推出"这辆车很贵，因此，它一定是路特斯汽车"的结论。

与它相对的是"肯定前件"。它是一种有效的论证形式。比如，你的初始前提是"如果 x，那么 y"，并且确定了前件 x 的真实性，这时，你可以有效地推出结论 y 是真的。比如，"如果一辆车是路特斯品牌，它一定很贵"，那么，"这辆车是路特斯品牌，所以它一定很贵"就是成立的。它和前述珀西的论证形式是一样的。

你一定觉得这简单得很。那么请问，下面的论证是否有效？

如果今天是 5 月 1 日，那么今天是国际劳动节。
今天是国际劳动节。
因此，今天是 5 月 1 日。

这个论证看上去是有效的，每个人都会这么认为，除了训练有素的逻辑学家。在他们看来，这其实是再明白不过的"肯定后件"的典型例子。那么，到底是哪里出了错？

再次强调，逻辑学的用词极其精确，语词在逻辑学中的含义与它们在日常生活中的含义大不相同。在日常语言中，用来表示条件的"如果"有时就是"如果"，有时却是"当且仅当"。举个例子。一位家长对孩子说："你如果把房间打扫干净，就可以玩会儿游戏。"这时，这位家长并不是在暗示孩子还有其他条件存在，只要这些条件得到满足，孩子照样可以玩游戏。家长想说的是："当**且仅当**你把房间打扫干净时，你才可以玩游戏。"在特定的语境下，"当且仅当"的含义极为明显，所以家长根本不需要明白地说出来。另一方面，当我说"我如果中了彩票，就去威尼斯度假"时，我的意思并非"如果不中彩票，我这辈子都不会去威尼斯度假"。在特定语境下，这句话里的"如果"就是"如果"，而不是"当且仅当"。

逻辑学把"当且仅当"称作"双条件"。它通常被写作"iff"。现在让我们回到劳动节那个例子。在这句话的语境中，日常语言中的"如果"被自动当成"当且仅当"的意思。这样读下来，这项论证实际上就是有效且可靠的。"当且仅当 x，那么 y"并不意味着"当且仅当 y，那么 x"是成立的。如此说来，当人们照例在使用"如果"的逻辑谜题中出错时，这并不一定说明他们是愚笨的。其原因常常在于他们想当然地把"如果"当成"当且仅当"，或者把后者当成前者。然而在哲学中，"如果"永远只是"如果"，"当且仅当"永远是"当且仅当"。这告诉我们，无论何时，当我们想要评判一项建立在某项假设条件之上的论证时，我们必须首先问清楚，它使用的是"如果"还是"当且仅当"。

如何进行有效的演绎？对这个问题精髓的总结得写好几页纸。我之前这样做过，但这并不值得沾沾自喜。说到演绎论证，它最奇怪的地方在于，它虽然被视为哲学乃至整个人类推理的黄金标准，但它并不是特别有用。事实证明，它的强项恰恰也是它的弱点。演绎要想有效，结论必须严格地跟从前提。但是，这就意味着，实际上你在结论中发现的一切**已经包含在前提之中**了。结论的唯一作用就是把它明白地说出来。假如你知道所有的猪都必有一死，又知道珀西是一头小猪，你就应该已经知道珀西也难逃一死。所以，从某种意义上说，所有的演绎论证要证明的都是它们已然假定的。

因此，如果演绎论证假设的内容恰好存在争议，它就无法用来消除争论、解决问题。比如，有这样一种反对同性婚姻的流行观点：婚姻是男人和女人的结合，而同性伴侣并不是一个男人和一个女人，因此不能存在同性婚姻。这是一项有效论证，然而这场运动旨在扩大婚姻的范围，把同性伴侣涵盖在内，而这一切的核心要义就在于婚姻制度不应该继续局限在异性伴侣的范围内。既然如此，在前提中宣称婚姻**必须**由男女组成就等于认定自己本该去论证的观点。但是，断言算不得论证，就像矢口否认算不得有力反驳一样。因此，这项论证无法被视为可靠，因为它的一项前提是存在争议的。

一项论证要做到有效和可靠，它的结论就必须首先包含在前提中，而且前提不能存在任何合理的争议。也就是说，它实质上不可能产生新的真相。既然如此，为什么还要使用演绎法呢？一个原因在于，结论并不总是那么显而易见地包含在前提里，所以明白地揭示它可能很有启发意义。举个例子，6 324 ÷ 37.2 的结果已经包含在这个算式里，但是直到算出它之前，你并不知道结果是多少。所以解答这道算式是有意义的。尽管一项论证的所有信息可能已经包含在它的前提里，但是推出结论仍然可能带来有用的信息。

我们有时并没有透彻地想清楚自身观念的逻辑结果。最起码，清楚说明这些结果可以迫使人们做到精确。如果你认为为了我们的私利而杀生是错的，所以吃肉是不对的，这时有人向你指出，依照同样的逻辑，你也不能拍苍蝇，而且植物甚至细菌也都是有生命的，同样不该杀伤，那么这番话也许对你有些帮助。它告诉你，第一个前提中表述的原则不够准确，应该对其略加完善，比如"除非生死攸关，为了我们的目的而杀死动物是不对的"。这样就排除了细菌和植物的问题。但是苍蝇等昆虫和其他各种有害生物的问题仍然悬而未决。也许这项原则还需要进一步修改完善。由此可见，明确推出观念的结论可能是一种有益的方法，它能帮助我们检查自身的观念：它们是正确的，还是错得离谱？

举个例子。玛丽·沃诺克曾经提出，如果一个人享有某项权利，那就可以证明另一个人负担着与之对应的义务。沃诺克曾经两度担任英国政府调查委员会主席。她想必对这类问题有过足够长久和深入的思考。这个委员会强调权利问题，其中一项是特殊教育问题，另一项是人类受精和胚胎学问题。在论述权利和义务的关系时，她举了一个没有争议的例子："假如你在我的田产里拥有通行权，我就有义务确保你的通行自由。"依照同样的逻辑，沃诺克又提出，人们拥有生育孩子的权利。可是，确保这一权利的实现不可能是任何外人的义务，考虑到这一点，她说自己"也不确定讨论养育孩子的权利是否有意义"。准父母拥有的唯一一项毫无争议的权利是不被阻止生儿育女的权利。这一论证影响了英国政府，促使它为民众提供辅助生育治疗服务。其中的原因在于，如果说生儿育女是一项权利，那么政府就有义务确保它的实现。

还需要牢记的一点是，演绎法可能包含多个步骤。我们前面见到的"两个前提 + 一个结论"的例子是用来解释说明演绎法原理的，它们是形式上最简单的演绎法。步骤越多，就越容易出错。所以我们才会提出，对于"什么必定可证什么"的高度敏感是一项核心思维能力。

有的时候，未能发现正确推论的原因在于我们的自相矛盾。这是再明显不过的道理。比如，你发现自己相信一种阴谋论，它**同时**假定政府是无能的，**以及**政府会用史上最机巧的方式掩盖自己的无能。那么一定是哪里出了问题，因为这两种假定不可能同时成真。其他情况也许没有如此明显的矛盾，但是仍然存在深层次的抵牾。比如，你认定大型企业对环境毫不关心，因为它们唯一在乎的就是利润；同时，你认为绿色企业是好的，因为它们高效得多。如果后一项假设是真的，那么为什么对利润的贪欲没有驱使大型企业变成绿色企业呢？你的结论只能是，商人不仅贪婪，而且他们连唯一擅长的事——赚钱致富——都没做好。

哲学家是嗅探不一致性并消除它们的行家里手。哲学家杰夫·梅森生前是我的朋友。他把这称为"卧榻之侧，岂容矛盾鼾睡"。尼古拉斯·雷歇尔关于哲学本质的著述极为丰富。他曾经提出，大体而言，这就是哲学要做的事。哲学问题出现在我们遇到困惑或者难题的时候："有一组观点，它们各自说得通，放在一起却说不通。"比如，很多哲学家提出，我们虽然看似拥有知识，但是似乎缺少正当的理由声称自己的信念是真正的知识。还有一些哲学家指出，我们看似拥有自由意志，但是，如果世界是受物理因果律支配的，它会让自由意志成为不可能的事。这两项难题都是由两项主张构成的。它们看上去都说得通，但是不可能同时成立，而且想要放弃其中任何一项都不是一件容易的事。哲学家的任务就是找到一条出路，解开这个谜题。他们解决这个难题的办法或者是调和两种相互抵牾的观点，或者是告诉人们，其中一种观点是可以舍弃的。无论如何，矛盾最后会被消除，我们会重新找回一致性。

哲学家不仅擅长消除不一致性，他们还会轻车熟路地发现别人遗漏的部分。说到这一点，奥诺拉·奥尼尔举过一个很好的例子。奥尼尔为英国的公共生活做出过很多重要贡献，其中尤其引人注目的是她曾担任平等与人权委员会主席。在写到公共生活中的信任问题时，她发现，多项调查数据一致显示，人们的填报反映了较低的信任度。奥尼尔还在这一叙述中发现不一致的地方，它来自奥尼尔在里思讲座演讲时的一位提问者。这位提问者指出，她不信任外科医生，因为她的手术被推迟了。奥尼尔随即指出："如果她真的不信任医生，那么手术推迟只会让她感到高兴。"

奥尼尔还发现人们言行不一。人们总说自己不信任他人，但是他们的行为方式总是离不开对他人的信任。他们会按照医生的处方服药，会按照财务顾问的建议管理自己的投资，会付钱给电工来摆弄那些可能很危险的电线。人们也许口口声声说自己不相信新闻，可是他们如果是认真的，为什么还要花时间去读报纸？

奥尼尔关于信任的例子非常精辟，因为它说明了大多数的矛盾并不是显而易见的。人们很少明确地宣称一件事，然后走到它的反面去。大多数情况下，我们在更仔细地检视人们的言行时，会发现矛盾所在。这里的关键问题是："那么会怎样？"如果你真的不信任他人，那么接下来会发生什么？这一预期是否与现实吻合？

有的时候，想看到"那么会怎样"离不开一系列步骤：由 b 可得 a、由 b 可证 c、由 c 可推出 d 等。哲学家托尼·麦克沃尔特在成为英国议会议员之后使用了这种技能。在狂热的"反恐战争"时期，英国曾经出现不经审讯即可羁押犯罪嫌疑人 90 天的提案。麦克沃尔特非常担忧它可能造成的后果。他指出："所有关于这类事情的草率处理都是让人难以置信的,是完全反哲学的。我们指望哲学家做到的一项工作是,他(她)不仅要看到一件提案的后果,还要看到后果的后果,甚至是后果的后果的后果。我认为,这正是我们研究哲学的原因,因为政策会产生一连串的后果,而且这些后果并不是显而易见的。"麦克沃尔特看到了这一提案的可能后果,明确反对未经审判的羁押。

但是我们必须慎之又慎地审视:你**认为**会随之而来的后果是否**真的**随之而来?推理的链条越长,中间发生差错的可能性就越大,而且这种差错被放大的可能性也越大。这就如同"传话游戏"。在麦克沃尔特表达己见的那场讨论中,他的同事乔纳森·雷警告说,不要对一种立场的实际含义过度自信,那样做是有风险的。雷指出:"谈论后果的后果的后果也许能让你自我感觉良好。但是请不要忘了,哲学家曾经大谈后果的后果的后果,结果发现自己成了纳粹德国的坚定支持者。"

即使是谈论一项主张的直接推论也可能并非易事。对生态伪善的谴责就是个例子。很多人认为,如果一个人相信未能解决气候变化问题是有违道德的,那么,只要他乘坐长途飞机,他就是伪善的。但是,他们也可能认为,气候变化问题必须依靠政府间的行动来解决,一个人的选择不可能解决气候问题,因此,拒绝乘坐飞机纯属空洞的姿态,它什么也改变不了。对这个解释你也许无法苟同,但是,在他们"令气候变暖"的行动与他们"令气候变冷"的抱负之间,并不存在明显的矛盾。话说回来,如果他们斥责那些使用一次性咖啡杯和塑料购物袋的人,自己反而去乘坐长途飞机,那才叫言行不一。

一致性虽然是良好思维的关键旨趣之一,并且是检验良好思维的手段，但它并不值得不惜一切代价去追求。就像爱默生那句令人难忘的名言所说："愚蠢的一致性是狭隘思维的调皮鬼，小里小气的政客、哲学家和神学家们最喜爱它。"在这里，"愚蠢的一致性"指的是一个人在非要拥护荒谬时——或者至少是不真实性时——才能达到的那种所谓的一致性。

为了斗胆说明这一点，我认为，只要试着解开古老的连锁悖论就够了。这个谜题说的是，我们似乎不可能断定某些概念什么时候适用、什么时候不适用。就拿"个子高"为例。编剧、导演、演员斯戴芬·莫昌特身高是 201 厘米。他当然是个高个子。假如莫昌特的身高缩短到 200.99 厘米，他个子还算高吗？当然算。那么，请想象一下，我们一遍又一遍地重复这个问题，每次都让他的身高缩短十分之一毫米。这样微不足道的改变很难让一个高个子变成矮个子。但是，假如我们把这个过程无限延伸下去，莫昌特就会变得和他的搭档瑞奇·热维斯一样高：173 厘米。这时，他当然算不上高个子。继续减下去，莫昌特的身高会逐渐缩短到 107 厘米，他就会变得和沃维克·戴维斯一样高。戴维斯是热维斯执导的喜剧《人生苦短》中的一位明星。

这里的困境在于，高个子、中等个头和矮个子之间看上去必然是不同的，但是，你在试图划分这种不同时，会发现自己无从下手。我认为，这个难题看上去最可行的解决办法是接受"高个子""矮个子"这些词语与生俱来的模糊性。有些人明显是高个子，还有些人明显是矮个子。介于二者之间的高度也许就是无法界定的。之所以出现这个难题，是因为我们被要求用数学式的精确性对待这个概念。但是，语言是有机演进的，它怎么会具有这样的特质？

对有些哲学家来说，接受概念的内在模糊性是一件恐怖的事。他们认为，如果我们不能准确地使用语言，哲学的严密性就无从谈起。所以，为了挽救严密性，他们提出，这些词语明摆着的模糊性来自语言本身的局限性，而不是概念本身。高个子和不高的人之间**确有**严格的区分，我们不应该把自己无法明确划定二者界限错误地当作差异本身并不存在。模糊性只存在于我们的头脑，不存在于客观世界。

在我看来，这真是痴人说梦，堪称"愚蠢的一致性"的典范。但是比我高明得多的、一本正经的哲学家为此提出过支持性论证，其中最德高望重的要数蒂莫西·威廉森。他对我说过："一个人必须问清楚，为什么有些人认为，听起来很奇怪的假定前提不可能是真的？事实证明，在科学领域里，很多听起来不同寻常的前提最后都是真的。"这只会再次证明，在所有论证都已做出的情况下，哲学往往只是一个判断问题，同时也是人的性情问题。其间的原因在于人们对模糊性和不精确性的耐受力各不相同，而不在于有些人比别人更具理性。对我来说，"追随论证的脚步，无论它把我们引向何方"听上去是一项高尚的原则，但我不会让它把我带到沟里去。

某些形式的推理真的会把我带到沟里，只不过是出于更有益的原因。比如，人们常说："生命无价。"如果它的含义是人的生命是无法用金钱来衡量的，我希望每个人都能认同它。但是，对有些人来说，它的含义是应该不计成本地救人性命。这样一来，这条原则就变成："我们如果拥有救人一命的资源，就应该不惜一切代价地去拯救一条生命。"这是不是一条好原则？

设想一下，拯救一条生命的代价是耗费一个国家全部的文化教育预算。只要我们相信"我们如果拥有救人一命的资源，就应该不惜一切代价地去拯救一条生命"，那么，合理的结论只能是"我们应当倾尽全国的文教预算来拯救一条生命"。大多数人都会认为这个结论是荒唐的，因此，产生这一结论的原则一定存在某种问题。

推导一项论证，直到得出符合逻辑的结论。这个例子生动地说明了这一做法的价值。这样做时，我们有时会发现自己最初的起点存在非常严重的问题。这就是"归谬法"的作用原理——归谬就是把问题简化并归结为一个谬论。如果你能说明某一观念在逻辑上可以推导出一个明显荒谬绝伦的看法，那么，原始观念一定存在问题。

归谬法立足于最基本的演绎原则：在一项有效的演绎论证中，如果前提为真，那么结论必为真。因此，只要结论是明显错误或荒谬的，而论证过程又是有效的，那么它的前提必定存在问题。这为我们提供了三种选择：抛弃前提、修正前提或者咬紧牙关接受明显荒唐的结论。

在选择彻底抛弃前提之前，先尝试对它做出修正是很值得的。毕竟，如果它最初看上去是可信的，那么它可能包含些许的真实。就这个例子而言，问题也出在这里：假如用全国的文化教育预算来挽救一条人命，那么，长期而言，这也许会造成更多人的死亡。这是因为一个健康的国家离不开教育和激励。我们的错误在于制定了这样的规则：使用资源来挽救**一条**人命，而不是将其用于实现**普遍意义上的好生之德**。也许我们应该更简单明了地说：**生命高于一切，资源应该用来救人。**

这就避免了投入一切来挽救一条人命的荒谬性，但它仍然意味着绝大部分的公共资金会被用于医疗和国防。人们只要平均寿命变得更长，就算过得穷一点儿也没关系。比如，我们可能只为那些需要被挽救生命的人提供教育,而让大多数孩子在 11 岁时离开学校,帮助赚钱来支持这一切。

你可以静下心来更好地定义"人的生命是无价的"这句话的含义,但是我认为,大多数人都会同意,**归谬**论证使得我们拒绝了"公共支出唯一的优先用途是救人性命"这一想法。究竟应该在救人这件事上投入多少资源,任何一个政府或者医疗服务机构都必须为此设定一个限度。这听上去也许不够令人愉快,但是无情的现实就是如此。

不过还有一点非常重要,值得特别注意:归谬论证通常不会促使人们放弃自己的前提。总会有人选择"咬紧牙关",接受结论,尽管它看上去很荒唐。在"生命无价"这个例子里,你可能会提出,虽说"在与救人无关的事情上,我们一分钱都不应该花"这个论调看起来十分荒唐,但是这只能说明,我们并不情愿做出自己理应做出的道德牺牲。在理想情况下,必须有经济活动来产生医疗必需的资金,但是,为了教育的教育和为了艺术的艺术,以及与它们类似的一切,都会成为奢谈而被拒之门外。

道德哲学家彼得·辛格在提出下面这个问题时的立场实际上与上述例子非常接近:假如你经过一片水塘时看见一个孩子快淹死了,而且你有能力跳入水中救他,你会这样做吗?你当然会这么做。那么,如果这会让你开会迟到,还会弄脏你新买的套装呢?当然还是救人要紧。和一个孩子的命比起来,你做出的牺牲微不足道。我们似乎一致同意这个原则:"如果我们有能力阻止一件坏事发生,而且不需要做出重大的道德牺牲,那么,从道德上来说,我们应该这样做。"

恭喜你走进了辛格的圈套。假如,你和我一样,准备花 5 英镑买一杯最近流行的咖啡和一个牛角包。我如果放弃这个宠爱自我的习惯，把这笔钱捐给合适的慈善机构，就可能帮助某个人的双眼恢复光明，让某些人免于染上疟疾，甚至可能挽救某个人的生命。同这些相比，我的下午茶及其带来的乐趣着实微不足道。因此，依照我们在上文一致同意的原则，道德责任会促使我——还有你——停止一切琐碎的享受。实际上，辛格指出，我们"应该捐出尽可能多的金钱，至少也要达到这样一种程度：只要再多捐一点儿，你和依赖你为生的人们就会感到严重不适"。你要舍弃的远远不止一个牛角包，它还意味着你从此只能穿便宜的衣服，不能使用诸如电视机这类较昂贵的消费品，更别提出国度假或者下馆子了。

对很多人来说，这就是**归谬法**的含义。任何一项要求我们做出如此自我牺牲的道德准则当然是过分苛刻的，但是辛格选择咬紧牙关接受它。他的道德性就是极度苛刻的，但这并不能说明他的做法是错的。他告诉我："绝大多数人可以捐出自己一半的收入，但是我们很容易预料到，大多数人都不会这么做。"结果他不但没有退缩，反而变得更加坚定："对我们这些岁月静好、安享生活的人来说，基本需求的满足是安全无虞的，但是还有那么多人饿着肚子入睡、没钱给孩子治疗腹泻、每天跋涉 2 个小时才能打到安全的饮用水，甚至为了获得不安全的饮用水而跋涉 2 个小时。在这种情况下，我们还大谈特谈：'难道你不认为，真正富足的生活是能够欣赏歌剧并在国家美术馆品味旷世杰作吗？'这算什么呢？我认为这是真正的自我放纵。"

这正是归谬论证的问题所在：一个人的荒谬是另一个人不愉快或者反直觉的现实。没有什么东西能荒谬到令智者根本无法相信。

还有一种论证，它同样立足于一项立场含义的推论，只不过是反着来的：反推。在先验论证中，我们会从确定为真的部分入手。我们提出的问题是：如果它为真，那么其他哪些部分**必定**为真？约翰·塞尔试图用先验论证为"外部实在论"辩护。先验论证是一种相信外在世界真实存在的信念。被塞尔当作论证起点的事实是：正常话语是存在并且有用的。人们同意在某个时间在某个地方见面，而且你瞧，他们通常都能做到。塞尔指出："只有假设含有一个确定的点——时间点和空间里的某个地方，而且它是独立于我们存在的——我们才能在那个点会面。这就是外部实在论。"

它也许简单得让你有些吃惊，但是请切记，它只是概而言之。还需要注意的是它与素朴实在论的不同，后者认为，外部世界或多或少就是它所表现的样貌。它实际上是对结构实在论的论证，即外部世界的实质与它的表象也许极为不同，但它必定具备某些结构，这些结构会系统性地反映在它的表象上。时间和空间就是这些结构中的两种。我们对时间和空间的感受必定与这个世界的内在结构——无论它是什么——之间建立了紧密的、系统性的联系，否则我们就谈不上与人约会，也不可能按时出席会议。

先验论证听上去有些夸张，但它的基本原理可以用在更平实的问题上。我们要提出的问题是："如果这为真，还有什么必须为真？"或者更笼统地说："如果**这**为真，还有什么**最可能为真**？"下面是一个不太起眼但是很有用的例子。假如你在找钥匙，你在所有你认为可能的地方都不见它的踪影，那么它一定是在你认为**不可能**的地方。如果你用它开门进屋了，那它一定在房间里。这听上去也许再明显不过，但是我敢肯定，我绝对不是唯一一个这样问的人："你找过**那里**吗？"而且我得到的回答一定是："你没有理由认为钥匙会在**那里**。"然而找不到钥匙这件事说明的重点是，无论它在哪里，那一定是你没有理由相信会找到钥匙的地方。

在这种我们可能称其为"实用先验论证"的情况里，一定不要在多种可能性存在的情况下先入为主地认定某事**必定**为真。这是我们必须避免的陷阱。假如你发现自己的伴侣最近频繁地联系一个你不认识的号码，那并不**一定**能说明他（她）出轨。也许他们正在为你准备惊喜派对，或者他们之间确实有秘密，但并不是你想的那样。我们不能因为"我想不出别的可能"就认定"不可能存在别的解释"。这是一种常见的想象力失灵。

归谬法和先验论证依据的线索都是确定事实之间的必要联系。不过，有时候由一项明确为真的主张走向另一项主张的过程并非循着分明的步骤逐级而下，而是沿着一种更加渐变的斜坡滑下来。在"滑坡谬误"中，前提可能合乎逻辑地推导出一项不受欢迎的结论，不过在更多的时候，这一结论不可避免地来自其他的——通常是心理方面的——原因。

以一种反对将协助绝症患者自杀合法化的流行意见为例。很多反对协助自杀的人提出，其中的问题并不在于法律想要帮助的人不应该享有"死亡的权利"，而是这种权利一旦得到法律承认，就不可能到此为止。年迈的、残疾的和希望自己尽可能安享天年的人会越来越多地被视为负担，这些人会受到及早结束自己生命的压力。就像残疾诗人、活动家杰米·黑尔所说："我想象不出任何安全保障可以保护人们远离被迫自杀的压力，它可能来自人际手段、经济手段或者社会手段。"[1] 英国残障平等慈善组织 Scope 的研究发现，绝大多数残障人士认为，目前对协助自杀的禁止为他们提供了保护，使他们免于自杀的压力，其中三分之二的人指出，他们非常担心这一法律遭到修改。[2]

就像玛丽·沃诺克说的那样，很多时候，"当人们使用滑坡论证时，一个步骤和随后那个可怕的结果之间似乎存在逻辑上的必然性，他们一路滑下去似乎是一件注定的事"。然而，这种逻辑上的必然通常不存在。正如沃诺克所说，事实证明，这些论证不过是人性的作用。"滑坡谬误论证其实等于说，'开弓没有回头箭，这是人性使然'。"

因此，在评判一项滑坡论证时，我们必须提出的问题包括：未预期后果的真正风险是什么？有没有什么可供落实的办法能让斜坡变得没那么滑？在协助自杀的例子里，支持者提出，我们可以通过完善法律来防止其被滥用，让人们担心的情况不可能发生。反对者指出，随之而来的公众态度的改变是不可能通过立法禁止的，无论如何，风险都是极高的。既然如此，为什么还要实施这项法案？（既然所有相关论证都立足于风险，那么我们必须考虑**不改变现行法律**的风险。这些风险包括很多人不得不忍受漫长和加倍痛苦的等待死亡的煎熬，而这并不是他们想要的。）

滑坡谬误常常把下滑说成是不可避免的。其实并非如此，很多时候，我们可以给自己更多的掌控力。

近些年来，民众在理解各种数字的含义时遇到了很多困难，比如再生数、死亡率、指数增长和疫苗效力等。因此，统计学素养正在变得日益重要。这属于批判性思维领域，哲学家并不是其中的专家。尽管我们都没有接受过专门的统计学训练，但是哲学的思维习惯仍然可以帮助我们更好地把握数字。哲学家惯于向一切据称的事实提出疑问："它的含义是什么？它来自哪里？它会带来什么样的推论？"我们如果在面对数字时提出同样的问题，很快就能更进一步地理解它们的意义。

事实不会开口说话，数字尤其不善言辞，它们很少直白地表达自身的含义。举个例子。2021年3月，很多新闻媒体头条报道了联合国环境规划署（UNEP）发布的《粮食浪费指数报告》。这份报告的统计数字触目惊心——"2019年的粮食浪费高达约9.31亿吨"。[3] 这听上去简直是个天文数字，但是它果真很大吗？[4] 我们要仔细研读这份报告，才会发现这个数字仅占可用粮食的17%。考虑到有些浪费是不可避免的，这个数字也许并没有大家担心的那么可怕。我们要自己动手算一算：2019年的全球人口为76.73亿，把9.31亿吨的粮食浪费平均到每个人身上，则人均约浪费121公斤粮食。也就是说，每个人大约每个星期浪费约2公斤粮食。

这个故事还没讲完。哲学家总是对一切主张产生膝跳反射一般的下意识反应，会询问其中词语的确切定义。这个报告中的"粮食浪费"究竟是什么含义？答案令人惊诧："《粮食浪费指数报告》中，'粮食浪费'被定义为人类粮食供应链中未被食用的食物及食物中不可食用的部分。"也就是说，外皮、外壳、骨头等都被算在粮食浪费的范围之内，即使它们根本无法食用。

在谈到粮食浪费问题时，这个定义或与其类似的定义得到了广泛的采用。欧盟对粮食浪费的定义是："食品供应链中需要被回收或处理的任何食物和不可食用部分。"[5] 英国政府关于粮食浪费的大部分数据来自废物及资源行动计划（WRAP）。这是一家由英国政府支持建立的慈善组织。WRAP衡量的粮食浪费包括食品及饮品在制备过程中产生的不可避免的浪费，而且"在正常条件下，它们往往是不可食用的"。[6]

我们大多数人专门针对可避免的粮食浪费的统计更感兴趣。你如果去查找它们，就会发现WRAP正在加大力度把不可食用的部分从粮食浪费的统计中剔除出去（它同时仍在提供包括该部分的统计数据）。不过被报道的是哪一类数据并不是那么明显可辨，尤其是当我们阅读经过新闻媒体二次加工的报道时。从 2021 年的新闻标题来看，英国每年浪费的粮食总数为 950 万吨，其中 640 万吨是可食用的。折合人均粮食浪费数量为 96 公斤，这是一个令人瞠目结舌的数字。[7] 美国农业部经济研究局（ERS）同样记录了粮食**损失**数字。它指的是"收获之后可供人类食用但由于任何原因未被食用的可食用食物数量"。根据这个定义，美国的粮食损失量约为 6 000 万吨，占供应总量的 30%~40%，人均高达近 200 公斤。[8]

更好地理解了这些数字的含义后，我们接下来要问的是，这些数据从何而来？答案是，这些数据有多种来源，有的相对可靠，有的则不然。这是前文提到的联合国环境规划署报告带给我们的关键点之一。它可以总结为："目前，全球粮食浪费数据的可用性较低，其测量方式的可变性非常高。"只有 17 个国家的数据被判定为高质量数据，42 个国家的数据只得到中等可信度。这几乎是在确定无疑地告诉我们，粮食的浪费量实际上高于当前的估计值。

最后一个问题是：这些事实证明了什么？简单的答案是：如果没有更多信息，它们什么都证明不了。我们可以假定的是，在实际生活中，零浪费是不可能实现的。因为它需要供需的完美一致、运输和仓储的零事故、摄入量的精准控制和烹饪过程的零损耗。也就是说，即使是最优情况，也必然包括一定比例的粮食浪费，而且数值一定比零浪费高出不少。那是多少？我们也不知道。但是我们可以从众多关于可避免的粮食浪费的报告中清楚地看到，它远远低于如今的浪费程度。

上述关于粮食浪费统计的讨论不存在看似哲学推理的内容，而它实际上完全是在哲学思维习惯的推动下完成的，而且这一思维习惯并不具备任何专业的统计学知识或者粮食系统知识的支持。可是它依然帮助我们获得了比单纯阅读主题报告更清晰的认识。

有趣的是，在我们由此获得的认识中，那些确实的、精确的数字实际上并非特别重要。我们应当得到的关键结论是：全球粮食浪费情况非常严重；富裕国家的浪费程度比贫穷国家严重得多；关于粮食浪费的报告有时会把不可食用的部分包括在内，所以它们的准确性变化很大；减少粮食浪费的潜力还很大……我们从拷问定量数据入手，最后发现不少定性信息。也许经由哲学路径得出这样的结果并非巧合，因为在哲学里，我们经常会发现，最初的问题并非最重要的问题，所以它也不是我们最终要回答的那个问题。

针对统计信息提出诸如此类的问题："它们的含义是什么？""这些数据从哪里来？""由此可证什么？"我们会发现很多深藏不露的真相。比如，我们经常在研究结果中看到"统计显著性"的字样。哲学家会本能地提出："请定义你的用词。"用一句话来概括"统计显著性"的含义：它的结果告诉我们，人们不大可能偶然得到同样的结果。这里"不大可能"的含义是什么？统计结果偶然出现的概率大约为1/20。也就是说，每20个具有统计显著性的结果中就有1个结果实际上没有任何意义。[9]

不过关键在于，一个具有统计显著性的数字不一定在任何其他的重要意义上同样具有显著性。举个例子。死亡风险翻一番，这听上去非常可怕。但是，如果这一风险本来极低，比如一千万分之一，那么我们几乎可以肯定地说，如果是为了明显的益处，就算它翻一番也无妨。

让我们拿它和"临床显著性"进行对比。如果一项结果表明其变化足以影响患者寿命预期、症状缓解、成本效益或者医疗干预便利性等，它就具有临床显著性。不过，当一项结果只是具有统计显著性时，它并不会自动具有临床显著性，反之亦然。比如，一项研究表明，某种药物治疗在统计学意义上"显著地"延长了癌症患者的生命。然而这一显著延长只是从 5.91 个月提高到 6.24 个月，亦即 10 天。即使你认为 10 天是显著的（绝大多数的临床医生并不这么看），考虑到该药物对患者和医疗成本的负面作用，没有专家会认为它是值得的。

理解统计数字在这里的含义同时回答了"由此可证什么？"这个问题：它实际上证明不了什么。在其余情况下，我们只要足够专心，就能发现没那么明显但是足够明确的推论。有些研究结果不断地被用来说明这一点。这些研究指出，某些事物——比如食品、饮料、杀虫剂、清洁用品和化妆品等——与一种或者多种严重疾病风险的增加存在联系。人们很容易由此认定，这些东西对我们的健康不利。然而，几乎一切事物的影响都有多个面向：有些影响是好的，有些是坏的。某个事物是不是有利于健康，这取决于它对我们的总体影响。这也解释了另一个问题：为什么一些有副作用的药物或增加人们患上其他疾病风险的药物，往往对我们的健康大有益处？除非我们了解一件事物的**所有**影响，包括一切积极的和消极的影响，否则我们无从得知它的糟糕影响是否足以成为我们避之如蛇蝎的理由。

统计数字从何而来？这又是一个值得追问的问题。在上文提到的癌症药物研究中，数据是真实的。不过，在相当多的情况下，统计数字的来源都存在利益牵连。假如一项研究报告提出巧克力对人体的健康价值，而这项研究是由糖果店老板资助的，我们还是慎重相信这个结论为好。即使是纯正的研究，它们也很容易受到既得利益的影响。很多研究是在高校的新闻发布会上发布的，而负责这项工作的是大学的宣传部门。因此，他们经常会夸大研究结论的统计显著性，这超出了研究者本人在论文中的实际论述。时间紧张的新闻记者通常会用发布会通稿来写文章，他们甚至不会通读原始研究论文。调查记者尼克·戴维斯把这种做法称为"大拌菜式新闻"。

数字可以成为强大的宣传武器，因此，提高我们的统计计算能力当然是值得的。实际上，只要运用最基本的哲学原理，我们就能对数据做出大量的清晰思考。无论别人说什么，数字都不会为自己说话。如果我们不去解读它们，它们不过是一堆数字。

观念、事实和数字会在逻辑上带来怎样的推论？对此保持警醒是一项最核心的批判性思维能力。人们普遍认为，想在哲学中突出地做到这一点，一定离不开形式逻辑知识。而学习这些知识往往令人望而生畏。只要看看这个公式就足够让我冷汗直流：$\forall x.\exists y.Q(x, y) \wedge \neg \forall u.\exists v.Q(v, u)$。我从来没掌握过这个公式。我用来安慰自己的理由是：实际上很多人都像我一样，而且大多数重要的哲学著作也用不到它——当然，形式逻辑领域的重要著作除外。

更令人安心的是，希拉里·普特南指出，20世纪的英语哲学界过于重视数理逻辑的作用。普特南感叹，逻辑推理已经成了一种默认方法，它引以为荣的目标是"绷紧"我们的思想。他说："在哲学里，绷紧某个对象的意义并非如此。我认为，我们仍在遭受一种想法的毒害——一个句子的形式化能告诉我们它的真正含义。'我们能从某些具体的科学中接收形式体系，并由此取得真正的进步'。这是一些人的梦想。它已经影响到了其他学科，例如社会学、经济学和其他社会科学学科。数理逻辑的部分吸引力在于，它的公式看上去高深莫测——里面的 E 向左开口，多么高级！"

尽管如此，我们仍然有必要搞清楚，为什么那么多哲学家认为逻辑学如此重要？蒂莫西·威廉森指出："在遇到一些比较复杂的陈述时，我喜欢把其中的语言转化为符号。这会让我听到的内容变得更清晰。公式有点儿像逻辑地图，它们能让逻辑关系变得非常清晰。"他的这种偏好有一部分来自个人性情。"很多人会采取相反的做法：他们喜欢把符号转化成日常语言，从而更好地理解符号所表达的含义。"

不过，就连威廉森这样的哲学家也指出："我并不认为所有的哲学家都必须擅长形式化方法……很多优秀的哲学家用日常语言写作。很多时候，形式化是毫无裨益的。"在逻辑本身之外，几乎不存在什么需要依靠形式逻辑来证明的实质性问题。

想要晓畅地推理，我们没有必要分清 ∀ 和 ∃。得知这一点，你是不是也松了一口气？（或许有读者对这两个符号感到好奇，我在此稍作解释："∀"是全称量词，表示"对于所有"或者"给定任一"；"∃"是存在量词，表示"存在"）。演绎逻辑的根本问题是："由此可证什么？"我们已经看到，对这个问题的回答不一定用到符号。实际上，我们的绝大部分推理根本没有采用演绎法，无论它是不是形式化的。

令人惊讶的是，就连最古板的哲学家也承认这一点。迈克尔·马丁是技术哲学家和分析哲学家的典型代表。他根本不在乎外行能不能看懂自己的著作。我在讲座上见过他如庖丁解牛般精准地把人们的论点拆成碎片。可是，就连他也说过这样的话："明确做出有效论证的哲学家如凤毛麟角，其论证读起来有趣的更是无处可寻。"瑞·蒙克说过，我们务必记得："有效论证是一件多么有限的武器。它很少说服我们去相信什么或者在有效论证的基础上采纳什么。"帕特里夏·丘奇兰德是一位神经哲学家。她的研究重点是推测理论的科学事实。丘奇兰德说得更直白有力:"说真的,谁会相信我们是依靠演绎法行走世间的?我的意思是,就拿我自己来说,我一个星期可能只用两次演绎法。"她随即发现这听上去可能有些草率,又补充说:"我说的是反话。我也不知道自己每个星期用几次演绎法,总之不算多。"

演绎法培养我们检视一致性和连贯性的习惯,它的基本准则非常值得消化吸收。但是对绝大多数的实用目的来说,我们必须求助于另外一种类型的推理。它在逻辑上不如演绎法那样滴水不漏,但是,谢天谢地,它比演绎法有用得多……

如何留意自己的步骤？

- 无论面对什么样的论证，一个最关键的问题是：由此可证什么？
- 事实上，糟糕的论证有时可能包含真实的结论，甚至仅包含真实的陈述。我们务必对此保持警觉。
- 遇到"如果"时，一定要仔细审视：它是表示条件的"如果"，还是表示双条件的"当且仅当"。
- 学习一些关于形式谬误的知识可能很有用，例如肯定后件等。这会让我们对类似这样的事实保持警醒——"如果x，那么y"不能推出"如果y，那么x"。比如："如果我是人，那么我是灵长目动物"是成立的，但是，如果我是灵长目动物，我不一定就是人。
- 要对一致性有所追求，但是，在遇到矛盾时，与其为了解决它而与荒谬性共舞，倒不如存而不论。
- 归谬论证的原理是，如果一种认识在逻辑上得出荒谬的推论，那么这一认识必定存在问题。我们要么承认这一点，要么咬牙接受并声称那些看上去荒诞不经的推论实际上并不荒唐。
- 在接受某些看似合理的事物时，它可能迫使我们接受另外一些不合理的事物。这就是我们要当心的"滑坡"。同时也要谨慎对待"小心坡滑"的警示。滑坡很少是逻辑性的；大多数滑坡是心理性或者社会性的，而它们通常是可以除冰去滑的。
- 在面对统计数字或者任何其他事实时，一定记得追问："它的含义是什么？""它来自哪里？""它能推出什么？"
- 不要过分相信统计显著性的说法。它往往在其他合理意义的显著性方面表现得并不显著。

[第四章]

遵循事实

CHAPTER FOUR

我宁肯愁苦悲戚,也不要在傻子的天国里享福。

——陀思妥耶夫斯基,《白痴》

人类想对抗气候变化、想根除贫困、想让越来越多的人吃饱肚子。这一切并不是因为演绎论证的力量鼓舞了我们，而是因为证据让足够多的人相信正在发生什么、它们为什么会发生以及我们可以做些什么来改变它们。演绎法在其中只发挥了配角的作用。我们需要处理海量的数据、判断假设是否与证据相吻合等。但是，事实推理的根本基础是**以经验为依据的**：它立足于观察和经验。我们观察和测量气候的变化，并在理论的基础上解读这些变化。而理论本身的立足点是过去的观察。这种由具体观察走向一般理论的推理是**归纳性的**，而不是**演绎性的**。那么，归纳法的原理是什么？

我们对过去观察结果的依赖带来了一个深刻的哲学问题。如果我们关于世界的全部知识都建立在数量有限的过往经验的基础之上，那么，我们该如何确保现有知识的正确性？它们在未来还能继续正确下去吗？下面两种说法存在巨大的逻辑鸿沟："据观察，某某情况经常发生"和"某某情况总是发生，它们还将继续发生下去"。谁能断言明天的地球重力会保持不变，或者水可能发生某种分子转化，变成略微甚至完全不同于 H_2O 的事物？千百年来，这个"归纳问题"让哲学家夜不能寐。

你可能会好奇，他们为什么不能美美睡一觉，然后把它忘掉？当然，往好里说，归纳问题是吹毛求疵，往最坏里说，它简直是失心疯。没有一个人会怀疑太阳明早能不能照常升起，或者下一杯咖啡能不能像之前喝过的数千杯那样提神。甚至连哲学家都不会这样怀疑。归纳法只会让一种哲学家失眠，那就是立志解决深层哲学问题而苦苦思索的哲学家。他们并不担心明天会不会到来。

就实用目的而言，归纳问题唯一需要我们牢记在心的是，立足于观察和证据的一切认识永远做不到百分之百确定。既然绝大多数影响你我生活方式的信念都建立在过往观察结果的基础之上，我们只能承认，事实问题没有确定性可言。我们得到的数据永远是有限的。这并不仅仅是因为我们的观察发生在过去，毕竟尚未观察的永远多于已观察的。因此，虽然有些关于基本物理学和化学的事实是经过良好验证可以被当作定律的，但是，我们面对的世界纷繁混乱，它是由复杂实体组成的，像理化定律这样清晰明确的情况如凤毛麟角。

所以，我们很容易接受这一切，并且得出结论：尽管我们在经验问题上缺少确定性，但是自然法则**很可能**是保持不变的，因此，我们的很多认识**很可能**是正确的。通俗地说，我认为这个想法没问题。严格地说，这个想法是不准确的。为何如此？你如果对此不感兴趣，可以略过这一段不读。从技术角度来说，"很可能"是个不太准确的用词。在宣称什么事情可能为真之前，我们必须对其可能性有所掌握。我们都知道，抛硬币正面朝上的可能性是50%，因为它有两个对称的面。我们还知道，发达国家的居民有50%的概率在某个年龄段患上癌症，并有25%的可能死于癌症。我们知道这些，是因为我们掌握了受此影响的人口所占的比例。但是，关于自然法则保持不变的普遍认识并未建立在统计数字的基础之上。实际上，从一般的概率角度来说，如果说什么是保持不变的，那么它的概率必然被视为100%，因为所有的观察结果都证实了这一点。哲学问题考虑的是仅仅依靠过往经验来做出一切概率计算的合理性。换句话说，概率推理**认定**了归纳的合理性，而不是证明或者阐释它**为什么**是合理的。

我们对世界的一切认识都不免蒙上怀疑的阴影，但是我们不能任由它遮蔽经验的光芒。只要接受了"不确定性是无可避免的"这一认识，我们就会看到，无论何时，当我们判定一项基于经验的断言时，"它**可能**是错的"往往无法成为一个足够好的理由。我们无法把它当作"它是错的"那样来看待。

比如，有很多证据证明，精制糖对我们的身体有害。但是，这些证据并不足以**绝对确定地**证明精制糖本身是有问题的。真正的问题**可能**另有来处，只不过它和精制糖的摄入联系极为密切。结果我们冤枉了精制糖，把它当成了元凶。只不过，这里的"可能"非常令人难以置信，所以我们应该限制精制糖的摄入。我们如果按照除此之外的假定行事，就会成为傻瓜。历史是一位不够完美的向导，但是说到底，它也是我们唯一的向导。

这为我们带来了真正的难题：应该在什么时候认真看待过往经验误导我们的可能性？罗素贡献过一段家喻户晓的描述：农夫每天都会按时喂鸡，凭借这一经验，鸡轻率地认为，这种情况会永远持续下去——直到有一天农夫拧断它的脖子。人类的"脖子"一直被拧个不停。战争、疾病、金融灾难、瘟疫都足以把我们从沾沾自喜的迷梦中唤醒——未来不会是过往的简单重复。令我们心忧的并不是自然法则突然改变，而是我们会把短暂的模式错误地当作永久模式，就像那只鸡一样。

这种担忧并不是神经过敏，也不是杞人忧天。问题在于，在思考未来时，我们极有可能从经验中得出两种截然不同的错误结论。一种是错误地认为过往经验完全不适用，因为我们思考的情况和过去的情况存在巨大的不同。另一种结论是错误地认为，我们思考的情况就是老模式的又一个新例子，只不过它存在重要的不同。但是，有些事情就是史无前例的。

经验证据告诉我们，仅凭经验证据很难做出上佳的预测。每一年专家都会预测房价、股票市场、选举结果和战争等，而大部分的预测结果都是错的。我们不该对此感到惊讶。万事万物几乎都是由很多不同的、相互作用的、不断变化的诱因共同影响的结果，因此，过去的历史在引导未来时必定是不准确的。这也是为什么很多技术刚刚兴起时，即使是掌握充分信息的人也无法想象为什么会有很多人使用它们。1977 年，计算机工程师及制造商肯·奥尔森说："并非人人都想在家里添置一台计算机。"2007 年，微软公司前首席执行官史蒂夫·鲍尔默宣称："苹果手机绝不可能获得像样的市场份额。"2013 年，黑莓首席执行官托斯腾·海因斯认为，平板电脑算不上一个好的商业模式，"我没有理由相信它能撑过 5 年"。在此之前，人类从未有过使用这些技术的生活经验，所以无从得知它们会给生活带来什么样的影响。

我们也许算不上合格的预言者，但是我们更不能守株待兔地坐等未来，任由它变成什么模样。有些人说，最好的计划就是没有计划，我们应该全身心地生活在当下。这些人面对的问题是，未来总会如期而至。你如果认为自己的投资完全安全且自己必定享有这些投资的回报，并在此基础之上制订退休计划，那也许太狂妄自大了。但是，不做任何计划，让自己的暮年在困顿挣扎中度过，这同样是鲁莽轻率的。这些人本来只要稍具远见就能让自己过得很舒服。未来是不确定的，因此，退休计划应该被视为一种应急方案，只有做到有备无患，才能确保自己安享晚年。

为了让自己在思考未来时更好地避免误判，我们应该不断地审视自己的假设：你认为什么是固定不变的？什么是可能变化的？我们要追问清楚：未来事件最重要的特征在于它和先例的相似性还是差异性？这个问题不易回答，也没有任何算法能告诉我们答案。但是我们问出这个问题，这样至少可以避免匆忙的假设。还有一种有益的启发法——它也是一条经验法则——可以为我们提供帮助和指导：我们的预估得到越多稳定不变的自然法则的指导，我们就越能确信，结果不太会出人意料。前提是我们对这些自然法则的理解是正确的。

这听起来再明显不过，可是在人类生活的某些领域里，我们经常对自然法则的作用——甚至它们是否存在作用——做出错误的判断。有些人把经济理论当作科学定律，过多地相信经济学模型；有些人不愿意相信人类是本性难移的动物，因此对未来世代的差异表现做出过于乐观或者悲观的假设；还有些人把由文化决定的人类行为特征误当作基本人性，因此产生错误的认识，比如，一些人认为男性和女性的性别角色是一成不变的，实际情况并非如此。

能够帮助我们提高预估正确率的一般原理有很多，其中最有用的一条是休谟提出的普遍准则："智者……会让自己的信念同证据相称。"[1]这里的智者不论男女。这句话听起来近似陈词滥调，但是，赞同它很容易，真正做到它很难。

休谟的一次讨论为此提供了绝佳的例证。那次讨论的主题是，世界的秩序是造物主存在的证据。这一争论因为威廉·佩利而变得尽人皆知。佩利提出，他如果偶然看到一块手表，肯定不会说："愚以为，这块手表可能从盘古开天辟地时就存在于此。"相反，他会得出这样的结论："在过去的某时某地，必定有工匠造出了这块手表。"佩利进而提出，倘若手表如此，那么整个宇宙更应该如此，因为，"手表中存在的每一点发明的标示、每一处设计的表现，都存在于大自然的作品中；不同的是，大自然更高、更广、更妙，它超出了一切计算所能达到的水平"。[2]

休谟明显看到了佩利的错误。由一块手表推断出表匠，我们赖以立足的基础是过去的经验。关于手表的一切知识告诉我们，它是人造物品。但是，我们不可能拥有关于宇宙诞生和造物主的经验。我们没有先例可循，也就不能说："其他宇宙都是上帝创造的，所以我们的宇宙同样如此。"[3]

上述关于创造的辩论非常特别，你也许以为它无法为平日的推理提供太多的启示，其实不然。即使其中的错误被明白地指出，很多人也觉得佩利的说法或与之类似的其他说法很有说服力。我认为这是由人类执着于规律的天性造成的。只要稍加留意就可以发现其中的不妥，可是我们偏要过于心急地做出类推和比较。这样一来，我们就会过早且过于笼统地总结过去的经验，使用过于偏狭的数据集，得出过多的结论。

多种力量驱使我们匆忙草率地做出错误的概括，其中一种关键力量是可得性启发法，它也被称为可得性偏差。我们会非常自然地倾向于根据最唾手可得的证据来开展推理，而不是立足于全面的证据。这可能把我们引向重大的失误，尤其是在计算风险和概率的时候。比如，"9·11"恐怖袭击事件之后，人们感到乘坐飞机比驾车更危险，很多人因此选择用后者替代前者。根据格尔德·吉仁泽的测算，在恐怖袭击发生之后的一年内，美国因交通事故丧生的人数为 1 500 人。这个数字是在世贸中心恐怖袭击中直接丧生的人数的一半。造成这一结果的原因是，这些人过度紧张地看待乘坐飞机这件事，忽视了自己选择的交通方式实际上风险更高。[4]

佩利也是可得性启发法的受害者，不过方式不大一样。在不具备必需的证据时，我们经常会寻找最接近的替代选择，即使它们根本算不上合格的证据。比如，在缺乏充分的信息时，人们往往会根据一条自己根本没有理由相信的评价或者推荐而购买商品。在佩利的例子里，关于造物主存在的唯一可用证据是人造物品的存在。神的存在毫无证据可言，但是佩利仍然凭借"工匠"的证据不断争辩，而不愿老实承认自己根本没有争辩下去的证据。

在我的印象中，另外一个例子同样能说明这种相似证据的错误之处。当时我正在听一个人谈论是否应当相信埃隆·马斯克2026年载人火星计划的豪言壮语。这位权威人士认为，马斯克也许有些过于乐观，但他指出，很多人都说过马斯克不可能那么快开发出电动汽车，结果他做到了；还有人说他的航天计划不可能成功，结果他大获全胜。这位发言者最后得出的结论是，过去的经验告诉我们，马斯克的承诺往往听起来不切实际，但他总有办法实现它们。

实际上，马斯克的批评者经常都是对的。（比如马斯克在2019年说过："自动驾驶出租车一定会在明年上路，而且数量将超过100万辆。"）让我们暂时抛开这一点不论，尽管马斯克一次又一次地实现了关于电动汽车的诺言，但是对已有技术的开发利用毕竟和前无古人的深空发射任务大不相同。把人类送上火星、把宇航员和卫星送进地球轨道的技术挑战极大，同它们相比，自动驾驶汽车和电池寿命这些问题显得简单得多。这个例子同样可以证明前文提到的另一种必要性——追问清楚，未来事件的最重要特征在于它与先例的相似性还是差异性。证明马斯克交付电动汽车和发射火箭能力的证据看似可以证明他完成火星任务的能力，但是，我们只要仔细思考，就会发现二者截然不同。这就好比我们因为一个人是优秀的足球俱乐部经理，就相信他能成为出色的交响乐团指挥。

经验理论的可靠程度不可能超过它赖以存在的证据，而且很多时候，经验理论并没有我们通常相信的那么牢靠。我在几年前偶然遇到的一件事可以成为检验证据可靠性的例子。一家本地的健康食品商店在橱窗上张贴了一则新闻报道的复印件，上面的内容令人震惊："在自来水过度加氯消毒的地区，孕妇怀上患有先天性心脏病的胎儿的概率高出将近一倍。科学家指出，存在以下行为的准妈妈可能面临更高的风险：饮用这种自来水、用它淋浴或泡澡，甚至仅仅站在烧开这种水的水壶附近。"虽然这一切听上去让人难以置信，但是这篇文章还援引了一篇发表在《环境卫生》(*Environmental Health*)上的学术论文。[5]

我被这一危言耸听的虚假信息激怒了，于是开始对其进行调查核实。事情很快真相大白。原来，商店橱窗上的消息并非来自学术论文，而是来自独步英国的恐慌制造者——《每日邮报》。[6]文章援引的那篇学术论文根本没有提到那些荒诞不经的说法，比如洗澡或者站在开水壶附近会造成风险等。至于"增加一倍"的说法，我们首先要看最初的风险处于什么水平，才能知道加倍之后的结果是否值得特别提防——无脑畸胎的风险从 0.01% 上升到 0.17%，先天性心脏病的风险从 0.015% 上升到 0.024%，腭裂的风险从 0.029% 上升到 0.045%。

你也许会想，每种风险尽管增高之后依然微小，但是哪怕一丁点儿的增加也足以让人忧心。然而新闻报道没有提到的是，无论加氯消毒的水平是高是低，**全部**先天缺陷的整体风险水平基本保持不变（事实上，生活在加氯水平最高地区的人群确实面临最高的风险，但是其变化幅度极其微小，甚至无法达到统计学意义上的显著性）。那篇报道本来可以提到的是，加氯消毒还**降低**了很多疾病的风险，比如脑积水、法洛四联症、染色体异常和唐氏综合征等。这使得那则新闻标题变得极具误导性——《自来水加氯消毒"使罹患先天缺陷的风险增加近一倍"》。如果修改成下面的样子，它的含义就会大为不同——《自来水加氯消毒"使罹患**某些**先天缺陷的风险增加近一倍，同时使其他风险**降低一半**"》。

只要具有足够的批判力和足够的细心，每个人本来都可以得出同我一样的结论，即使我们都没有接受过流行病学研究、婴幼儿健康或者统计学方面的专门训练。我们需要做的就是足够细心地核对出处，并且——你猜得没错——足够专心。

通常来说，穷究论证的细节、审视所有的事实是完全正确的做法，但在有些情况下，更好的做法是抛开具体情况的细节，把自己的判断建立在普遍真理和一般趋势的基础上。在我们对具体情况不够了解但又对"这类事情"知之甚多的时候，这是一种非常有利的策略。

一个典型的例子就是垃圾邮件和骚扰电话。假如有人索要你的个人信息或者银行信息，也许你无法每次都能确认他们是否出自正当理由。最好的办法是采用更宽泛的原则：每当有人索要这类信息时，他们都可能是骗子。这当然是一条容易出错的原则，但是这样的错误是很廉价的：假如银行真的需要和你办理实在的业务，他们不会因此而放弃。而且你的做法正是银行的反诈骗团队不断提醒客户的：凡是打电话索要银行信息的，都是诈骗。

这种类型的论证就是"元归纳"，即从广义先例的经验出发进行论证，而不是聚焦于具体而微的事例。元归纳能够合理、有效地帮助我们不去轻信那些不实报道，例如灵丹妙药、鬼魂出没、一夜暴富法、胡扯的阴谋论等，而且我们根本用不着去验证它们的确切说法。

元归纳还是一种对付疑心病的有力工具。说到任何一种症状，真正让我们担忧的是，我们不知道它是由什么引起的，而且它总是存在特别可怕的可能性。不过，我们如果不是医生，最好不要匆忙地根据自己的知识来解读这些症状。我们知道的最重要的一个事实是，绝大多数疾病都不是致命的。所以，我们在有充分的理由把它看作任何一种具体问题之前，应该将其视为又一次小病小灾，自己很快就会好起来。但这并不代表我们可以不去看病做检查，也不代表我们可以忽视存在严重问题的可能性。它只是说，在得到验证之前，"也许只是微恙"可以作为合理的暂时性假设。

有的时候，我们对普遍真理的认识和信心远远大于对具体事件的了解和把握，在这种情况下，元归纳是最好的思考方法。我们对元归纳的使用还不够多，因为在面对具体情况或者问题时，我们往往会被具体的细节震撼，觉得它们更有意义、更重要。细节**确实**很重要，但是，在我们知道哪些细节更重要及其含义是什么之前，对它们的过多关注实际上说明了我们的思考已超出自己的能力范围。越是陷在细节里胡思乱想，就越容易出错。更好的办法是专注于自己知道的部分：患上绝症的可能性是极其微小的。

谈到预测未来，元归纳提醒我们，最不容易出错的预测都是非常笼统的，而且立足于世界的永恒特征。我们没有理由认为这些特征会轻易改变。比如人总是贪婪的、残忍的、充满偏见的，但是这些特征的表现形式永远是变动不居的。尽管如此，我们仍然要不断地看到良善、慷慨和爱，这样一来，对人类堕入野蛮的畏惧才会像乌托邦的实现那样遥不可及。我们不需要成为像诺斯特拉德马斯那样的巫祝就能明白这一点。实际上，做不成巫祝可能反而是有益的。诺斯特拉德马斯留意的是那些引人注目却没人能够准确预知的大事。他如果能更虚心一些，本来可能预测得更成功，但也变得没那么声名显赫。大胆的预测引人注目，但是，每当有人信誓旦旦地预言不可知的未来时，我看到的总是骄狂自大的自吹自擂者。我们最好离这些人远一些。

我们已经看到，演绎法和归纳法共同涵盖了我们做出推断的一切有效的、理性的方法。我们要么得出某个事物的逻辑蕴涵，要么根据经验和观察推出结论。但是在这一区分的归纳一侧还有一种推理方法值得单独讨论，那就是溯因法，即推导得出最佳解释的推理。

举个例子。你早上醒来后发现花瓶碎在地上。门窗紧闭，而且屋子里除了你没有别人。你能想到的合理解释有很多：一场轻微的地震、一阵狂风、没有留下痕迹的入侵者、一只大苍蝇或家里的猫打碎了花瓶，又或者花瓶突然有了灵性，它发觉浮生若梦，于是纵身跳向地面。你除非在家里安装了地震计和闭路电视监控系统，否则可能无法获得完全的证据，从而对这些可能性做出充分的判定。现实生活不是侦探小说，它不会让所有的证据最后指向唯一一种可能的解释。尽管如此，你仍然有足够的理由相信，摔碎花瓶最有可能是猫干的好事。你可能永远无法证明这一点，但是无论如何，这都是最合理的解释。

溯因推理其实是提出最佳解释的花哨说法。人们普遍认为，要检验一种解释是不是最好的，共有四项最重要的标准。第一项是**简单性**（simplicity）。在其他条件都相同的情况下，简单的解释优于复杂的解释。比如，当门铃响起时，除非你有充足的理由怀疑门铃坏了或者出现某种诡异情况，你会想到此时有人在按铃。在花瓶碎裂的那个例子里，猫在习惯性地跳上家具时碰掉了花瓶，这可以简单直接地解释花瓶为何碎落一地，相比之下，其他的可能解释都是怪异而复杂的。

这与第二条标准联系在了一起：**相干性**（coherence）。也就是说，这个解释是否与所有其他有关的已知事实相契合？猫跳上家具是契合的，而其他与之相矛盾的解释则不然。当日没有关于地震的报道，即使有，它为什么单单摇荡一个花瓶，而其他物件都保持原样？门窗都被关得严严实实，怎么会出现一阵狂风？就算这世上有一只可以把花瓶撞到地上的大苍蝇，这么大一只苍蝇嗡嗡地飞过时，难道你会注意不到它吗？至于花瓶的自杀，我们还是少提为妙。只有猫的解释能让其他一切事实符合我们的认知。

这就带来了第三条标准：**全面性**（comprehensiveness）。最佳解释可以让尽可能多的可能性言之成理，几乎不会留下悬而未决的问题。还以那个花瓶为例，猫之外的所有解释都可以解释一个谜题，但是它们同时造成了更多、更大的谜题。

最后一条标准并不总是适用，它就是**可检验性**（testability）。我们通常更偏向于可被验证的解释——要么它可以被直接检验，要么它产生的预计情况本身是可以得到验证的。比如，你想搞清楚为什么无线电信号那么糟糕，对此，你的假设是当前所处的位置是信号盲点。这个假设很容易被检验，只要拿着收音机在屋子的不同位置试试就知道了，因为它的预计情况是，无线电信号不会在每个地方都同样糟糕。相比之下，我们很难想象其他的"高深"理论如何得到验证——比如联邦调查局（FBI）专程跑到你家屏蔽了信号等。说回花瓶的例子，唯一可供检验的是，假如一种解释成立，我们还可能发现什么情况？比如，如果这是猫干的好事，那么我们可能在它经过的路上看到别的物件被碰掉或至少被碰歪。

也就是说，最佳解释在这四个方面的综合得分是最高的：简单性、相干性、全面性和可检验性。[这四条标准的首字母缩略词是 SCCT。遗憾的是，它不够朗朗上口，也不方便记忆。我们不妨把它直接改成 TICS："可检验的"（testable）、"兼容并包的"（inclusive）、"相干的"（coherent）和"简单的"（simple）。]在运用这些标准时，一个前提非常有用。它是由两个拉丁词语组成的：ceteris paribus，即"其他所有条件保持不变"。**在其他条件不变的情况下**，较全面的理论胜过片面的理论，但这里的全面性不能以疯狂的不可信性为代价。"万物都是奶酪做的"，这个理论当然足够全面，但我不相信物理学家会放弃立场去支持它。

在运用这些标准时，我们最终还是要依靠经验的教益。这就让溯因法成为一种归纳法。不过溯因法仍然具有足够的独特性，让我们把它看作一种独立的推理手段。

有的时候，我们能够提出的最佳解释仍然不够好。某件东西遍寻不到，我们会开玩笑地说："它一定是长翅膀飞走了。"我们这是在向"有解释总好过没有解释"的吸引力和非理性低头。在这类情况下，我们最好老实承认自己对此毫无头绪，这样总好过牵强地接受可用的最佳解释。

只不过，很多时候，我们宁愿选择让人难以置信的解释，也不愿接受什么解释都没有的事实。有些阴谋论和未解之谜的答案那么有吸引力，部分原因就来自这里。我们如果想不出秘鲁的纳斯卡人为什么在沙漠里画出巨大的线条，可能就会被一些理论吸引——比如，这些线条是给外星人看的。在进化论出现之前，很多人对宇宙存在的最佳解释是"全知的神创造了世界"，即使有些人提出异议也无济于事。休谟就是其中之一，他当时已经发现这是个非常糟糕的解释。因此，在面对"除此之外，你还能做何解释"这样的巧言反诘时，我们必须特别小心地提防。

更好地掌握溯因推理可以让很多人免受虚浮的阴谋论和其他怪诞思想的荼毒。不过，它同时也能解释为什么这些思想和理论那么诱人。

溯因法把简单性视为美德。一位 14 世纪著名的方济各会修士同样如此。奥卡姆的威廉是一名哲学家、僧侣、神学家，也是当时的智慧之星。不过如今的人们对他的记忆几乎仅限于一件事：他的剃刀。它经常被总结为这样一条原则：我们应该优先选择较为简明的解释，而不是复杂的解释。最初的奥卡姆剃刀——它是一项原则，而不是一把真正的刀——明确地提出，我们应当假设存在的事物的数量。"在没有给出原因的情况下，我们不应该假定任何事物的存在，除非它是不证自明的、已被经验证明的，或者已被宗教经典的权威证明的"。和很多其他的原则一样，后来的继承者把它变得更简洁有力，这把剃刀如今最普遍的定义是："如无必要，勿增实体。"也就是说，要用奥卡姆的剃刀斩断一切的非必要。

奥卡姆的剃刀明显偏向于最理性的解释，要为这一点找到例子并不困难。认为你的猫碰翻了花瓶明显比认为猫和轻微地震合谋更加合理。后者当然也是一种可能性，但是，在没有任何特别的原因认为这一诡异事件组合发生的情况下，请选择更简单的解释。

尽管如此，推理对简单性的迫切需要在实际运用中并没有那么简单。就像杰瑞·福多指出的那样："我得出了一条真正简单的理论，所以你应该相信我的理论，而不是你自己的理论。"这句话的逻辑结果是："我得到了一条真正简单的理论——不要再想别的了，你无法得出比它更简单的理论。"福多指出，这一简单性的代价是解释能力和预测能力的缺失。我们必须再次强调"其他条件均同"这个前提：更简单的理论只有在其他条件均同的情况下才更胜一筹。我们当然不要在没有必要的情况下增加实体，但是，有的时候，更多的假设也是必要的。它并非越少越好。

很多时候，看似简单的理论其实是过分简单的。例如，2001年9月11日，纽约世贸中心的双子塔为什么会在飞机撞击之后垮塌？我们需要成为建筑结构工程师才能理解其中的原理，所以我就不在这里献丑了。[7] 在外行人看来，大楼的垮塌真的很像是一场受控爆破。这也是很多阴谋论者坚称的所谓真相。他们认为，爆炸的因果链条非常简单易懂：埋在建筑支撑结构下方的爆炸物安置得非常巧妙，就像定点拆除爆破时的布置一样，它足以让整栋建筑轰然倒塌。相比之下，官方的说法复杂得多：飞机撞击引起垮塌的说法需要多个阶段的因果作用，包括飞机燃油的扩散、混凝土地面的热膨胀、钢制立柱的屈曲、地面压力的蓄积和最终的倒塌等。假如我们只是追求简单性，那么受控爆炸的说法一定很有吸引力。

我们需要更细心才能发现，如果全面地考虑各种因素，受控爆破实际上并不是更简单的解释。首先，你还记得奥卡姆的告诫吧？如无必要，勿增实体。官方的解释只需要我们确认已经出现的那些实体：双子塔、飞机和燃油。而受控爆破论需要更多的实体，不仅要有炸弹，还要有安放炸弹的特工和为此制定方案的人。

对比这两种假定情节——一种是基地组织的阴谋，一种是美国政府的诡计，我们还能清楚地发现，后者比前者复杂得多。FBI要自导自演四架飞机的劫持案件、让基地组织承认对此负责、在两栋摩天大楼里埋放炸药并把它们炸塌，同时还要说服FBI所有的工作人员齐心协力地实施这一十恶不赦的罪行，并且把全世界蒙在鼓里。没人会相信这样的胡扯。相比之下，如果我们相信这一行动是基地组织所为，一切就说得通了。

如果你放任自己听信过于简单的说法，它很快就会变成一种恶习。"其他条件均同"要求我们，必须把奥卡姆的剃刀同溯因法的其他标准结合在一起使用。它们包括相干性、全面性和可检验性。然而，即使我们做到了这一点，粗心大意的运用仍然可能带来错误的结论。比如，溯因法指出，解释应该是相干的、全面的。但是，它们恰恰也是许多阴谋论的吸引力所在：它们会解释一切，而且完全做到了自圆其说。说到编造浑然一体的动人故事，阴谋论远比粗制滥造的街谈巷议更有说服力。"政府控制着一切"比"事情就是这样发生的"更吸引人。但是，再次强调，我们只要足够认真地思考，就会发现这些明显的相干性和全面性其实代价不菲，它要求我们把一定程度的权力和控制力同十万八千里之外的某些隐藏力量联系起来。它们远远超出经验告诉我们的可能性。假如愚弄全体民众真的那么容易，独裁者又何必求诸那些公然的镇压手段。

作为第四项标准的可检验性也可能正中阴谋论者的下怀。阴谋的全部要义在于：这件事是个秘密，所以它的证据也是隐秘的。如此一来，证据的缺失反而被乖张地算作正面证据，用来证明这件事确是诡秘莫测的。对它的正确反驳在于坚持下面这一点：超常的主张虽说不一定需要超常的证据，但仍然需要证据。简单一句"当然没有证据——一切都被掩盖了"，只不过是轻信阴谋论的借口。

有些人认为，真理的标志并不是简单，而是优美。他们喜欢引用济慈那句名言来证明自己的观点："美即真，真即美。"似乎这是既定的事实。令人愉悦的解释常常具有一种近乎美感的特质。数学家经常谈论优雅的证明，科学家喜欢谈论优美的理论。阿根廷小说家、数学家、逻辑学家吉列尔莫·马丁内斯担心我们可能受到它的诱惑。数学家也许会说一项证明是更优雅的,但是"我们无法真正地对那种审美判断做出解释"。有的时候,一种解释"没那么优美,也许连精确都做不到,但它就是更贴切"。计算机的使用改变了数学的江湖。"在此之前,普通人在日常生活中可以从头到尾地检验一项证据。如今,证据的检验过程可能要通过计算机程序来运行,因此,那种类型的计算及其复杂性与之前截然不同。如今,一个人也许终其一生都无法触及一项证据检验的结果。对计算机而言的优雅并不适用于人类。"

马丁内斯的谨慎是对的。世界有时乱作一团,因此,用来说明其运转原理的解释也是纷乱无序的。很多解释往往只有通过忽略现实的粗粝边角才能达到优雅。没有瑕疵和冗余特征的事物几乎不存在。绝大多数生物属于"异机种系统",就像是七拼八凑的一麻袋零件。为了满足特别的目的,它们会在可得性而不是最优性的基础之上完成**特定**进化。比如,双足人猿的进化无意为人类带来我们所拥有的脊柱。任何把解释对象变得更简单或者更优美的解释都是值得怀疑的。奥卡姆的剃刀还需要第二个组成部分:**一项解释应有的简单性必须是被解释对象所容许的。**

批判性思维形式化的一个问题在于,它把论证分为不同的种类(演绎、归纳、溯因),而在现实生活中,我们的推理往往要用到不止一类的论证要素。这样一来,试图遵循思考准则的人可能会被这个问题扰乱思绪:我究竟在使用哪种论证类型?其实,只要问上一句"由此是否可证?",加上密切的注意力,人们就能很容易地看到一项论证的优缺点。

举例来说。"因为毒品屡禁不止,所以禁毒是没用的。"这是一种特别常见的说法。至少对一部分毒品来说,这是合理论点的立足之本。但是，在其简单的形式之下，结论并不成立。我们首先必须问清楚，禁毒"没用"的含义是什么。在上述省略三段论中，结论"禁毒没用"是由前提"毒品屡禁不止"推导而来的。为了遵循演绎法的原则，我们必须为它增设一个前提条件："假如禁毒有用，现在根本不会有瘾君子。"但是，这个前提是非常值得怀疑的。很多政策只能控制不良影响，无法彻底禁绝它们。交通安全法规无法根除危险驾驶行为，但我们可以确定的是，假如没有这些法规，马路上不可能像现在这么安全。

想要评判禁毒工作的成效，我们首先必须理解它应该达到什么样的效果：是减少毒品的使用，还是降低毒品的危害？一项立法假如大幅增加了某种毒品的使用，同时大幅降低了它的危害性，我们会因此感到高兴吗？又或者说，立法的主要目的就是宣称我们的社会绝不姑息这一类行为吗？同"是否能阻止人们使用毒品"相比，这些问题有助于我们开展关于禁毒的更细致的讨论。

一旦确定了期望的结果，论证就会从本质上变成归纳性的。那么，有关禁毒立法对毒品使用和毒品相关危害的管制效果的证据是什么？我无从得知，但是，任何一个愿意留心观察的人都会发现，这样的证据有很多。我们不仅可以对比拥有不同法律的不同地区，还可以比较葡萄牙等改变立法的地区内发生的变化（想要判定它的成功程度，就必须密切跟踪数字的变化，这一点尤其重要）。在开展这些评判时，我们必定要通过大量的论证来得出最佳解释，这是因为，葡萄牙自2001年通过个人吸食毒品行为的非刑罪化以来，几乎所有毒品使用率、死亡率和犯罪率的变化都存在相互矛盾的多种可能原因。尽管如此，总体情况仍是一目了然的：最差的情况是，非刑罪化并没有让葡萄牙的毒品相关问题变得比其他欧洲国家更糟糕，最好的情况是它减少了这一类问题。

　　清楚地认识毒品非刑罪化的优缺点需要运用我们在前文谈到的各种重要原则：检视你掌握的事实（fact）、密切地注意（attention）、追问"由此可证（follow）什么"〔这三项原则也许可以凑出一个新的首字母缩略词：faf。毕竟四处奔忙（faffing）不是在浪费时间〕。可靠推理是没有算法可以依靠的，但是，你只要把这三项思考技能变成习惯，通常就可以清晰地看到理性正在把我们推向何方，即使你不记得演绎、归纳和溯因论证之间的区别，分不清全称量词和存在量词，分不出可靠论证和有效论证。

如何遵循事实？

- 切记，由证据出发的推理总是无法得到确定性，因为数据是有限的，而且，在我们观察到的一切与实际存在的、即将存在的一切之间横亘着逻辑的鸿沟。
- 问问自己，现状或者未来情况是什么样的：它最重要的特性是与先例的相似性还是差异性？
- 一件事物越多地受到稳定不变的自然法则的指导，我们就越能肯定它不会出现意外情况。前提是我们对这些自然法则的认识是正确的。
- 不要急于对经验做出过度的总结概括，不要急于使用过度狭隘的数据集得出过多的结论。
- 信念应该与证据相称。经验理论的可靠程度不可能超过它所依赖的证据，很多时候，经验理论并没有我们通常相信的那么牢靠。
- 避免可得性启发法，亦即在最方便得到的证据基础上开展推理，对全面的证据基础置若罔闻。
- 每当遇到耸人听闻的说法时，好好检查一下它的出处。
- 当我们对一个问题的认识或者了解还不够充分，而且没有可靠的专家意见可供参考时，不要试图越级思考。使用元归纳法，思考这一大类的事情通常会是什么样的。
- 寻求最佳解释，即在"其他条件均同"的情况下最简明、最相干、最全面和最可检验的解释（记住 TICS 原则："可检验的"、"兼容并包的"、"相干的"和"简单的"）。
- 用好奥卡姆的剃刀——如无必要，勿增实体。还要为它补充一点：一项解释应有的简单性必须是被解释对象所容许的。
- 始终坚持faf原则，不要让自己闲下来：检视事实、密切地注意、追问它由此可证什么。

[第五章]

使用准确的语言

CHAPTER FIVE

每个天才的想法，甚至人类每个正经的主意，都是人的脑袋想出来的。它们都留存着某种不可言传的、沉积物一般的东西。即使一个人为此著书立说、皓首穷经，也没办法把它说清楚。

——陀思妥耶夫斯基，《白痴》

剑桥大学哲学家西蒙·布莱克本说过:"有些哲学家认为,真正导致我们失败的是语言,即我们对词语的把握和理解。这是哲学领域的一个永恒的难题。"这些哲学家中的很多人由此得出结论:厘清我们的语言是厘清我们思想的一种有效方法,甚至可能是最好的方法。

维特根斯坦对这种认识的表达更激进。他写道:"语言一去度假,哲学问题就出现了。"[1] 这一想法回荡在日常语言学派的核心思想中。该学派诞生于维特根斯坦时期的剑桥大学,并在第二次世界大战之后主导了牛津大学的思潮。它的追随者认为,哲学家之所以提出关于时间、空间、意义、善等问题的谜团和悖论,是因为他们使用了日常生活中平凡易懂的概念,并把它们当作抽象的绝对观念来对待,而这些观念具有某种纯粹的、凝练的本质。比如,每个人都知道"一个很好的苹果"是什么意思,但是哲学家展开想象的翅膀,认为它本身具备了一种"善"。这就带来了问题。如果说**所有**的哲学都是语言混乱的产物,那未免太过夸张,但是,日常语言哲学家指出,很多哲学问题关乎语言,而非宇宙,这让我们受益良多。

厘清语言的强烈愿望并不是 20 世纪英国哲学的特殊癖好。根据《论语》的记载,子路问孔子:"卫君待子而为政,子将奚先?"孔子回答说:"必也正名乎!"果不其然,他遭到对方的奚落:"有是哉,子之迂也!奚其正?"统治者当然要追求事功,而不是担心是否名正言顺。但孔子这样回答:

> 名不正,则言不顺;言不顺,则事不成;事不成,则礼乐不兴;礼乐不兴,则刑罚不中;刑罚不中,则民无所措手足。

尽管关于"礼乐"的谈论会让现代人感到不知所云,但是这段话的主旨是非常明确的。如果用来指导他人的语言不够准确,指令就无法得到准确的执行。从各方面来说,语言的准确性都是绝对必要的。[2]

具有哲学气质的人可能不习惯容许似是而非或者不够严密的论述在自己眼前招摇而对此置之不理。他们明白"千里之堤,溃于蚁穴"的道理:很多重大的失误都是从微末的谬误开始的。比如,记录在案的犯罪和实际的犯罪不是一个概念,归于某种原因的死亡与该原因实际造成的死亡是不一样的,报道的事故数量与实际发生的事故数量也是不同的。然而,我们在谈论犯罪、死亡和事故时,常常会把这些现象本身同它们的记录数据混为一谈。我们会说:"犯罪增加了。"而不是说:"有报道的犯罪增加了。"这样的混淆可能引发严重的错误。更加有效的治安可能在减少犯罪的同时带来更多的犯罪报道,让人们误以为犯罪案件变多了。更准确的医疗报道通常会提到更多的病患事例,这往往让人误以为实际上患病的人变多了。我们应该在描述事实时尽可能地做到准确,避免类似的误解。如果我们的工作就是挑毛病,那么吹毛求疵并没有什么错;如果我们的工作是合理地推理,那么,我们力求自身语言的准确性是完全正确的。既然这样,怎样才能最好地确保语言的准确性呢?

这里有一则古老的笑话,虽说它并不是特别好笑:假如你问一位哲学家是否同意一项论述,他不会直截了当地给你答案,而是会追问你这段论述的含义。你问他:你相信自由意志吗?他反问:你说的"自由意志"是什么含义?问:民主是最好的政体吗?反问:你说的"民主"是什么?问:你喜欢吃布丁吗?反问:你说的"布丁"指的是什么?

"请定义你的用词",这个要求也许会让人恼火,但是,如果我们要讨论一些严肃的想法,而非怎么点菜,它就是最基本的认知卫生问题。人们在太多的论辩中自说自话——你说你的,我说我的,就是因为我们总是在用同样的语言说着风马牛不相及的事。举个例子,有些人认为,为一个组织贴上"制度性种族主义"的标签实际上是对其中非种族主义成员的污蔑。人们为这一点费了不少唇舌。不过,正如英国的种族平等委员会所说:"如果一个机构的规章制度、传统或者实际行为产生种族歧视的结果,无论运营该机构的个人是否具有种族歧视意图,它都属于制度性种族主义的机构。"这一指导原则源自1999年的《麦克弗森报告》。这份报告调查了黑人少年史蒂芬·劳伦斯的死因,并给出了制度性种族主义的定义:"如果一个组织因为人们的肤色、文化或种族本源而未能为其提供适宜的、专业的服务,那么这种全体性的失败就属于制度性种族主义。"这个定义把制度性种族主义同普通的种族主义区分开来。如果不明白这一点,我们对制度性种族主义的讨论就只能是含混不清的。

　　不过,有时事情并不是"请定义你的用词"那么简单。在很多争论中,全部的争议就集中在如何定义关键用语上。比如,如果我们简单地查查词典就可以回答什么是知识,那么关于它的一切哲学论争根本不可能出现。这似乎形成了一个悖论:为了明白我们试图定义的对象,我们必须对问题中的术语有所理解;但是,我们如果已经对这一术语有所理解,为什么仍旧无法为其定义?再以正义的性质为例。何为正义?正义的必然要求是什么?哲学家对此莫衷一是。不过,他们如果既不知道正义的含义,也不知道大家是不是在谈论同一件事,又怎么可能对彼此的分歧展开有意义的讨论呢?反过来说,他们假如知道了正义的含义,为什么没能早早就它的定义方式达成一致呢？这就是所谓的"分析悖论"。这个概念由英国极富影响力的哲学家乔治·爱德华·摩尔在 1903 年提出，并由美国的兰福德在 1942 年正式定名。[3]

想回答这个问题，首先要意识到一点：要用对一个词语，不一定非要首先懂得怎样给它下定义。我们不可能要求小孩子在学会说话之前先明白词语的定义，那样他们也许永远都学不会说话。词语一定是先于定义的，因为定义是由多个词语组成的。意义还有其他的来源。正如维特根斯坦写过的那样："对'意义'一词的使用来说，在**很大**一类情况下——尽管不是所有情况下，我们可以通过它的使用方式来解释它：它在语言中的使用就是它的蕴涵。"[4] 能够恰当地使用一个词语就是懂得它的意义。

心理学家埃莉诺·罗施为这种一般方法带来了经验基础。她说过，我们学会使用词语的第一步是掌握它们的原型用法。孩子就是这样学会使用词语的：我们会指着猫说"猫"，我们会说"请坐"来让人们坐下，走近炉火时我们会说"好热，好热"。在以上每种情况中，我们使用的都是词语最原型、最清晰的用法。

但是，词语的意义会从核心原型中延展开来，走进与其联系紧密的其他事物、活动或者性状中。因此，"猫"还可以指任何一种野生猫科动物，甚至是一只没有生命的猫咪公仔。词语也可能不按照字面意义来使用，所以我们会说鸟"坐"在树枝上，虽然严格来说，它们是站在上面的。词语还有比喻意义，所以我们才会说一个人或者一种商品"炙手可热"，而不用理会它们的实际温度是多少。意义一旦离原型足够远，就会走到一个词语的使用边界。在这种情况下，词语的使用是否恰当也许变得没那么明显。在林间漫步时，我可以拣一棵断树小憩片刻，我能说它是我的椅子吗？一杯咖啡晾到了 60 度，我应该说它依然很烫，还是说它是温的？苛求这些问题的准确答案就是在犯傻，因为绝大多数词语的正确范畴都未被精确划定。

有的时候，意义**确实是**由严格的定义固定下来的——这里需要注意的是，维特根斯坦所说的"意义即使用"定理并不适用于一切词语。在科学领域里，术语被给定精确的定义，例如力、质量和速度等。人们还会因为法律的需要而规定词语的定义，比如，严格区别未成年人和成年人、正式员工和合同工、已婚夫妇和同居伴侣等。

这一切解释了为什么有些概念充满了谜题般的含义，又能在日常言语中得到很好的使用，例如"真理"和"正义"等。这些概念的原型用法几乎不存在争议。无缘无故地杀害一个无辜的人是不正当的，说谎就是不讲实话。但是，除了这些明白无误的情况，它们还存在更多的模糊性，我们可能因此无法对词语应有的用法达成一致意见。日常语言抛给我们诸多松散的概念，很多人都想把它们变得更严密。

这样的愿望有时纯属个人癖好。它更多地反映了说话人的需要，而不是作为认识者的人群的整体需要。一张烤饼如果足够美味，谁会在意它是意大利比萨还是阿拉伯比萨呢？但是，在很多时候，想做到高效的沟通和彼此的理解，尽可能地让我们的语言做到准确是必不可少的，至少也是大有裨益的。

考虑到很多词语具有多重含义，我们如果错误或故意地把词语的一种用法同另一种相混淆，就会犯下含糊其词的错误。比如"right"这个英文单词，既可以表示"正确的"和"人权或者法定权利"，也可以表示"右，即与左相对的方向"。有"权利"做某件

第五章｜使用准确的语言　103

事并不代表这件事一定是"对的",然而很多人似乎总是把它的这两种含义混为一谈。我有冒犯别人的权利,但是真正把它付诸实施常常是错的。还有一个没那么严重的例子(至少通常情况下没那么严重)。相信很多人都有过这样的经历:你在一边开车一边找路时,可能问一种走法对不对,并且得到一个"right"的回答。这可能让你感到困惑,它到底是"对的",还是"向右转"?

有的时候,明确一个概念并不是为了找到它的真正含义,而是为它应有的含义提供支持。"正义"并不像柏拉图认为的那样,是一种放之四海而皆准的、万世不移的概念,等待我们发现其中的真义。正义是要依靠我们去塑造和建构的。这个词语并没有告诉我们它是否需要经济平等,是否应当剔除生物性别带来的区别,是否应该考虑不幸童年的影响而降低要求等。但这并不代表正义成了任人打扮的小姑娘,我们想怎么定义它都可以。它必须立足于日常概念,否则我们就是在用同样的词语说着不同的事。但是,在"正义"一词被更准确定义的可能方式内,给定概念本身的一切无法告诉我们应该选定哪一定义。

最廉价的巧辩伎俩之一是明确规定一个词语的含义,然后宣布辩论到此为止。然而主张需要得到论证。我们不能简单粗暴地说,我就是要使用这个词语的这个含义——我们必须提出为什么应当使用它的理由。

通常情况下,语言上的支持是隐秘的,而不是直截了当的。定义往往是给定的,且有时是隐性规定的,所以在规定遭到质疑时,这些隐性的部分有时是不被注意的。规定性释义暗地里发挥作用的两种主要途径是"过高的再定义"和"过低的再定义"。过高的再定义会**缩窄**一个词语的通常含义。例如,民粹主义政客声称,他们是为"人民"代言的,然而无论从任何一种对"人民"的正常理解出发,他们显然不是在为所有人代言。就这样,"人民"的含义被隐蔽地缩窄了,以至你只要表示任何不认同,就不算是"真正的人民",而是自绝于人民的公敌。同样的道理,在人们谈论"真正的爱国者"时,其用意是把很多人排除在这一范畴外:只要不认同定义制定者所说的爱国主义的必备条件,就算不上爱国者。

过低的再定义反其道而行之。它会稀释一个词语的含义,让它变得更加宽泛。例如,英国非宗教人士代表组织 Humanists UK 曾经依照民意调查数据指出,英国共有 1 700 万名人文主义者,约占英国总人口的三分之一。这一提法要求对人文主义者的含义进行明目张胆的注水。成为人文主义者的一项必需标准是不相信鬼神及任何超自然的力量,但是那项调查根本没有问到这一点。相反,无论是谁,只要认同以下三项人文主义的信念,都算是人文主义者:证据在人们理解宇宙过程中具有重要意义,单凭人性本身来解释正确与谬误是可能的,道德判断的基础应该是行为对他人、社会和世界的影响。这就好比询问人们是否同意有关动物权利的三项原则,然后据此断定他们是不是纯素食主义者,至于他们是不是只吃素食,根本无人问津。我是 Humanists UK 的支持者,我很怕承认这样一个事实:这家机构迫切地想要强调,在英国,更多的人只是表面上的人文主义者,而不是自我认同的人文主义者。这使得 Humanists UK 降低了人文主义的门槛,夸大其普遍性。

一场辩论(虽然这个用词可能太过文雅)的结果可能取决于对争议词语的正确使用范畴的支持。谈到这一点,一个非常重要的例子是关于如何最好地支持跨性别人群权利的辩论。这个问题尽管触及了人们自我感知的核心地带,但还有很多取决于我们在如何使用词语方面的不一致性。比如,"男人"和"女人"的分类是由客观生理性别决定的,还是由它们的社会建构决定的(社会建构可以由不带有任何原型意义上的生物标志物的人使用)?答案显然是两者都对:一个人既有自己的生理性别(生物性的),又有自己的社会性别(社会建构的身份)。如果我们都能认同这一点,那么争议就从"事情是什么"变成了"我们应该如何最好地在社会层面规范这些类别的使用"。也就是说,如果需要,我们应该在哪些情况下把"男人"和"女人"理解为生理性别,在哪些情况下把它们理解为社会性别。

让事情变得更加复杂的原因之一是,很多人认为,在这些用法中,只能有一种是正确无误的。有人争辩说,社会性别认同是没有意义的,因为它根本无法辨认出"女性"或"男性"的任何一种真实特性,充其量只是一种个人感受。也有人认为,生物学分类中的"雄性"和"雌性"并不客观,因为一切科学概念都是人造事物。还有人认为,考虑到我们在社会环境里称呼和认识他人的需要,可以说生物学分类是真实的,但它也是无关紧要的。也就是说,这些概念只有在生物学领域这个狭窄的范围内才是合理的。

除非所有参与者都认识到这并不是,而且永远不可能是"人们面对怎样的事实"的简单问题,否则,对如何最好地保护跨性别人群权利这个问题的解决永远只是空谈。争论的双方都必须说清为什么自己选择的用法是最好的,足以同时推进跨性别人群和认同自己生理性别的人群的权利保护。双方都致力于为自己选定的生理性别和社会性别语言**辩护**。他们并不是在直截了当地证明某种用法在客观上是正确的。

定义完善的语言足以提高我们对事物的理解,这也解释了为什么哲学家总是热衷于划分概念上的新区别，例如哥特洛布·弗雷格对**含义**与**指称**的区分。自从这位哲学家、逻辑学家和数学家在1892年发表那篇影响深远的论文并提出这一区分以来，它就成为西方哲学界的标准典范。对一个名词的指称是其所指的事物或者事物所属的类别。所以，你如果想知道"猫"的指称是什么，以手指猫即可。含义指的是一个词语的意义，它与指称不一定完全相同。举个例子，"罗弗"和"你的狗"可能指称的是同一只动物，但是，"罗弗"和"你的狗"本身的含义并不相同。"罗弗"是专有名词，它完全属于你家这只狗，而"你的狗"是一种描述，它取决于你和那条狗的关系。假如你把罗弗送给别人了，这两个词语的含义并不会改变，对罗弗的指称也没有变，但是对"你的狗"的指称要么不复存在，要么被用来指称取代罗弗的那条新狗。

在现实生活中，人天生就是使用语言和语境的好手。我们通常能够避免因含义和指称的区分问题而可能出现的大多数潜在混淆。但是，有的时候，这种区别可能会难倒我们，甚至有人故意利用它来误导他人。例如，2016年4月，英国政府在全国范围内引入了基本生活工资标准，对象是所有年龄大于等于23岁的英国人。当时，"基本生活工资"的含义是："在一个标准工作周内，一位工作者在一个特定场所获得的酬劳足够该工作者及其家人达到体面的生活标准。"[5]英国政府借用了这个术语，用其来指称全国**最低**工资标准。实际上是为它换了个新的命名。英国生活工资基金会因此宣称，政府官方宣布的"基本生活工资"同该基金会"实际生活工资"所指的不是同一回事。比如，在2020年至2021年期间，政府的"基本生活工资"是每小时8.91英镑，而按照生活工资基金会的计算，实际生活工资是每小时9.5英镑，在伦敦这种生活成本较高的地方为每小时 10.85 英镑。[6]

这是现实生活中奥威尔式的"双言巧语":用一个含义明确的词语或短语来指称另一个与此含义完全不匹配的对象。很多传播者都在使用这种手段。有些食品被贴上"健康"或者"天然"的标签,实际上,它们的配料或者生产工艺可能和你心中"天然"的含义相去甚远。"令人难以置信的价值"这类的用语夸大其词,常常被用来哄抬物价。我们并不是每次都能发觉这种含义遭到有意错配的指称劫持。

我们可以称其为"语义滑坡":一个含义得到普遍接受的词语在使用中被稍动手脚、略加改动,但这种改动非常细微或者特别缓慢,所以未被人们发觉。在词语具有多个模棱两可的含义时,这样的败坏最容易发生。这已经成了一种普遍的销售策略。市场营销人员在使用一个词语或短语时,就是为了让人们把它理解成不同于真实含义的另一个样子。模糊性被当成一种精巧的欺骗策略。其中最恶名昭彰的一个例子是"农场"这个词语的使用。它被用来诱骗人们的想象力,召唤出一幅田园诗般的画面:草原、蓝天、欢快的牲畜。实际上,今天的农场完全可能,并且经常是完全封闭的饲养场,里面的牲畜甚至动弹不得,更不可能在山坡上吃草。这可不是人们在看到"农场直供,保证新鲜"的标签时想到的农场的模样。在这样的情况下,"农场"是没有含义的,它有的只是联想。它没有增加任何信息,因为在食物不再依靠种植和养殖就能够被直接生产之前,所有的食物都来自农场。

模糊性是对清晰思维与沟通的持续威胁。模糊性对现实生活的影响可能是极其严重的。1953 年,德雷克·本特利被判定谋杀一名警察,并被送上了绞刑架。其中非常关键的一个原因是他对持枪的同伙说了一句话：Let him have it。在英文俚语里，这句话可以表示"打他"、"踹他"或者"崩了他"。但它也可以表示"把枪给他"。那名警察当时命令他们："把枪交出来，小伙子。"后一种解释显然才是对警察命令的合理反应。结果，断送掉本特利性命的原因也许就是他模棱两可的表达。

如果未能厘清可能的模糊性，我们的分歧可能更多地变成语言上的争论，而不是对事情实质的论辩。澳大利亚哲学家大卫·查尔默斯提出的一个很有用的小窍门可以帮助我们走出"口舌之争"。他提出，我们应当首先提出的问题并不是"这个词语唯一的真正含义是什么"，而是"我们需要这个词语发挥什么样的作用"。

以"自由意志"为例。几乎所有人都相信，我们有能力在不受胁迫的前提下依照内在决策机制做出选择，当然，这一切都受到个人经历和外在环境的影响。有人认为这算是自由意志，有人则提出反对意见，认为这并不足以称为自由意志。他们认为，同样重要的是，我们的选择归根结底源于我们自身。考虑到我们的经历和外在的环境，我们必然在一种特定情况下做出一个选择，而不是另一个选择。他们提出，由于这样的必然性无可逃避，所以我们关于责任、赞许和责怪的提法都是没有意义的。

两种对"自由意志"真正含义的看法孰是孰非？这个问题并不存在直截了当的答案。更有用的问法是：在理解自己、理解生活时，我们最需要"自由意志"这个概念发挥什么样的作用？它应该被留给行动自由意味较强的第二种选择，还是可以被用在非强迫性的选择上？我们必须首先回答这个问题，才能说自己是否拥有自由意志，否则我们可能会一致认同自己享有某一程度的自由，但是对这一自由程度的恰当命名争论不休。

说到"正确的"用法，它在很多时候并不存在正确或者错误的答案。就像查尔默斯说的那样："萝卜青菜，各有所爱。不同的人可能对完全不同的作用产生兴趣……我们往往要花费不少气力才能搞清楚自己真正感兴趣的是什么。这样的情况很有可能存在，而且我认为它正在发生。"我们必须清楚地知道哪种作用正在发挥力量。

说回跨性别人群的例子。这里的问题并不是"类似'男人'和'女人'这样的字眼究竟是什么含义"，而是"我们需要它们发挥什么样的作用"。我们需要这些字眼来完成生物学意义上的区分，还是其他类型的辨别？这说明，尽管用词准确非常重要，但是这里的争议并不仅仅是语言层面上的口舌之争。语言之所以重要，是因为我们不选择使用拥有哪些含义的哪些词语时，其实是在确定自己认为最要紧的是什么。

虽说哲学著述的晦涩难懂早已名声在外，但是我发现，我最敬仰的哲学家几乎都在近乎偏执地想让自己的表达尽可能地明晰。他们对语言的使用达到了一丝不苟的程度。主持人琼·贝克维尔在她辉煌的职业生涯中采访过很多哲学家。她也发现了这一点并指出："哲学家使用的也是你我常用的语言，但是他们的用词非常精当。假如你听完他们的表述之后，想用平白随意的话解释一遍，你会发现自己根本做不到。"

罗杰·斯克鲁顿说过："我过着惟勤惟谨的生活，极其努力地保证遣词造句的准确性。我能感受到其中的内在价值，否则我也不会如此费力地做到它。我如果不这样做，而是马马虎虎地乱写一气，可能无法传递任何信息。"

很多哲学家都非常重视面向普通大众的精准著述及其价值，因为它会迫使哲学家做到加倍明晰。约翰·塞尔曾谈到，面向普通读者的写作是一种"艰苦的智力训练"。塞尔指出:"我的感受是,如果你不能把它讲清楚,是因为你自己没有完全弄明白。所以,这样的工作对你自己也很有帮助。"当你不得不把事情说得明白透彻时,"你自己思想里的智识弱点就会明显得多"。

西蒙·布莱克本也曾慨叹,晦涩难懂的学术文体总是大行其道,让简洁明快的语言无处容身。他曾经用令人愉快的口吻揶揄过自己的同事迈克尔·达米特——达米特闻名于世的特点有两个,一是智识过人,二是文章极其难懂。布莱克本说:"显然,达米特畅游在哲学的深水区里。不过,他是向我们抛来救生圈还是将我们拽下去,那可就不一定了。"

大部分哲学文章的晦涩通常纯属糟糕的行文问题,而不是因为思想本身的难度太高。这可真令人感伤。主持人梅尔文·布莱格曾经谈到他和了不起的彼得·斯特劳森之间的友情,这段描述同样可以证明这一点。斯特劳森是二战之后最受景仰的英国哲学家之一。"他的用词极为准确且经过仔细推敲,这正是我最喜欢的一点。"布莱格说:

> 我从未觉得和彼得讨论问题有多难,我甚至可以轻松地和他争辩。但是,当我试图拜读他的大作时,我反而常常遇到毫无头绪的情况。很明显,那些文章都是用英语写的,其中充满了匀称优美的句子,但想要读懂它,需要先接受一种专门的训练,而我没有受过这种训练。在阅读一些哲学著作时,我总是很快地感到一股巨浪般的力量把我拍向海岸,而不是推向大洋深处。

有的时候，哲学家似乎颇以作品的诘屈聱牙自矜。不过美国道德哲学家托马斯·斯坎伦可没那么沾沾自喜——他的处女作《我们彼此负有什么义务》是电视喜剧《善地》的灵感之源。他回忆起自己的父亲——老斯坎伦是一名律师，也是一位非常有文化的长者——"曾经非常盼望读到我写的书，结果他发现那书简直难以理解，这让他失望极了"。斯坎伦无法责怪父亲的判断："那本书在某种程度上确实很难懂。那本书刚出版时，出版社收到的一封读者来信上写道：'这本书使用的都是日常的英文，它没有各种符号，也没有所谓的技术术语，但是这一切完全是骗人的假象'。"《善地》专门设计了开放式的结局，为一个主要角色赋予来生，才算讲完了斯坎伦的这本书。

有些人错误地把艰涩的文风当作思想内在的深奥与复杂，还有些人一看到隐晦的句子就认为作者在假装深刻。这两种公式都犯了过分简单化的错误。有些卓越思想被表达得一塌糊涂，同时，有些糟糕思想被插上雄论和明辩的双翅，颇能蛊惑人心。斯坎伦就是前一种思想的例证之一。他是一位了不起的哲学家。阅读斯坎伦的作品要花费很大的气力，但它非常值得我们这样做。

政治家、哲学家杰西·诺曼为艰涩的文风提出了有力的辩护。他指出："一种思想很难做到如电梯游说一般简明扼要，我并不认为这是天大的坏事。这个时代的问题并不在于太多的深刻思想缺乏简洁明快的概括，而是太多的浅陋思想**得到了**简洁明快的概括。"

蒂莫西·威廉森对此必定拍手称是。他的论述有时也不好懂，但这完全不是因为他的学科主题做不到明晰透彻。在我采访他的时候，他的回答听起来几乎是犹疑不定的——每段话之间，甚至是个别词语之间，经常出现停顿。然而，我在整理我们对话的记录稿时，发现他的语句组织和它们表达的思想近乎完美。这对一名受访者来说是非常罕见的。他的言辞反映了思想的一种重要品质：尽可能做到精确的强烈愿望，不温不火、恰到好处。

然而悖谬之处在于，对明确晓畅的强烈渴望反而可能成为有些文章难读难懂的原因。准确地说，很多时候，我们不得不在思想中进行微妙的概念区别，这常常需要我们创造新的名词。这种"术语"可能令人不快，让人如堕雾中，但是它们自有存在的理由。明晰与精确有时是相互矛盾的：为了精确，你可能不得不使用术语，或者为日常用语给出更技术性的含义。在哲学里，语言与其说是去"度假"了，不如说是被"借调"了。

精确性有时还需要用到那些看上去拐弯抹角的句子。我经常发现，文字编辑会在我的书稿发表之前对其做出改动，而水平较低的编辑对我的一些语句做出很糟糕的改动。他们会把一些看似有些费解的句子改写得更"优雅"。这些轻微的修改往往在关键之处改变了原句的含义。复杂的思想有时就是需要复杂、笨拙的句法——虽然这可能让诗人们无法忍受。

很多艰涩的哲学问题并不在于我们有时必须使用难懂的语言，而是像伯纳德·威廉斯说过的那样——"这台机器一旦开动，就会自顾自地运转下去"。这会造成"经院哲学"式的学风。威廉斯为它给出的定义是："追求标新立异，并且超出了一个正常的成年人对一个学科问题应有的关心程度。"蒂姆·克兰认为，造成这种困惑的原因之一是，至少在有些专业领域里，"每个人都想为自己争取一小块立足之地，所以很多人都在拼命把事情做成无比艰深的样子"。

威廉斯的结论是："有些事物可能被过度区分或者区分不足。

进一步区分的需要总是会显露出来。我们不应该无缘无故地为了区分而区分。"最优秀的思想家仅在必要时使用专业术语。这是为了让精确性超越日常用语多样性的必要之举。专业术语和所有的专门仪器设备一样，在绝对必要时，它们的作用是无价的；而如果日常语言足以胜任，术语就是毫无意义的。

有些哲学家过于迷恋自己的专业术语。维特根斯坦曾经告诫我们，要小心提防"我们以语言为手段来迷惑我们的智识"。这种蛊惑既可能通过日常言语施加，也可能借助专业术语兴风作浪。语言塑造了我们的思想，有时会让思想变得扭曲、畸形。它的发生方式之一被牛津大学哲学家吉尔伯特·赖尔称为"范畴错误"。他在1949年的经典著作《心的概念》中提出了这个概念。当我们用一个词来指称某种事物，而它实际上所指的是另一类事物时，范畴错误就会发生。比方说，在电视剧《弗尔蒂旅馆》中，巴兹尔·弗尔蒂对一位来吃晚饭的客人说，我无法为您制作华尔道夫沙拉，因为"我们刚刚用完了所有的华尔道夫"。他这是把**一种沙拉的原材料**和**一种沙拉的调配方法**错误地混为一谈了。

我如果对技术再无知一点儿，可能会在思考这篇文档如何被备份在"云"上时犯下范畴错误。我可能会把"云"想象成一种单一的、一体式的东西：它要么是一个庞大的存储仓库，建在塔克拉玛干沙漠的某个地方；要么是漂浮在天空中的某种缥缈的存储设施。这些错误是很自然的，因为"云"是个专有名词。专有名词原本是用来特指具体事物的。但是，"云"实际上只是一种遍布全球的网络，它由相互连通的物理存储设施组成。我的数据被分布式储存在这些设施里，而不是单独存放在某一个地方。我的范畴错误在于把"云"当作一种单独的事物，而它实际上指的是一个网络，这个网络由很多事物和它们之间的配置共同组成。

赖尔认为，我们很多人会在思考"心智"时犯下范畴错误。人皆有心智，但这并不意味着我们的脑袋里都有一个被称为"心智"的无形的东西。它的意思是，我们都拥有思考和知觉的能力。心智和音乐、诗歌一样，它们都存在于物质实体中，但是它们本身并不是一个物体。

当代宗教哲学家理查德·斯温伯恩秉持不合时宜的二元论观点，认为身与心是两种截然不同的物质。他还在不断地延续这个错误。我就这个问题采访他的时候，他用这样一段总论开启自己的长篇大论："世间有万物，万物各具特性。我亦是物，我亦有特性。"

这段开场白引出了他竭力回答的那个问题："自我的本质是什么？"斯温伯恩坚信"我是一种物质"，直截了当地把他的自我归入了物质范畴。这把自我非物的可能性完全排除在外，只剩下某种源于物质共有的运作特性，就像音箱里传出的乐声或计算机上运行的软件一样。很明显，无论我是什么，我都"内嵌"在某种物质之中。我是一种名叫人类的动物，但这并不意味着使我成为我的那些活动——例如思想和情绪等——本身也是物质的。

我们对世界的理解常常遭到这种语言的蛊惑而被扭曲。再举一个心理治疗的例子。由于"治疗"和"患者"这些词语被频繁使用，很多人想当然地认为，心理健康和生理健康并没有分别。他们因此认为成瘾可以被当作一种疾病得到治疗，实际上，成瘾并不是可以被"治愈"的，它也不可能仅凭"治疗"得到控制。假如我们更多地谈论"和来访者并肩工作"，而不是"治病救人"，就像很多治疗专家做的那样，那么心理健康和生理健康之间的区别就会变得更明显。

避免这种迷惑性的方法仍然是保持密切关注。语言会带来联想和意蕴，它们多数处在意识所能探知的范围以外。我们需要自问的是："这些词语，或者这些词语的编排方式，有没有可能把我引向歧途？"或者更简单地问："它的含义是不是我认为的那样？"

含义的一个重要方面是一个特定词语或词组究竟有多精确。正如我们可能让自己的语言过分地不精确一样，我们也可能因为让自己的语言过分精确而出错。出现这种情形的一种原因是过分地从字面意义上理解事物。你如果需要严词训斥某个人，大可不必全文背诵1714年的《暴乱治罪法》给他们听。在这种情况下，按照字面意义来理解对方的言语就是错误的解读。

字面意义已经成为宗教辩论中的一个关键问题。口若悬河的无神论者有时会果断提出，宇宙诞生于大爆炸，而不是上帝用六天时间创造的，《圣经》上所记载的也并非上帝的原话，而是人类撰写的，因此，宗教是虚无的，这足以说明一切。作为回应，很多人对宗教的捍卫是从这样一种立足点出发的：这个问题与这些字义上的真实性无关，至少在其最佳表现形式上是这样的。哲学家安东尼·肯尼曾是一名正式受戒的天主教教士。他指出："虽然我知道宗教并不像字面意义上那般是真实的，但是它们具有极高的诗意的价值。哲学家需要加倍努力，去真正充分地反思这些属于诗意范畴的意义，一方面思考它们是如何融入科学的，另一方面思考人应当如何过好自己的生活。"

尽管我很认同肯尼的话，但是我们不能因此错误地认定宗教语言**总是**非字面意义的说法。对很多宗教信徒来说，甚至对绝大部分信徒来说，耶稣的复活和上帝对人们祷告的聆听不仅仅在字面意义上是真实的，而且这些真实的字面意义是真正**重要**的。他们不想要死后的来生,那是隐喻的生命;他们想要上天堂。因此,我们必须懂得人们在使用宗教语言时在**多大程度上**使用了其字面意义,只有这样,我们才有可能同它们展开有益的讨论。我们既不能一厢情愿地认定他们都是拘泥于字面意义的人,也不能武断地认为他们的语言必定都是诗意的、言有尽而意无穷的。

有的时候,问题并不在于我们过分地从字面意义上理解别人的话,而在于我们如此对待自己却浑然不知。这也是玛丽·米奇利对哲学和科学中某些方法提出批评的一部分。这些方法认定了某些明确的、可验证的事实,并且认为这些事实本身就是恰当的知识对象。从20世纪70年代开始,直到她2018年辞世,米奇利始终在强调,很多这种所谓的事实其实都是披着伪装的隐喻。她说:"被人们当作正确和正式的思考往往是他们一直使用的迷思和隐喻的替身罢了。它们是成对出现的。"我们假如使用这些隐喻并且忘记它们只是隐喻,很快就会陷入一团乱麻中。让米奇利特别担忧的是使用机械学的语言描述人类,比如"人的心智就好比一台有血有肉的计算机"等。米奇利指出:"问题不仅在于人们使用隐喻却浑然不知,更在于人们把这些隐喻当成明确的事实来使用。"

米奇利的看法在哲学家群体中并没有得到普遍的欢迎,很多人争辩说:鄙人还算懂得隐喻和字面含义之间的区别,不会把它们混为一谈,谢谢你的提醒。实际上,米奇利选错了(比喻意义上的)自己要移走的(比喻意义上的)大山,这无疑消解了她论证的力量。在一篇非常著名的甚至可以说是声名狼藉的论文中,米奇利批评了生物学家理查德·道金斯提出的"自私的基因"。米奇利认为,因为基因是没有自我属性的,所以它们不可能是自私的。她认为,道金斯使用的这个比喻会让人们相信,人类——而不仅仅是人类的基因——生来就是自私的。

然而道金斯的比喻是极其精确的。他深知这只是一个隐喻，并且明确地指出它并不代表整个人类生物体——也就是人——必然是自私的。米奇利在这里似乎犯了证真偏差：她对自身理论的确切程度过分自信，以至她几乎在任何地方都能看到支持这一理论的证据，即使它实际上根本不存在。对一把锤子来说，什么东西看起来都像是钉子；对米奇利来说，一切看上去都像是被滥用的隐喻。

这个故事的寓意非常重要：很多理论的问题并不在于它们是错的，而在于它们并不是用来解读一切的金科玉律，就像刻在罗塞塔石碑上的文字那样。想成为出色的思考者，我们就不能轻信任何未经证实的思想，即使那是最优秀的思想。

我们的言语中确实包含许多深藏的隐喻，但通常来说，我们在探讨思想时，仍然应该尽可能地做到直截了当，避免跑题和说教。我们会说："请直奔重点！"不过有的时候，我们表达自己的更好方式恰恰是**不讲**重点，或者至少讲一些没那么鲜明清晰的东西。

这种思维方式在道教和禅宗中表现得最为明显。这两种宗教都蕴含一种对语言的怀疑意味。世界永远无法被语言完全捕捉到。根据 7 世纪佛教经典《楞严经》的经文所述，语言"如人以手，指月示人"。"若复观指，以为月体，此人岂唯亡失月轮，亦亡其指。何以故？以所标指为明月故。"[7] 语言就像手指，它为我们指出需要注意的对象。语言本身不应该成为我们注意力的最终落点。

指月示人是相当直截了当的。有的时候，我们还需要给出没那么一目了然的言语上的导引。19 世纪的丹麦哲学家索伦·克尔恺郭尔堪称这方面的大师。克尔恺郭尔的绝大部分著作都不是平铺直叙的论述，它们更像虚构的小说。他使用了各种化名，从不同人物的视角出发来撰写著作，比如，《人生道路诸阶段》中的化名人物就包括一名法官、一个骗子和一位名叫"订书人希拉利乌斯"的编辑。克尔恺郭尔认为，我们无法从完全客观的外在视角来批评任何一种形式的生活。世界观只能被自内向外地检视，这也是最彻底地揭露人的内在力量或矛盾的方式。

散文家、历史学家、哲学家乔纳森·雷在克尔恺郭尔的后来者身上看到了同样的精神。"同他之前的克尔恺郭尔一样，维特根斯坦意识到，有些形式的哲学智慧并不适用于直接的阐释或者明确的沟通……维特根斯坦深知并曾写到，哲学必须'像诗歌一样写就'"。

维特根斯坦走得太远了：**并非**所有哲学都**必须**像诗歌一样写就。不过当代的学术哲学使得任何类似诗歌的事物都很难被当作哲学接受。但这一点并不适用于日本。在日本，诗歌是高居核心地位的哲学流派。13世纪的日本哲学家道元禅师就是一个很好的例子。他既撰写散文，也创作诗歌。小林康夫告诉我，在日本哲学中，"最重要的是感悟，而不是概念化的实现"。有的时候，一个人想用精准的文章来表达自己细心感悟的结果是不可能的，唯一的表述方式就是借助非直接的、诗意的语言。

有人认为，西方哲学总是离不开精确的术语，它的满篇言辞都指向一项意义，但又没有明确表达出这一意义。暂且不论这一假设正确与否。先来思考13世纪苏格兰教士、哲学家、神学家邓斯·司各脱提出的"个体性"概念。它也被称为"此性"。它使得一个事物成为特定的个体。**个体性**实际上包括什么？这个术语本身并没有给出明确的答案。几个世纪以来，人们对此形成了截然不同的结论。如今最热门的结论似乎是——**个体性**并不存在，因为几乎没有哲学家对其形成过自己的理论。

再以更现代的概念"感觉质"为例。它是一种对体验的主观感受。这个词语之所以存在，是因为大多数人都认同一点：有一种东西似乎是自觉的，而"感觉质"就被用来指称这"一种东西"。不过即使作为一种技术术语，它也缺乏精确性，《斯坦福哲学百科全书》为它给出了四种不同的定义。就像对待"个体性"一样，有些人——其中最广为人知的是丹尼尔·丹尼特——干脆否认所谓"感觉质"的存在。丹尼特指出，即使不去假设这些难以定义的"感觉质"的存在，我们也可以接受某种东西看上去是自觉的。

我无意过多地强调模糊性和不精确性的重要性。通常来说，我们需要避免它们的出现。但是，我们能够并且必须时时刻刻做到精确的这种想法实际上是一种不可能完成的要求。只要存在我们的思想或语言无法完全明确把握的事物，我们就必定需要使用隐喻的、省略的和诗意的语言来表达。想要把这些语言贴上非哲学的标签并打入冷宫，就等于承认有些事物是我们根本不应该谈论或者思考的。维特根斯坦有一句名言说得好："凡是不可言说的，我们应保持沉默。"[8] 这句话说得很睿智。他并没有说："凡是不可精准言说的，我们应保持沉默。"

存在局限性的并不只是语言本身，每种特定的语言同样有其自身的局限性。词语分割了这个世界，区别了人类经验的不同方面。这就不可避免地意味着，有些事物势必跳脱语言的掌控，而对其分门别类的替代性方法悬而未决。任何一个能说多门语言的人都可以举出这样的例子。西班牙语和意大利语都有两个词语用来表达"是、存在"，而英语中只有一个这样的词语。你仔细想想就会发现，即使是在关系如此密切的三门语言中，这个最根本的动词的概念化也是各不相同的。这真令人惊奇。

不仅如此，你如果曾经尝试解释一些词语之间的差别，比如，西班牙语中"ser"（是、存在）和"estar"（是、存在）的区别，就会知道这是一件难以完成的差事。你最终得到的是一些读起来与哲学上的区分非常相似的话，例如："ser"用来表示事物固有的、永久性的性质或特征，而"estar"用来表示临时的、关系上的属性。但是不存在一条足以解释一切用法的规则，比如，死亡是一种永久性状态，但是在西班牙语里，我们只能说"están Muertos"（他们死了）。时间是永恒变化的，但是在你该享用下午茶时，你会说"son las cuatro"（四点到了）。

没有什么理由可以用来解释为什么一门语言不能有更多的动词来表示"是、存在"。这个英语单词至少拥有四种各不相同的核心释义：代表某类事物（例如，菲利克斯是只猫）；具有某种属性（例如，菲利克斯是个毛茸茸的家伙）；位于某处（例如，菲利克斯在它的篮子里）；用来表达其他含义（例如，不自由，毋宁做死猫）。在越南语中，这四种含义是用四个不同的词语来表达的。我们甚至可以对它做出进一步的细分：日语中有两个不同的词语用来表示这里"位于某处"的含义，一个用来搭配有生命的活物，另一个用来搭配没有生命的物体。

在英语的一些语境中，"有"（having）和"是"（being）——拥有某物和具有某一属性——之间的差异是比较模糊的。举个例子，我们可能会说"我是头发花白的人"，也可能说"我有一头灰白色的秀发"。如果世界上有这样一门语言，它的某些所属关系与人称的联系非常紧密，因此，它们总是用"是"（to be）而不是"有"（to have）作为谓语动词。我不会对此感到丝毫的讶异。人群和他们所居住的土地之间的联系可能达到不可分割的程度，那么他们会说"我们是有家有业的"，却永远不会说"我们拥有土地"或者"我们拥有家园"。拥有土地所有权这个概念可能非常格格不入，以至人们可能很难理解"有地"到底是什么意思。

这些差异告诉我们，词语所具有的意义在某种程度上是比较随意的。然而，我们经常发现自己在使用它们时充满了劲头，好像这些词语抓住了现实真理的精髓一般。哲学家尤其如此，这可真叫人伤脑筋。在西方哲学史的大部分时间里，最重要的主题始终充斥着宏大而抽象的名词："何为真理？""什么是美？""善为何物？"这纯粹是在犯傻。在这些词语指称的另一端，根本不存在一种纯一的、亘古不变的东西。举个例子。哲学中最无稽的问题之一是："艺术是什么？""艺术"这个词可以被用在极其广泛多样的事物中，因此，所有想在所谓艺术和非艺术之间画出清晰分界线的指望显然都是荒唐透顶的。

这并不意味着哲学家不应该对真理、知识、艺术的本质这类问题产生兴趣。只是这些词语不应该成为大写的专有概念。我们必须仔细思考它们不同的使用方式，并关注最具哲学意义的一种或几种。

以最重要的抽象哲学名词为例：意义。几乎每位哲学家都会告诉你，如果不思考"意义"这个词语的每一种含义，并且逐一透彻地理解它们，你根本无法回答"人生的意义是什么？"这个问题。归纳其中最重要的几种含义，我们可能认为，所谓人生的意义就是它的功用、目的、重要性或者价值。而这些名词又需要被进一步地解析。比如，功用可能是由创造者、使用者或者事物本身赋予的。弗兰肯斯坦为自己创造的科学怪人赋予了功用，奴隶贩子可能也是如此，只不过功用不同罢了。而被创造者本人可能拒斥它们，转而发现自己的功用。放眼浩渺的宇宙，你的人生可能微小得不值一提，然而它在历史上又是重要的。同时，令人悲伤的是，你的人生可能不会给家人和所谓的朋友带来丝毫影响。只有把意义的可能含义分解开来，我们才有可能理解"人生的意义是什么？"这个问题，否则它只能是个含糊得令人绝望的无解问题。

语言把我们引入歧途的最后一种方式是，我们可能混淆词语和它们所指称的对象。这听上去是一种非常低级的错误，应该不会有人犯，然而它显然存在于哲学史上最糟糕的一项论证中：关于上帝存在的本体论论证（本体论是研究存在之本质的哲学）。严格来说，我应该称其为本体论的**诸多论证**，因为它们表现为无限精妙的多种形式。但是究其根本，它们全部扎根于同一个基本结构。假如我们问上帝这个概念的含义是什么，虽然在一些细节上可能出现争论，但是每个人都认同的是，上帝是想象力所及的至上完美的存在。如果你说上帝是不存在的，你就是在说一种完美事物是不存在的。但是如果它不存在，它就是不完美的。假如我说，我为你烤了一个完美的蛋糕，只不过它是不存在的，你一定觉得我在胡言乱语，而且你的感觉是对的。因此，一个不存在的完美存在在措辞上就是矛盾的，因此是不可能成立的。所以（此处敲黑板），上帝这一完美的存在必定是存在的。

论述这一论证谬误的著作有很多，试图说明它正确的著作同样有很多。但它最根本的缺陷其实相当明显：我们无法从对一个概念意义的谈论直接跳到这个概念所指对象的存在。我可能懂得完美正义的概念，但这并不代表完美正义是存在的。如果一个不存在的上帝在表达上是矛盾的，那么，一个不存在的完美独角兽同样也是矛盾的，但这并不意味着它是存在的。

  一个词语就是一个词语，而不是一个事物。语言是一种工具，而不是现实世界的构造本身。我们要使用字词来帮助自己理解这个世界，而不是刻板教条地吊死在字词这棵树上，枉把咬文嚼字而不是大千世界变成我们研究的主题。词语可以区别事物，但是事物所需的区别——无论是它们的数量还是种类——永远大于一门语言所能胜任的程度。我们必须审慎地使用语言，永远不要只在其字面意义上盘桓。如果有些语言似乎在告诉你，它们是折射现实的一面透明的镜子，请不要相信它们。

如何注意自己的语言？

- 请定义你的用词。
- 当多种意义相互抵牾时，要为自己的定义提出论证，而不是废黜他说、独尊己说。
- 要警惕和避免过高和过低的再定义：武断地拓宽或者缩窄一个词语的意义，以迎合自己的需要。
- 要警惕和避免模糊性的滥用。在语义滑坡的情况下，词语的含义可能从一种恰当的用法难以察觉地变成另一种不合时宜的用法。这可能涉及含义与指称之间让人误入歧途的混淆，也就是说，具有这种含义的词语被用来指称错误的对象，而与这一对象相对应的是别具他义的其他词语。
- 与其追问一个词语唯一的真正含义是什么，不如问一问：在当前的语境下，这个词语应当发挥怎样的作用。
- 仅在进行重要区分的必要情况下使用专业词汇和术语，否则不用。
- 警惕范畴错误：认为一个词语指称一类事物，而它实际上指的是另一种不同的事物，或者未指称任何事物。
- 不要用同一种方式来解读字面意义和非字面意义。它们各司其职，必须用不同的方式来解读。
- 在辩论时，切忌过分地咬文嚼字，避免造成自缚手足、寸步难行的窘境。

[第六章]

兼容并蓄，全面思考

CHAPTER SIX

这个时代把每个人分入不同的条条块块。他们彼此隔绝，处在各自的常规中；每个人都自命清高，隐藏自己和自己的想法，最终只落得一个相互厌弃的地步。

——陀思妥耶夫斯基，《卡拉马佐夫兄弟》

词源学告诉我们，哲学家是智慧（sophia）的热爱者（phili），但这并不意味着哲学家不能同样热爱其他知识。出色的批判性思维要求我们，处处留心皆学问。它还要求我们把来自四面八方的信息统合起来。

假如要评判几种用来对抗不平等的经济政策，而且这些政策是相互冲突的，你可能认为只要咨询经济学家就够了。虽然他们能为各种场景建构出相应的模型，但是他们不能告诉你，哪种类型的不平等可能造成最大的影响、它们的影响程度如何——是收入不平等影响更大，还是财富不平等影响更大，抑或获得公共服务机会的平等最重要？经济学家也许拥有完备的信息，知道哪些福利政策在针对最贫困人口方面具备最高的财务效率。但是，说到哪种制度可以带来更高的尊严，经济学家恐怕无从置喙。的确，总体而言，一项福利政策的针对性越强，它的侮辱性就越强。作为公民，我们必须做出判断，一项没那么"高效"的制度是不是反而更有利于社会的凝聚力。而这并不是一个经济学问题。要对彼此竞争的政策做出恰当的整体评价，我们离不开其他知识的帮助，包括政治学、历史学、社会学、人类学和哲学，也许还要懂得一些心理学知识。

对几乎每个我们需要回答的问题来说，仅在一个狭窄的范围里听取少数专家的意见会限制我们得到优质答案的能力。你如果想知道什么对自己的健康有利，就不能只听肿瘤医生的意见，因为他们也许在肿瘤领域以外知之甚少。你如果想了解艺术，就应该多找些评论家聊聊，因为他们各有自己的趣味和偏见。你如果对房子里的潮气忧心忡忡，千万不要只咨询一位防潮专家，他只会千方百计地把自己的防潮方案兜售给你。

同理，如果像哲学家一样思考仅仅意味着**单一的、狭隘的**哲学思考，那么不去学它也罢。这一告诫直至近代才成为必要——笛卡儿写过解剖学著作、休谟还是一位历史学家、斯宾诺莎以打磨镜片为生、亚里士多德精通一切。专业化是相对晚近的哲学学术化的产物，而且它的影响极其深远。

假如我告诉 12 个人，我的博士毕业论文探讨的是人格同一性问题，他们很可能对那篇论文的论述对象生出 12 种截然不同的想法。在面对同一个问题时，每个学科或传统各有自己的兴趣或视角。你如果在印度经典哲学中浸淫已久，可能认为我探索的是——如果我那篇论文算是在探索——如何区分"我"（ātman）与"梵"（Brahman）的问题。前者指的是作为个人的自我，后者指的是超级本体和宇宙精神。从心理动力学的视角来看，我探求的重点也许是无意识在同一性形成过程中发挥的作用。你如果是一位心理学者，最有可能因此想到自我意识问题，而你如果是一名神经科学家，最感兴趣的可能是关于"我"的感觉是如何在大脑中生发的。社会学家和人类学家也许更多地思考社会在同一性的塑造中发挥的作用。近些年来，在英语哲学界，同一性问题更干脆地被表述为一种逻辑关系：是什么让一个人历经多年之后还是那个故我？这正是我那篇论文想要解决的问题。

仅仅寻求解决以上问题中的单独一项通常是合理的。但是，这样做的同时，我们必须记住一点，这是在研究人格同一性的一个问题，而不是**全部**问题。你假如想尽可能完整地理解何为自我，就不能仅仅从一个角度出发，因为那样不可能形成像样的答案。

绝大多数的重要问题无法被归入单独的知识门类，那些偏向单一学科的问题只能引起专业研究者的兴趣。在大多数场合下，像一名典型的当代哲学家或历史学家、心理学家、化学家、语言学家那样思考问题都不是个好主意。各门学科的组织方式并不能反映这个世界最引人入胜的差别。例如，每当遇到社会学家或人类学家时，我都会问他们，这两门学科当初为什么分道扬镳？有什么特别有力的理由吗？我到现在都没听到让人信服的解释。他们大多告诉我，这是一次历史事件造成的。这次事件带来了两套截然不同的方法论和文献。然而，无论放到哪个理性世界里，它们都是同一个学科略有不同的两个方面，而不是泾渭分明的两门学科。

即使学科之间的藩篱是名正言顺的，它们的厚度和不可逾越性也不尽合理。曾长期担任英国工党议员的政治理论家托尼·赖特说过，学术界"日益分崩离析"，而且，"甚至那些外界认为同源的学科（例如政治哲学与政治科学）也是如此。人们各自在一方天地里耕耘，过着井水不犯河水的日子"。

我很认同齐亚乌丁·萨达尔的说法。他说："我不相信所谓的'学科边界'那一套——人们会说这个属于物理学，那个属于化学，因为我认为大自然并不是那么运行的……对我来说，我们在解决一个问题时，必须运用所需的一切知识来求得答案。如果因此需要学习地质学，我们就应该去学习地质学。"

在各个学科纷纷披挂起现代学术的身份之前，哲学家就是这样做的。亚里士多德在莱斯沃斯岛的一个环礁湖上研究自然，而不是隐居在雅典的家里；笛卡儿不仅会剖析概念，还会解剖动物；休谟更为同时代人熟知的身份并不是哲学家，而是历史学家。

学术上的割裂使得这样博学多才的人成为历史。对这一点痛加指责实在是一件轻巧的事。谁不反对智识上的"孤岛"和"区隔"，谁不拥护一切"连贯而协调的"思维方式？然而，专业化的存在自有其原因，而且很多原因是站得住脚的。最显而易见的理由是，在过去的几百年间，知识的全球大爆发意味着它的整体早已变得无比广大和复杂，任何人都无法单凭一己之力描绘出它的全貌。人们也许能在一个小角落里提出原汁原味的创见，但是整体的创造主要还要依靠团队的力量。人是社会动物，只要不同的人发挥不同的专业能力，我们就能合力获得更多的专业知识。但这并不是一个人鼠目寸光或者在狭隘的知识领域里坐井观天的正当理由。完全孤立的知识或认识是不存在的；没有哪个学科是一座孤岛，遗世而独立。专业化应该作为知识劳动的一个分支发挥作用，而不应该成为人为割裂知识本身的结果。

这种分工的效果在伦理委员会中体现得淋漓尽致。生物伦理学家约翰·哈里斯曾服务于多个伦理委员会，他指出："每位成员各有不同的贡献。比如，只要有人能清楚地说明自主性问题或者其他任一问题，我认为其他成员就不需要对此再做阐释。"哈里斯的贡献主要是哲学洞察，"其他成员带来了详尽的科学知识，有些时候，他们带来的是社会科学研究方面的详细知识，或者在避免歧视的前提下咨询公众的方法，又或者英国国家医疗服务体系（NHS）这类制度的运行将如何影响诊疗与预防策略的实施等。"这一切只能由一群人来完成。

理想的伦理委员会应该是知识分子众多合作形式中的一种，它是共享专业知识的平台。学术生涯会激励研究者各自找到拼图的不同部分，再由其他人把它们拼合起来。这样一来，能够带来最高学术回报的莫过于独创性和严密性。这就意味着，人们会因为创造出一个个单独的点而获得晋升和聘用，而不是因为把它们串联起来。就像蒂姆·克兰解释的那样："为了获得进步，为了把自己的思想公之于众，我们只能聚焦于某一件特别具体的事物，并就此提出独到的见解。这就意味着，过去关于通才型哲学家的看法，也就是一个人可能对任何事情都能谈上几句，并且在众多领域里发表论文的看法，如今已经在某种程度上变得没那么受欢迎了。"同样的道理也适用于任何一种类型的学术通才。

即使你只想在一小片天地里串联起散落的点，从而绘制出稍大一些的图画，专业知识也势必因此被摊薄，进而导致成果质量的稀释。克兰毫不留情地指出："在心灵哲学领域，很多所谓的跨学科著述实际上只是哲学上的猜想，在背后为它提供支撑的是某种可能过时的、《科学美国人》式的心理学或者神经科学研究结论。这样往往会造成作者的先入之见。"奥诺拉·奥尼尔堪称兼容并包型思想家的典范。她也同意这样的看法："跨学科存在巨大的风险。你必须达到每个学科的基本标准才行，而实际上可能一个都没做到。"

跳出孤岛思考问题的另一种风险在于，你可能试图重新发明轮子，却完全没有意识到汽车工程师早已存在。他们不仅造出了轮子，而且已经对其完成无数次改进和优化。恐怕约翰·塞尔就犯过这样的错误。"我认为，我们应该开辟一个新的哲学流派，我想称它为'社会哲学'。"他信心满满地说，"这个领域目前还不存在，我想努力把它建立起来。"

我在《哲学家杂志》的一位同事觉得塞尔的话听起来很奇怪。这位同事拥有社会学博士学位。在他看来，塞尔的《社会实在的建构》（1995年）听上去很像彼得·伯格和托马斯·卢克曼合著的《现实的社会建构》（1966年），而后者比前者早出版30年。这并不是说塞尔没有提出这两位社会学家未曾提出的观点。重点是他精神百倍地挺进一个知识领域，好像那是一片未经开垦的土地，却完全没有顾及别人说过什么。

我不知道塞尔的想法是什么，不过在很多情况下，忽略其他专家学者曾经的贡献是无知的结果。我可以确信一点，学者们如果了解自己的同辈在其他领域做过什么，就会生出很多动力，进而完善自身的思考。我有过这样一个不切实际的梦想：大学能够指定综合研究的教师和读物并促进不同学科的交流，不过我并没指望它真的会发生。

可悲的是，无知常常是有意为之的。我听过哲学家贬低其他学科，认为它们不如自己的学科那么严谨缜密。那种态度似乎在说："搞社会学的人怎么可能教得出哲学家来？"眼界的狭窄并不是哲学家独有的恶习，不过我非常怀疑，哲学作为"科学之母"这一自鸣得意的形象使得哲学家更加具有这样的倾向性，让他们变得不如其他学者那样开阔。

在 20 世纪的大部分时间里，英语哲学界几乎一直以自身的狭隘为荣。丹尼尔·丹尼特指出："哲学真正的问题之一是，人们多少有些目光短浅。"20 世纪 60 年代也许是这种偏狭的顶点，丹尼特当时还是一名研究生。他说："那时的谨慎和庸碌达到了滑稽的程度。人们连尝试开阔眼界来看待事物的想法都不敢有！一切变成了琐碎的计件工作。我觉得那简直糟透了。"

说到对哲学偏狭性的公然拥护，我见过的最厚脸皮的例子是迈克尔·马丁的"六字箴言"。当时，我问他："纵观 20 世纪下半叶，你认为哪些关键著作是由非学院派哲学家创作但是值得学院派哲学家注意的？"他回答说："一本都想不到。"在我的再三推动之下，他为自己的成见做出强词夺理的辩解：

> 应该读什么书？我认为这个问题并不存在一个大而全

的答案。总体而言，我们应该尽可能广泛地阅读，同时尽量保证阅读的深入。我们可供钻研的时间毕竟有限。……很多优秀哲学家的著述仅涉及少数几个问题。这样的例子屡见不鲜。所以我认为，在这个问题上，一刀切的做法很不明智。

我们不应该对马丁那句结束语等闲视之。专攻一点的专家总是有用武之地，并不是每个人都应该涉猎广泛。但是我坚信，狭隘更多时候是一种缺点，而不是美德；学识渊博的风险更值得我们去承担，而不是规避。在绝大多数情况下，问题并不在于**是否**要兼容并包地思考，而是**怎样**更好地做到它。

如何在"博"和"约"这两种美德之间做到平衡？奥诺拉·奥尼尔是个值得学习的榜样。她说过："我一直觉得自己是个可怕的入侵者。"这句充满自嘲的话透露出一种重要的谦逊品质。它是人们走出专长领域的必要条件。我很喜欢她"总是和本学科以外的人共进午餐"的做法，但我没有生活在牛津大学和剑桥大学里，无法拥有那么得天独厚的条件。这真令人遗憾。

想要效仿奥诺拉·奥尼尔，其实还有一种更简单易行的办法：在踏进不熟悉的领域时，我们可以像她一样保持谨慎，不要在学会走路之前试图奔跑。她说，在很长一段时间里，"我相当严格地把自己的哲学研究和生物伦理学研究区分开来"，这是因为，"想在生物伦理学领域达到哲学的严苛标准殊为不易"。想要广撒智识之网，就必须时刻警醒自己有多少**不懂**之处。这样才能避免过早下潜，结果发现自己力有未逮。尽管如此，奥尼尔慢慢变得越来越有信心，并开始提出自己的看法。2000年至2001年，她在久负盛名的吉福德讲座上开讲,题目为"生命伦理学中的自主与信任"。2002年,她走进英国广播公司(BBC)的里思讲座,论述"信任问题",把视角投向了更广阔的公众生活。

想在讨论中做出有价值的贡献,我们不一定要让自己成为专家。做一名外行人有时反而更有优势,因为它可以帮助我们注意到内行人习以为常、熟视无睹的东西。但是,我们仍然应该倾尽全力地理解自己正在踏进的领域,这样才能确信自己的贡献是不是有的放矢。这也是为什么有些最强有力的哲学批评家来自哲学界内部。这一切并非巧合。美国实用主义哲学家理查德·罗蒂就是个例子。20世纪晚期涌现了许多针对"哲学拥有自然之镜,单纯地映出现实的模样"这一思想的批评,罗蒂则是一众批评家中的领军人物。在所有的批评者里,罗蒂深深扎根于自己正在抛弃的哲学传统。因此,他在对"真理"这一思想发起攻击时,才能具备如此的睿智和洞穿七札的力量。这和众多草率的相对主义者完全不同。后者认为,客观真理存在的可能性太过荒谬,根本不需要认真论证就能轻松击倒它。

尽管如此,来自内部的看法也可能和外部看法一样片面。在我读本科时,我们这些学生被大头朝下地扔进最伟大的哲学经典的书堆里。这些著作都来自欧洲和被欧洲殖民时间最长的国家——说我们"大头朝下",是因为我们欠缺或者全无历史情境的知识储备,无一例外地在分析论证时陷入困境。"现代"哲学——它指的是17世纪以来的一切哲学——似乎肇端于笛卡儿,就好像哲学从古希腊时代之后经历了一场近两千年的安息一般。我们被给予的历史背景少得不能再少。我们绝大部分的阅读都是**无关历史的**,它们根本就是罔顾历史。

这样的教育算不上离奇，因为我是在分析哲学这一传统中成长起来的。它在英语世界长期占据主导地位，至今已经超过一个世纪。实际上，它的教义很广，被松散地用来囊括几乎所有以英文为母语的哲学流派，除了师法现代欧陆哲学的流派。分析哲学这个大家族的共同之处在于对概念分析的强调。它得到了逻辑学和自然科学方法的启发，但不一定实实在在地用到它们。分析哲学对历史毫无兴趣，对传记的兴趣甚至更低。这种对历史的罔顾常常是有意为之的。迈克尔·马丁曾经为此辩解："你的面前摆着一项有效论证，而且你已经清楚地发现，它的结论似乎是由它的前提推演而来的。此时，你并不需要历史情境在这里发挥什么特别的作用，除非它也许能解释为什么这项论证会变得如此鲜明突出。"

请恕我无法苟同。这种对情境的钝感可能导致一种错误，我们可以称之为"归化谬误"。在完全通过自身传统或背景来理解一位作家或者一种思想时，我们看到的并不是它的真面目，而是它经过转译之后的样子。很多东西消散在转译解读的过程中。以柏拉图为例。我们今天阅读柏拉图时，他的很多论说听起来就像是上个星期提出的。不过，柏拉图经常让他著作中的主人公苏格拉底讨论诸神的作为和其他神话。比如，《理想国》就是用厄洛斯的神话结尾的。它讲述的是一个男人死在了战场上，但他的尸身并未腐坏，并在十天后返回人间。厄洛斯向每个人讲述了自己在来生的所见所闻。许多现代读者都忽视了这一点，几乎把它当成"正统"哲学的又一个别出心裁的点缀。然而，所有的迹象都表明，柏拉图是认真的。这一段论述相当长，直到全书结束。柏拉图用它来支持自己关于灵魂不朽的论述。抛开这一段就等于回避这样一种极具挑战性的事实：柏拉图并非一位不朽的哲学家，他无法在21世纪的牛津大学像自己在古代希腊时那样如鱼得水——他只是一个属于自己时代的雅典人。

刚刚开始对维特根斯坦产生兴趣时，西蒙·格伦迪宁也经历过这种归化畸变。他发现，"《哲学研究》中读到的东西与二次文献之间横亘着一条鸿沟。我过去认为，后者归化了前者，而且我如今依然在一定程度上这样认为。"这让他充满了挫败感。我在阅读克尔恺郭尔时也有类似的感受。我的本科毕业论文就是以克尔恺郭尔的作品为主题的。当时，关于克尔恺郭尔的英语二次文献还没有今天这么多。后来我才发现，它们从克尔恺郭尔的论证中提炼到的令人熟悉而愉悦的东西少之又少，根本没有全心全意地拥抱他精彩绝伦的独创性和差异性。

安东尼·戈特利布创作过一部出色的两卷本西方哲学史。他曾警告我们：

> 我们在试图解答一个问题时，务必在心底最深处牢记它的历史情境。它们往往是大不相同的。这是真正理解论证的唯一途径。在我看来，哲学家的观点之所以会被误解，似乎是因为我们认为他是在回答我们当前感兴趣的问题，然而他实际上是在回答别的问题。

思想史学家乔纳森·伊斯雷尔在他的评论中直言不讳地抨击了哲学家对历史的蓄意忽视：

> 在我看来，哲学家如果忽视了言说对象的背景，就没办法准确地解读它们，因为每个人都必须塑造自己的语

言，使之适应当时的种种约束和压力……我认为更矛盾的是，有人认为，可能存在一种真正的哲学，它能在架空历史的情况下回答最普遍的人类基本问题与价值问题。尽管有些人对这个想法深信不疑，但它是说不通的。

让事情变得更糟糕的是，如果严肃的历史不在其位，大多数人都会用一种仿冒的版本取而代之，为自己的理解提供隐含的背景。伊斯雷尔认为，这种冒牌历史的危害和历史的缺位同样可怕。以欧洲的启蒙运动为例。它也是伊斯雷尔关切最深的一段历史。他提出，大多数人简单粗暴地以为，自然科学和英国的经验主义点燃了入世的、自然理性的火炬，在此之后，法国人热情洋溢地接过这火炬，把福音传遍整个欧洲大陆。这种对历史的解读加强了民族主义者本已粗糙的刻板认识，没有注意到"很大一群作者其实是不讲逻辑或者极其保守的"。一旦了解这一点，我们想象的启蒙运动的模样就会变得迥然不同。事实证明，"我们深信不疑的、官方的传统哲学史彻底扭曲了一切"。

伊斯雷尔描绘了一幅令人忧虑的画面：哲学家因为缺乏历史视角而观点扭曲，历史学家弃哲学如敝屣，认识的鸿沟由此出现，每个人对思想史的认识都是不尽准确的。这使得人们转而去相信那些令人欣慰的传说。在这些传说中，最自私自利的一条是：想要研究哲学，你只要了解古希腊和欧洲就够了。即使一个人只对西方哲学感兴趣，并且引以为荣，对历史的罔顾依然意味着大多数人完全不知道伊斯兰世界在西方哲学的发展进程中发挥过怎样重要的作用。在齐亚乌丁·萨达尔看来，如果没人教过你这些，那么你受到的就是"有失公允的教育"。"你错过的是从 8 世纪到 17 世纪整整

1 000年的哲学。它包含的哲学问题浩如烟海。"

我们要把历史变成自身批判性思维的一部分。对此，如果你还需要进一步鼓励，奎迈·安东尼·阿皮亚为它的诸般益处带来了绝佳的例证。阿皮亚在他的著作《荣誉法则》中提出，对于这种名义上的美德，西方哲学为之赋予的道德意义聊胜于无。这让读者同时看到了它的优点和缺点。与很多道德哲学的不同之处在于，它是通过对荣誉这一概念在三种具体历史情境中的作用的细致分析来实现论证的。这三个情境分别是：缠足、决斗和蓄奴。他讲述的故事不只带来了例证和色彩，更重要的是，历史事例让他的关键论断变得更加可信。如果没有对情境的深切玩味，当代西方读者恐怕无法把荣誉这一概念当作一项重要的道德价值来认真对待，因为它似乎"与道德、宗教、法律和理性背道而驰"。阿皮亚认为，"哲学的惯常方法"——"坐在书斋里思考"——是不足以胜任这一工作的。只有拥有源于真实生活的丰富例证，我们才能真正理解为什么同一种做法既可能"在某种意义上是错误的，又在另一种意义上是必要的"。

在阿皮亚看来，如果不明白哲学这门学科是怎样由其历史塑造的，我们就更无法理解哲学为何物。哲学作为"一种历史客体，它的形貌会随着时间的推移而改变，并且存在连续性。从这个意义上来说，哲学很像家族和与之类似的很多东西。它会随着时间的推移而成长、变化"。那些从哲学史中学有所得的人都明白，它的形态和边界是在不断变化的。变化和演进是无可避免的。

这里要为哲学家说句公道话。他们始终对自己所关心的问题的哲学历史沿革充满兴趣，他们会在讨论当下问题时引用早已故去的思想家说过的话。这为什么如此重要？丹尼尔·丹尼特为我们指出了一点非常明显的原因。"哲学史是由绝顶聪明的人犯下的极具诱惑力的错误组成的。假如不去学习这一历史，你就有可能一而再，再而三地犯下这些错误。鄙人在生活中最不光彩的乐趣之一就是欣赏聪明的科学家把所有的二流哲学思想重新发明一遍。除非你能停下脚步，深吸几口气，然后把它们分解开来，否则你会一直觉得它们充满了吸引力。"

近些年来，哲学也发生了一些变化：历史不再像过去那样遭到令人惊诧的忽视。然而它依然未能得到应有的重视。我要在这里举手示意，本人对历史的相对无知就曾妨害过自己的思考。

这不仅仅是个哲学问题。你如果对巴勒斯坦、俄罗斯、阿富汗等地区的历史一无所知，就无法理解它们当前的局势。历史上的创新有些被用来造福强权者，有些被用来服务全人类。如果对这一切的缘由懵懂无知，就无法对当下种种新技术的优缺点提出明智的见解。历史就像一个庞大的数据库，装满了人类和社会的运行数据。忽视它只能害了我们自己。这也是为什么休谟在撰写《英国史》时认为那是在继续他的哲学事业，而不是在抛弃它。

忽视历史属于另一个更大问题的组成部分，那就是对情境的不敏感性。我们之所以频繁地误解别人的问题、想法、做法和疑问，是因为我们对它们发生的具体情境视而不见。想想看，有多少政治局面看起来让人大惑不解，只是因为我们不肯试着思考什么能让它们变得更好懂。比如，为什么有那么多美国人选特朗普当总统？要搞清楚这件事的原委，必须明白很多美国人对主流政界的失望和幻灭感有多深。他们认为，主流政界用鄙夷轻慢之手攫住了自己。对很多人来说，把选票投给特朗普并不是在相互角逐的政治纲领之间的又一次抉择，它更是一次"清理整顿政治生态"、把政治精英一脚踢出局的良机。他们认为，这些精英脱离了群众，置美国的中产阶级于不顾。

真空无一物，然而我们总是孤立地看待事物，好像它们无所依凭地孤悬在真空中一样。情境非常重要，历史情境通常极为重要。

学科边界无法代表所有的思想边界，比如，事实与价值的区别就是最重要的分界之一。18世纪，休谟在西方第一次明确提出这个问题。他发现，当人们进行道德推理时，总会首先谈论"事物的本质究竟是上帝创造的还是人类定义的"。

> 突然间，我惊讶地发现，我遇到的不再是常见的"是"与"不是"这一对命题，它们无一例外地变成了"应该"与"不应该"。虽然这个变化微妙得让人难以察觉，但它带来了极为重要的影响。既然"应该"或者"不应该"表达了某种新的关系或论断，我们就应该对其加以观察和阐释。与此同时，必须说明的还有，这种新关系是怎样由其他完全不同的关系推导而来的。它看上去简直不可思议。[1]

休谟的论点磅礴有力：从逻辑上来说，我们无法从关于**事物是怎样**的陈述直接跃进到事物**应当如何**的表述。换句话说，我们不能从单纯的**描述**快进到对它的**判定**上。事物"规范的"样子——事物该当如何——与其实际的样子是两回事。

一旦忽视两者之间的不同，就容易产生"自然主义谬误"，即从"某物是自然的"这一事实直接得出"该物是正确的或优质的"这一判断。人们总是在犯这种错误，不过几乎没人会像格温妮丝·帕特洛那样愚钝。2013年,从演艺圈转战商业帝国的帕特洛指着自己的"三无"保健品对《大都会》杂志说:"我不认为天然的东西会对身体有害。"[2]她如果对尼古拉斯·埃文斯发表这一番高论,就会发现自己的观点十分荒谬。埃文斯是《马语者》的作者。因为食用了一种有毒的网帽蘑菇,他几乎丢掉了性命,而且需要移植肾脏。

在反对女性主义的保守论调中,这种"自然即正确"的想法非常普遍。祭出这件法宝的人宣称,男性和女性之间的天然差异说明男女理应被区别对待。这番高论实在不堪一击,且不说我们甚至不知道果断性、同理心、滥交等所谓的"差异"里有多少真正源于自然,而不是由文化建构的,即便所有的性别差异都是自然的,也无法解决道德问题和政治问题。比如,即使男性天生更富有竞争力,我们也希望更多的女性成员加入董事会。因为,如果不对此加以干预,那些更善于竞争的男性就会抢占更多的董事会席位。事实上,男性的竞争能力也许是人们施加干预以防止它阻碍合作的一个很好的原因。正如珍妮特·拉德克利夫·理查兹所说:"达尔文式的世界毫无和谐与自身目的可言。如果我们还想做到任何一点儿的善,把一切交给大自然可不是个好办法。"

话虽如此,关于"是"与"应该"的分隔,我希望读者记住的并不是我们永远不该把关于事实的思考同关于价值的思考结合起来。你如果想认真思考气候变化、食物正义、贫困、数字排斥等问题的诸多影响,就必须关心相关的事实。但是,既然事实不等于价值,那么我们不能从"是"中得到"应该",那该怎样把一项道德辩论植根在事实之中呢?

想要回答这个问题,我们要从最根本的问题谈起:如果一种

"应该"只能建立在其他"应该"的基础之上，那么世界上的第一个"应该"从何而来？休谟的回答是，最初的"应该"是一种共鸣，或者是一种对伙伴的同理心。绝大多数人类天生（如今我们也许应该说它来自生物演化）能够感受他人的痛苦，也会因为他人的幸福而感到愉快。这才是激励我们行善的力量，而不是任何理性或逻辑原则。

但是，这不就是休谟自己谈到的那种谬误吗？如果"自然的"并不意味着"优质的"，他怎么能够把道德性建立在自然本能的基础之上呢？休谟在这里无错可言。他并没有宣称我们应该为善的原因是我们具有为善的自然本能。他想表达的是：因为我们拥有与生俱来的悲悯之心，所以我们只能为善。他提出的是一种针对人类道德意识的**因果解释**，而非**理性辩护**。

但是，我们难道不需要为自己的"道德同情"做出理性辩护吗？休谟认为没这个必要，我赞同他的看法。我们应该是对的，因为目前还没有人为道德提供一个令人信服的纯粹理性基础。痛苦和折磨是要避免的。能够认识到这一点是成为一个完全的人的一项基本前提。如果你没有一丝一毫的道德同情，无论别人怎么苦口婆心地提示你，你都不可能感受到它。

一旦接受了休谟的论证，我们就可以轻松地填平"是"与"应该"之间的鸿沟。假如我提出"工厂化养殖会对动物造成不必要的痛苦，因此它是错误的"，肯定会有哲学家立刻注意到这个结论是不成立的——这里的"因此"遭到了误用。对大多数人来说，它**看上去**是成立的，因为他们在心里默默假定了一个前提——一个"省略三段论"——它在这个例子里表现为"造成不必要的痛苦是错误的"。它并不是一项事实陈述，而是一种最基本的道德观念，是每个正直的人都该有的一种道德担当。如果有人试图反对这一点，最好的回应并不是与他们争论，而是远离他们。

想要同"是"与"应该"的分野共存，我们必须承认理性并非伦理的基石，它不过是帮助我们更清晰思考伦理的工具。如果能做到这一点，我们很快就能看到，做正确的事离不开两个因素的结合：我们首先要具备最基本的道德同情，其次要有能力细心关注每种具体情况并采取最好的行为方式。我们如果不知道他人需要什么、渴望什么，也不知道什么对他们是有益的，就不可能待之以善意、同情、宽容或仁爱。这些都属于事实问题，主要由密切的专注来判定。

玛丽·米奇利深谙其中的道理。她曾经告诉我："我们总是按照自以为对别人合适的方式来对待他们，自以为掌握了关于他人的事实。我们往往只要观察得再认真仔细一点儿，可能就会发现，这些自以为是的事实根本无关紧要，真正的事实往往复杂得多。一个人要做的不止于对自己所处的环境做出反应，还要通过密切的关注来确信它**就是**那个环境。"一旦做到这一点，"事实与价值的分野就会消失，因为你只要充分理解了现实情况，自然就会知道什么是正确的。"

当时，我和米奇利谈到了她的同辈，小说家、哲学家艾丽丝·默多克。"从默多克的伦理观来看，通过聚焦实际情况、增进对现实情况的理解，我们可以明白什么是正确的事，也就是良善。这也是她认为艺术非常重要的原因，因为艺术增强了我们的现实感。"它带给我们的启示是，想开展哲学思考，我们应该多欣赏电影和戏剧，多阅读书籍。当然，这些观赏和阅读都应该是哲学式的。

艺术必然提升人类道德的看法显然是错的，那些热爱歌剧的纳粹分子足以说明这一点。但是以恰当的姿态接触叙事艺术形式的人能够从中更好地理解伦理。以伊朗导演阿斯哈·法哈蒂的电影为例。法哈蒂用高度自然主义的电影作品纯熟地探索种种道德困境和日常生活中模棱两可的存在，以及当每个人的片面视角全然不同时，查明真相有多么困难。

法哈蒂并不是在告知我们关于道德的种种真相，而是借助影像把它们展现出来。在《一个英雄》中有这样一幕：一个慈善组织面临一项艰难的抉择——他们应该为了保全自己的声誉而掩盖那次令人尴尬的事件，进而确保自己能够继续行善，还是应该说出真相？我们可以对此给出哲学上的评判，并讨论功利主义伦理、亚里士多德伦理和康德伦理孰优孰劣——它们追求的目标分别是"对所有人来说的最好结果"、"良好品格的秉持"和"应尽责任的完成"。然而，真正让这一困境如此难解的是故事情境的特殊性。因此，这部电影无法给出一个干净利落的结论。在这种情况下，理论的作用比不上对情势的专心体察。法哈蒂就是这样做的。我们不需要三段论的理论框架来抵达这一困境的核心。支持这一说法的证据在于，法哈蒂是伊朗人，他的哲学源泉——如果它存在——多半与我们的哲学源泉完全不同。

法哈蒂的电影人物既不是英雄，也不是恶棍。他们都是毫无害人之心的普通人。他的电影说明，人可以多么轻巧地给自己一个交代，常常打着正当理由的旗号为微小的谎言和不规矩的行为做辩护。而这一切又怎样把我们带上了危险莫测的歧路。你如果对道德的本质感兴趣，可以从法哈蒂的电影中获益良多。你的收获不会少于——甚至会多于——钻研一部理论教科书。这些电影不只是在说明哲学，更是在"践行哲学"。

近年来，一些学者倡导在哲学中运用文学和艺术，玛莎·努斯鲍姆是其中最热切的支持者之一，她经常在自己关于伦理与政治的著述中援引文学和艺术作品。"在我的想象中，哲学和艺术仿若一对伙伴。在这种关系中，哲学提供伦理问题的聚焦点，艺术作品则用一种更具体的方式为想象力指引方向。如果我们想要的想象力不止于空谈同情，还要培养它，那么我们就需要借助文本来唤醒它。"

努斯鲍姆谈道，艺术的重要性不仅限于同情心的想象和情感上的共鸣，还在于**认知**共情的培养：它指的是进入他人思考过程内部的一种能力。当今世界迫切需要这种智识上的想象力。正如努斯鲍姆所言：

> 在有些情况下，我们不仅要应对政治上的两极分化，还要应对种族和宗教上的两极分化。这时，倾听所需的不仅仅是论证，还包括对想象力的培养。我们必须理解其他人从何而来，他们的历史是什么样的，他们有着怎样的生活经历等。……在做出结论之前，我们应当努力想象和了解不同的人从何而来。我们如果不这样做，就会更轻易地对他人心怀怨怼，甚至诉诸暴力。

我们需要发挥包括创新在内的多样思维方法的力量，因此我决定，本书引用的警句不该出自公认的哲学家之口。我最终选择了古往今来最具哲思的一位文学家：陀思妥耶夫斯基。我想在这里特别说明的是，尽管博采众长是极好的，但是很多单一智慧源泉本身也极为丰富，值得我们终生挖掘。总而言之，博与约之间的矛盾只能被妥善控制，永远不可能被消除。

如何做到包容并蓄？

- 不要只从一个角度切入一个问题。要全面思考问题的整体，而不是它的局部。
- 切记，学科的边界并不等于大自然的分界。
- 把各个部分串联在一起和认识它们是什么同等重要：制造零件和组装零件同样不可或缺。
- 在把一个领域当作未经开垦的土地之前，要先检视是否有人已经想到它了。
- 深度和广度之间永远存在权衡问题，因此，要在做出取舍时留意自己牺牲了什么。
- 尊重深耕某一领域的专家，在对他们的专业领域做出评判之前，先想想自己有什么不明白的地方。
- 对情境保持敏感，包括历史情境、人物生平情境和社会情境等。
- 不要一厢情愿地认定自己提出的问题同别人提出的问题一样。表面上的相似也许掩藏着深层次的巨大不同。
- 避免归化谬误，即用熟悉的方法思考陌生的对象，并在过程中把它重新塑造成自己想象的模样。
- 避免自然主义谬误，即认为自然的就是良好的或正确的。
- 重视"是"与"应该"之间的鸿沟。事实会为我们做出价值判断提供信息，但它并不能证明最终判定的对错。

- 多接触艺术，培养自身的共情能力和认知同理心。它们是用不同眼光看待事物、做出合乎道德的推理的必要条件。叙事艺术实际上是通过展现（而不是告知）来"践行哲学"的。它帮助我们更认真仔细地集中注意力——它是优秀思维永恒不变的基石。

[第七章]

学些心理学

CHAPTER
——— SEVEN ———

切记一点：人的动机远比你以为的样子复杂得多，一个人几乎无法准确描述另一个人的动机。

——陀思妥耶夫斯基，《白痴》

如果要为所有学术科目绘制一张家谱，你就会发现几乎所有科学的根源都可以追溯到哲学。它们一个接一个地离巢飞走，自立门户，包括生物学、物理学、动物学、修辞学、心理学、语言学、经济学、政治学、气象学和地质学等。

心理学是哲学最年幼的孩子之一。在它的大部分历史里，心理学研究都是由我们眼中的哲学家完成的。休谟或许是其中最突出的例子。人性是他笔下最重要的主题。在休谟关于因果和伦理的著述中，关于世界如何运行的探究与人如何思考的内容在比重上旗鼓相当。直到1890年，《心理学原理》的作者威廉·詹姆斯仍被视为哲学家。当时，心理学刚刚开始从哲学中脱离出来。这个过程发端于1879年，标志性事件是威廉·冯特在莱比锡大学建立了历史上第一个心理学实验室，专门从事心理学研究。

心理学与哲学的分离让两个学科都付出了代价，而哲学付出的代价更高。简言之，心理学据为己有的部分是"我们**是如何**思考的"，而哲学关心的部分是"我们**该如何**思考"。对心理学来说，这一局面造成了面对"规范性"问题时的手足无措，因为这些问题关心的是我们应该如何思考或感受。心理学曾经不止一次把一些所谓的"健康"或"正常"视为理所当然，而且它的立足点常常是一些值得怀疑的假设。时间早已证明，很多这样的假设纯属偏见，或者只是些昙花一现的时髦理论。这会为一些可怕的错误推波助澜，比如，在1973年之前，美国精神医学会一直把同性恋归类为一种精神疾病。再比如，"冰箱母亲理论"一度把儿童孤独症的起因归咎于温暖母爱的缺失，并对其大加鞭挞。还有些时候，心理学不愿迎难而上，努力解决规范性问题，从而把机会拱手让给了其他学科。这些学科也许并没有掌握那么丰富的信息，它们这样做只是为了自己的发展。心理学之所以这么做，是因为它害怕因此而损害自己作为一门学科的江湖地位。

对哲学来说，问题在于，想要研究人类**应该**如何思考，就必须广泛了解人类**是怎样**思考的。我们如果对人类心智如何运作缺乏恰当的认识，又怎能为如何更好地运用它开出药方呢？这种药方的最好结果只能是背上不切实际的恶名，最糟糕的结果则是贻误众生。人类的心智几乎不会在纯粹理性的基础上展开，而不带有丝毫情感或者偏见的印记。这样的情况也许只有在思考最抽象的数学或者科学问题时才有可能出现，但是，想要解决任何涉及人事的问题，仅凭纯粹的逻辑一定是不够的。

那么，长久以来，哲学是怎样运用思想实验的？广而言之，思想实验是为了检验认识或理论而设计出的一种想象的、假定的场景。举个例子。请想象一种远距离传送装置，它可以对你实施麻醉、扫描你身体里的每一个细胞、摧毁你的身体，然后在火星上建造一个完美的复制品。在火星上醒来的复制品和在地球上入睡时的你一模一样。在那个人看来，这就好像是**你**刚刚在几百万英里① 以外的地方醒来一般。那么，火星上的这个人是你吗？这个思想实验的目的是检验我们对这类问题的看法：心理生命在完全一样的另一个身体中的延续是否足以保有人的同一性？抑或我们仍然需要那副旧皮囊的存续，就连组成它的原子都要保持不变？

请想象一个与地球完全一样的世界。那里的智人在外表上与我们完全相同，但是他们都是"僵尸"，也就是说，他们统统没有思想意识。如果我们能想象出这个情景，这是否可以证明，单凭我们

---

① 1英里≈1.609千米。——编者注

的身体特征无法解释思想意识？

我很喜欢思想实验，还专门为此写过一本书，记录了 100 项思想实验。不过思想实验存在严重的局限性，丹尼尔·丹尼特将其命名为"直觉泵"。思想实验在激发人类直觉方面表现突出，但是我们无法假定这些直觉可以说明关于这个世界的任何真相。它们并不是论证，它们只是工具——它们会敦促我们思考自己为什么会有这样的直觉、为什么认为这些直觉是正确的，从而让论证转动起来。

比如，你如果觉得自己在上文提到的远程传送中活了下来，那么必须解释清楚，你为什么认为一个人可以在一个显而易见的原有自我的克隆体中继续存在？这似乎相当诡异。你如果认为自己没有活下来，那么必须解释清楚，在一个人持续存在这件事上，你为什么认为身体由完全相同的质料组成如此重要？毕竟人体细胞每时每刻都在更新和变化。

在有些思想实验中，我们无法得知自己的直觉是否带来有用的引导。前哲学博士、音乐家迈洛说过，很多人的问题是他们"不知道自己真正在想象什么"和"甚至不知道它有没有可能发生"。迈洛从事音乐版权许可工作，他的结论带有业界特有的直率："难道你不觉得很多这样的思想实验就是一派胡言吗？"

谈到这个问题，神经学家安尼尔·塞思的措辞要柔和许多。他反对的是其中一种类型的思想实验："可想象性论证"。以上文提到的僵尸思想实验为例。塞思的论证建立在这样的基础之上："如果你能想象出一个僵尸的模样，这意味着你可以构想出一个与地球一般无二的世界，但是其中不存在任何思想意识。如果你能构想出这样一个世界，那么思想意识就不可能是一种物理现象。"[1] 也就是说，我们能想象出外形一模一样的人，他们有些是有意识的，有些则没有。这样一个简单的事实表明，人的身体特征不足以说明他们是否具有思想意识。但是，正如塞思所说："一件事物是否可以被想象，往往是对开展想象的人的一种心理观察，而不是对现实本质的洞察。"我能想象出一架"珍宝客机"倒着飞，但这并不代表它真能做到。我无法想象出量子物理学所描述的绝大部分情景，但这并不代表它们是错误的。尽管我们能够想象出一个外表一模一样的世界，而且其中的人们统统没有思想意识，但这并不能告诉我们它是不是真实存在的。它最多只能说明，僵尸这个概念并不全是信口开河。但是，以此类推，"只吃甜甜圈的健康饮食"同样不全是信口开河。通过思想实验证明我们能否想象出什么，或者连贯清晰地构思出什么，这个简单的事实几乎不能告诉我们事物的真伪。

这些教训同样适用于日常生活中经常用到的假言推理。我们常常问自己，假如我换了工作、了结那段感情、没犯**那个**糟糕的错误、选了某人做总统等，现在会是怎样的情况？生活离不开对这些情景的想象，但是，需要格外注意的是，我们不能把自身想象力的边界与实际或潜在可能性的边界混为一谈。我们对备选可能性的直觉必须接受理性的审视。信念的力量不应该被是否能够想象得到牵着鼻子走。

思想实验在道德哲学领域尤其常用。它们通常被用作启发一般原理的具体实例。奥诺拉·奥尼尔在她影响深远的论文《救生艇地球》（"Lifeboat Earth"）中提出这样一幅想象的场景：我们挤在一艘救生艇上，它有足够每个人使用的空间和给养。任何一个正派的人都会说，没有人应该被扔下救生艇，也不应该断掉任何一个人的口粮。奥尼尔说："身在一艘装备齐全的救生艇上，任何一种致人死亡的食物和饮用水分配方案无异于主动杀人，而非见死不救。"

这带来了一条基本原则："因拒绝给予可用资源而导致他人死亡等同于谋杀。"如此说来，全球任何一种拒绝给予充足资源而造成死亡或者重大疾病的经济或政治制度实际上都是在屠戮生命。即使全世界相对富裕者没有操刀害命，只要参与了剥夺他人基本必需品的体制，"我们也就等同于杀人，而不是简单的见死不救"。

不过，为什么我们会假设自己对这一具体情境的反应揭示了一种更普遍、更可靠的原则呢？心理学家丹尼尔·卡尼曼和阿莫斯·特沃斯基告诉我们，在类似救生艇这种情绪性十足的情况下，我们在与他人面对面相遇时，会通过"系统1"做出迅速的、直觉式的、无意识的决定。它和通过"系统2"做出的缓慢的、理性的、深思熟虑的决定大不相同。哲学家对后者偏爱有加。

类似"救生艇地球"这样的思想实验似乎认为，面对我们应该如何理智地思考这个问题，最好的求解方法是首先运用温暖而情感充沛的"系统1"——而非冰冷而理性十足的"系统2"——来做出直觉反应，再使用"系统2"从中提取合理的原则。但是，作为"系统2"领域的佼佼者，哲学家怎么会容许"系统1"牵着自己的鼻子走呢？

实际上，很多哲学家并没有这么做。有些道德哲学家会从"系统1"式的思维入手，进而提出，一旦它与"系统2"产生的直觉发生冲突，那么直觉即告结束。他们的目标是超越情绪的"扭曲"作用，提出一种理性主义伦理。

这种超理性方法的问题在于，它会对道德的本质横施暴力。我之前提到，我倾向于认为道德是根植于心理的，亚当·斯密称之为"道德同情"。理性本身并不能带来为善的动力。让直觉肆意摆布道德原则也许是一种执迷不悟，但是，把建立原则的重任完全交给逻辑思维似乎也是误入歧途。我们需要的是一种更好的方法。我们要依靠它来理解所谓"理智"与"情感"之间的关系——目前，我们对这两者的界定过于整齐划一。对有序的头脑来说，这两种力量并不是死对头——要么东风压倒西风，要么西风压倒东风。恰恰相反，它们之间存在某种对话，情绪也可以是理智的——就像斯坎伦指出的那样。

在斯坎伦看来，情绪这一分类通常就像"一个大篮子，每当遇到辩无可辩或者任意武断等情况时，人们就把它们放到这个篮子里"。他认为，事实上，"大多数的情绪体验，例如愤怒或者仇恨等，相当于赋予自己去做各种事的理由。"这些作为理由的情绪并不总是合乎理智的，但是它们对批判和分析敞开胸怀。斯坎伦说："打个比方，我憎恶某物，这就等于人为地授予自己一个理由去报复它。但是我真的有理由这么做吗？"这句话问到了关键。愤恨有时是正当的，比如，有人在工作中抢了你的功劳，或者业绩不如你的人升职加薪，唯独你两手空空；有时它约等于嫉妒，算不上是正当的。同情绪绑定在一起的判断要接受理智的监督。斯坎伦因此指出："我认为，我们应该抛弃把理智和情绪割裂开来的错误思想。这种思想认为理智是理智，它更合乎逻辑；而情绪是情绪，它比较个人化。"

17世纪的法国通才布莱士·帕斯卡说过："心灵自有其理由，理智对此一无所知。"这句论述也许是对的。不过心灵的很多理由实际上是可以被理智认识的，甚至可以由理智来塑造。一旦发现偏见是毫无根据的，人们就可能消除偏见；一旦人们得知对方的不可爱之处，爱情就可能消减；更深的理解也可能带来更多的怜悯。我们要特别注意，不能在所思与所感之间画出一条过于简单的分界线，好像只有心灵才能感动我们，而头脑是个没有偏私的、善于分析的观察者。我们应当勠力追求（虽然永远无法完全实现）的理想是让自己的情绪和信念和谐融洽。如果做不到这一点，那么思想和情感同样都要面对失败。如果你的思想不能促使你按照观念中应有的样子行事，那就证明你的思考没有达到应有的出色或清晰程度。举个例子。假如你从未赞同过男尊女卑的看法，可是你在对待女性时表现出这一倾向，那就说明你并没有真正理解性别平等。你的思想出现了一种类似短路的问题，需要得到修理。

这并没那么容易。我们可以改变，可以"吃一堑，长一智"，可以做出选择，也可能制造惊喜。人类也许可以算作"生物机器"，但我们并不是被预先编好程序的机器人。尽管如此，也许我们仍然高估了人类可塑性的程度。我们有时会一厢情愿地思考，并强烈地想要否认人类行为和自然界的其余一切同样需要服从因果律。它们可能让我们对大量强有力的证据视而不见，无法认识到下面这个道理：鉴于人类的种种特征，我们过去的行为方式是未来行为方式的最好向导之一。

我们在思考人类群体时，这一点表现得最为明显。以第二次海湾战争为例。美国及其盟友本该从历史中得知，入侵一个因种族分裂而分崩离析的国家，并在那里从零开始打造一个民主政权，这样的做法从未有过体面的结局。然而他们还是千方百计地说服自己：此次不同于以往。

或者问问自己：既然非约束性协定从未有效减缓温室气体的排放，那么，指望它们在未来突然发挥作用算是一种理智的想法吗？如果一场政府间会议的各方宣称"此次不同于以往"，我们不敢轻信他们所描绘的蓝图，这难道有错吗？

在预测未来时，我们必须找出哪些地方与过去的事例相对不同。凡是在涉及人类时，无论是全体还是个人，我通常会比较悲观地认为，我们不能仅仅宣称自己变了，还应为此负起举证的责任。未经证实地相信他人算是一种善意的举动，但不是理性的行为。

让我们来思考一个平淡无奇的例子。乔曾连续三次创业，每次都以失败告终，而如今正在筹备第四次创业。忧心忡忡的朋友和银行经理们端详着她的创业履历，找不到理由足以相信她的运气会变好。乔说，她从过去的失败中吸取了很多教训，这一次创业必定成功。对乔来说，她可能面临的风险在于自我欺骗和一厢情愿的思考，其他人所冒的风险是过分地根据之前的情况——而不是当前计划的优劣——对乔做出判断。没有一种关于吸取过去经验的总体原则能告诉我们谁是对的。但是，如果能多一点儿怀疑精神，就能多对一些、少错一些。在这个例子里，举证责任在乔。她要说明这一次为什么不同于以往。人当然会改变，但是我认为，只要诚实无欺地对证据加以审视，你就会发现，人的改变并不像我们想象的那么大、那么频繁。

心理学知识有助于审慎地评判一个人克服思想积习的能力。很多杰出心理学家的作品广受欢迎，例如丹·艾瑞里、丹尼尔·吉尔伯特、丹尼尔·卡尼曼和伊丽莎白·洛夫特斯等。得益于优秀心理学作品的普及，人们纷纷意识到，大量的认识偏差系统性地扭曲了我们的思维。[2] 这种意识有时甚至是**过火**的。斯蒂芬·平克曾经感叹："社会科学和媒体把人类描绘成不合时宜的原始人，时刻准备着用一系列的偏见、盲区、谬误和错觉来对付藏在草丛里的狮子。"[3] 我们还经常听到人们说，理性只是一种幻想，它不过是用来为我们的偏见、本能和成见提供合理的解释罢了。

我们无须如此悲观。心理学家揭示了很多这类偏误。这一事实本身就证明，理性具有揭露错误和错觉的力量。虽然认为人类能够完全战胜自身局限性的想法是天真幼稚的，但是我们至少可以更多地了解心灵对我们玩弄的把戏，从而让自己的思考更上一层楼。

以证真偏差为例，它是一种倾向性，在它的作用下，人们往往只注意那些有利于自身观点的证据和论证，对不利的证据和论证多加掩饰。最近也有人称它为"我方偏差"，以此强调我们寻求确证的范围只是为了契合自己的意愿。[4] 举个再典型不过的例子，有些人对一些中草药未经检验的疗效深信不疑，他们会紧紧抓住每一个"某人服用它之后病情好转"的传闻，同时对服药无效以及研究证明它无异于安慰剂的事实置若罔闻。同样被他们置之不理的明显事实还包括：大多数人会自己慢慢康复。对这种康复的最简单解释是自然的"均值回归"，即任意系统都有向着正常的均衡状态回归的趋势。这种回归通常是在症状临近最糟糕的顶点时开始的，这正是大多数人开始服用那种"灵丹妙药"的时候。有人倾向于选择比较站不住脚的说法，即草药发挥了作用，因为这是他们希望听到的解释。如果我们觉得自己知道正确的结论应该是什么，那么，无论多么糟糕的论证，只要是对此有利的，看上去都会更言之有理。

你可能认为，如哲学家一般思想缜密的人应该能克服这种显而易见的缺点。实则不然，哲学只会让人们变得更巧言善辩，因为高度发达的推理能力可以帮助人们想到旁逸斜出的论据，为任何自己的看法与现实之间明白无误的抵牾提供解释。休谟早已指出这一点，比现代心理学家早了几百年。休谟这样写道："如果不对哲学的热情加以勤谨的管理，它也许只会孕育出一种更占优势的倾向性，把人的心智更加坚决地推向另一端——由于偏见和自然性情对其的偏爱,那一端早已更加得势。"由此而来的结果只能是使之"合理化"而不是证实其"合理性":头脑"天生的懒惰"会"寻求一种假装的理性,为完全的、不受限制的自我放纵寻找借口"。[5]

为此找到毫无争议的例子颇为不易,因为哲学家极为睿智,以至他们使之"合理化"的论证可能比有些人乏力的理性推理还要精彩。尽管如此,我还是相当肯定,理查德·斯温伯恩对"罪恶问题"提出的解决办法纯属使之"合理化"。何谓罪恶问题?它说的是,考虑到这个世界存在太多无端的痛苦折磨,所以它似乎不可能是由一位全爱、全知、全能的上帝统辖的。要么上帝不知道这些没来由的痛苦,要么他不在乎这些痛苦,要么他无力阻止它。无论是哪种情况,都势必改变了上帝在人们心目中的原有印象。

解答这个问题的尝试被称为神义论。最流行的神义论提出,痛苦是不可避免的和必要的,因此,即使是最理想的世界也存在痛苦。斯温伯恩因此把疾病引发的折磨称为"磨砺珍珠的沙砾",认为它为人们带来"展示其勇气、耐性和同情心"的良机。至于那些在无谓战争中送命的人,例如索姆河战役中遭到大规模屠戮的士兵,他们的死没有换来丝毫战略上的益处。而斯温伯恩强调的是它对发号施令者的益处:"如果他们做出了错误的决断,有些人就会因此遭殃,仅仅因为这一点,所以他们做出重大决策失误的可能性是存在的。对于身在索姆河的士兵来说,他们的生命是有价值的,因此他们让很多人拥有做出重大决定的可能性。"

也就是说,斯温伯恩认为,只要人人为自己的行为负责,即使做出糟糕透顶的事,这样一个世界仍然对每个人大有好处。我们的生命通过这样一种方式有了用处,就算它被滥用得一塌糊涂,我们仍然应该感激涕零,因为"这不仅对他人有益,而且对他人有益就是对**自己**有益"。

这让我不禁毛骨悚然。在他向我提出这番高论时，我感到一阵道德性的反胃——如此可怕的痛苦在他眼里完全是美好的、让人乐观的、予人希望的。我不明白他是怎样心安理得地说服自己的。人类和动物所忍受的可怕痛苦如此真切，让人触目惊心，例如酷刑、性虐待和严重的疾病等，而其中大部分与错误决策及其后果毫无关系。在我看来，这是对推理的力量最糟糕透顶的表现。为了保全先入为主的成见，它让我们深信不疑地把残忍的暴行说得堂皇而合理。我反倒对一些宗教信徒倾慕有加，他们无法自圆其说，把这世上一切的罪恶解释得合乎情理。尽管这与自己对广施仁爱的上帝的信仰相矛盾，但他们情愿与之共存，并且甘受其扰。

与证真偏差做斗争谈何容易，不过，自我觉知虽然无法根除它的影响，至少可以对其稍加削弱。我们应该多问问自己这个问题："这项论证真的像它看上去那样出色或者糟糕吗？还是我一厢情愿地希望它如此出色或者糟糕？"只要能养成这个好习惯，我相信，我们在想要一项论证成立或者无法成立时就能轻松地发觉这一倾向。如果不想认同一个人，也许他还未开口，我们就早已准备好嘲弄他；如果倾慕一个人，也许他还未发言，我们就已经满怀期待地想要听到或者读到他的表达。对我们观点的挑战让我们充满戒心，而对它的支持让我们怡然自得。这些警示信号应该让我们警觉，检视自己的推理过程，想一想那些不带偏见的人会怎样理解它。

我们还要着重消除另一种"扭曲"，那就是内隐偏差。强有力的证据表明，我们会受到刻板印象和偏见的影响。人们对这一影响的深度和广度存在争议，它通常存在于无意识层面。这种偏差的力量之强，甚至可能对一个人的自我认知产生消极影响。例如，有人把200位女性分成两组,进行一场数学测试。第一组被告知,该测试是一次实验的一部分,目的是研究为什么男性在数学考试中的表现通常优于女性;第二组被告知,那只是一场有关数学成绩的普通实验。结果,受到刻板印象(男性比女性的数学成绩更好)影响的第一组平均成绩约为80分,而第二组的平均成绩高达近90分。也就是说,仅仅是得知一种消极的刻板印象,就足以形成自我应验的预言。[6]

你可能认为,哲学家那么聪明,永远不可能在如此愚蠢的刻板印象面前栽跟头。然而,有人在网站上提出这样一个问题:"哲学圈里的女性感受如何?"很明显,对这个问题的回答"不断地与性别歧视迎头相撞"。下面选取一段最典型的证词,它来自一位在读哲学女博士(她遇到的情况远远不是最糟糕的):

> 说到教室里的气氛,我发现,只要是男生提出的问题或评论,总会受到更多的欢迎。如果有女生提出一个问题,或者发表自己的看法,她的发言通常会:(1)遭到误读;(2)被视为无趣,不值得关注或展开;(3)在草草讨论几句之后,被男生重新提出。不知道怎么回事,男生可以让同样的问题得到更多的关注。在讨论问题时,我几乎从未听过哪位教授(他们也都是男性)表扬女生对学术讨论的贡献[7]。

教授们并不是有意歧视女性,他们在无意间把女性看得没那么重要。说出这段话的那位女性也必须在提出控诉时克服"爱发牢骚的女人"这一内在的刻板印象。这会让她不禁想知道,自己是否沦为了证真偏差的牺牲品,是否把别人无害的举动误读为本不存在的歧视:"我常常觉得自己也许是在寻找一些本不存在的东西,或者看到一些并非真正存在的模式。我从内心深处感到这些都不是真的,却无法充分相信自己的感觉。"如此看来,那句"审视你的特权"的口号只说对了一半,我们还要检视特权缺失所造成的影响。

从历史上来看,只要遇到性别平等问题,哲学总是显得迟钝而落后。我强烈地怀疑,一部分原因在于哲学家对自己明辨事理的能力过度自信,以至忽视了自己陷入内隐偏差的可能性。这种自我觉知的缺失恰恰是内隐偏差大行其道的原因所在。

纠正内隐偏差非常困难,因为它在本质上是无意识的,这一点和证真偏差非常相似。不过我的体会是,只要认识到这些扭曲变形的普遍存在,我们就可以监督自己,更多地发现它们——即使不是每次都能做到。比如,我如果正在对一位女性提出意见,就会问自己:如果一位男性表现出同样的不足之处,我会用同样的方式责难他吗?虽说这样的自我检视不够尽善尽美,可是总好过不做检视。

简言之,一项论证坚如磐石也好,错漏百出也罢,关于这一点的知识无论怎样丰富,它本身都无法保证任何人免受认知偏误的影响。我们还需要自我觉知和自我认识,而我们必须通过努力才能获得它们。我们不应该依赖那些似乎可以一眼看穿的事情,必须跳到圈外、反观自我。心理学教给我们诸多关于隐藏的思想源泉的知识,我们应该从中汲取养分。我们必须熟悉自己的敌人,尤其当它隐藏在自己内心深处的时候。

话说回来,有时我们必须克制自己,不要过多倚重心理学——必须抵制心理学化的诱惑。心理学化表现为,认定人们的论证建立在心理动机的基础上,而且这些动机通常是隐而不显的。它的诱惑力极大，因为人们实际上确实倾向于动机性思维：相信我们想要相信的，留意那些结论与我们的期望相符的论证。同样确实的还有，我们的动机常常是无意识的、受情绪操纵的，但这并不代表我们善于了解他人身上类似的无意识驱动力量。

想要理解心理学化的吸引力和弊端，可以看看西蒙·克里奇利对虚无主义和悲观主义——19世纪的叔本华和今日的约翰·格雷是其典型代表——的吸引力的阐释："这种对时代的诊断具有不可思议的诱惑力。它让我们从自身的凄切处境中感到一阵强烈无比的兴奋。没有什么比得知事情糟透了、完全无可挽回了更令人激动。格雷的《稻草狗》是一本令人既兴奋又沮丧的书。我认为，它之所以成功，是因为人们在某种意义上想要绝望带来的抚慰。"

这一说法多少有些道理，不过克里奇利的解读完全没提到格雷的论证是否牢靠。心理学化总是试图以这种方式避重就轻。虽说"大多数人在大多数情况下会采用动机性思维"是个不无道理的假设前提，但它并不能证明任何一项具体的推理实例是不成立的。只要这项论证站得住脚，那么它是不是动机性思维的结果并不重要；如果它站不住脚，那么它的错误理应显而易见，是否了解它背后的心理动机同样无关紧要。

理查德·斯温伯恩曾经恰当地纠正我在这一点上的错误认识。他的几种哲学立场如今几乎成了有神论者的专属认识，例如：人拥有非物质性的灵魂；有证据表明，全爱、全知、全能的上帝是存在的等。我因此直截了当地对他说，他的论证看上去很像动机性思维的产物，因为如果没有对基督教有神论的笃信不疑，他似乎不可能提出并深信这样的观点。那些显然不可阻挡地把他引向某些结论的论证无法在别人身上产生了同样的作用。

我现在仍然认为自己是对的。但是斯温伯恩指出，这个问题是无从论证的，而他的说法同样没错。他说："我也可以反其道而行之，指出人们矢口否认近在眼前的东西，唯一的原因是受到这个时代物理主义教条学风的迷惑。我们每个人都可以玩这样的逻辑游戏，但它无法为我们带来丝毫进步。我们对论证的考量必须集中在它本身的力量上。"

实际上，斯温伯恩是在指责我犯了"人身攻击谬误"，即攻击一项论证的提出者，而不是论证本身。人身攻击谬误属于"发生学谬误"中的一种类型，"发生学谬误"指的是，把对一项论证的批判建立在其漫漶不清的起源之上，而不是批判该论证本身。比如，从指导科学发展的意识形态来说，苏联和美国根本不同，但这恐怕无法成为抹杀苏联科学家工作成就的理由，诺贝尔奖获得者尼古拉·谢苗诺夫就在化学领域做出突破性贡献。攻击论证提出者或者论证起源的做法无法触及论证本身的实质。我可能充满了恶毒的动机，但是，如果我提出了一项圆融的论证，它就是一项圆融的论证。

为人身攻击辩护是不对的，这是人人都懂的道理。但人们——包括哲学家在内——并未因此停止这一做法。而且我发现，人们的这一错误几乎都出在心理学化上面：人们自以为发现了一项论证的动机，并且认为这一动机破坏了该论证的可信性。比如，瑞·蒙克为罗素写过一本批判性传记，结果很多人指控他在撰写这本书时怀有不可告人的目的。蒙克否认了这些控诉，他还特别指出一项"非常下作的"评论。它来自蒙克的同辈安东尼·格雷林。格雷林说，蒙克"发现自己面对着一种可怕的情况：有人出很多钱请他为一个自己深恶痛绝的人作传——他直到兑现那张支票时才发现传主是谁"。⁸ 蒙克说："这纯属胡编乱造。大部分令我震惊的事情是我在调研时发现的。"

阿米娅·斯里尼瓦桑是当代哲学界冉冉升起的一颗新星。她在一次采访中语出惊人，落入了心理学化的窠臼：

> 排斥跨性别者的女性常常是顺性别女同性恋者。这些人有充分的理由对自己的身体感到不满，这是因为，在同性恋恐惧症气氛浓重、异性恋占主导的文化里，她们会遭到异样的解读。她们已经学会了对付这种挫败感的特有方法，并对任何人以不同的方法看待这个问题深恶痛绝。⁹

当时采访她的雷切尔·库克表示："对我来说，一个对平等自由深感兴趣的人竟会如此脸谱化整整一类人（女同性恋者）。这简直匪夷所思。"你可能会为斯里尼瓦桑辩护：这并不是她针对排斥跨性别群体的女同性恋者的**论断**，而是对她们所犯错误的心理学阐释。在这个情境里，心理学化会带来一种臆断的"错误理论"：它解释的对象是"什么把人们带入歧途"，而不是"人们的错误是什么"。即使如此，斯里尼瓦桑的说法也是明显的臆测，是令人难以置信的、过度概括的和无从验证的。这样的意见还是少一些为妙。

有一种心理学化有时可能产生恰当的作用。20世纪70年代末，珍妮特·拉德克利夫·理查兹在撰写她的经典著作《怀疑派女性主义者》（*The Sceptical Feminist*）时阐发了一种思维方式。它与认知行为疗法（CBT）的原理非常近似。它的主旨思想是，我们可以探究哪些假设能让人们的行为或者结论合乎理性，以此来理解人们的说法和做法。它会提出一个关于人们真正想法的假设前提，供我们验证。理查兹为此给出的例子是，人们尽管口口声声说自己信奉平等，但是仍会反对给予女性平等的权利。只有在假定他们仍然认为不同性别之间存在根本差异的前提下，这些差别对待才能说得通。然而，就像认知行为疗法不会由治疗师来说出患者自动的或者内隐的想法是什么一样，理查兹的这一方法带来的只是可能的解释，它们还有待探究和验证。

这种心理学化的解释是合理的，但是作用有限。它告诉我们，对于"因人废言"的绝对禁绝是误入歧途的。不仅如此，人们不断违反"不许因人废言"这一传统，我认为，这也说明了人们知道它是怎么回事。比如，几年前，我在一次会议上谈到了动物伦理问题。我当时想说明的是，虽然有些人杀死并吃掉动物，但是他们和动物之间可能同时存在深刻而充满尊重的关系。我举的一个例子是海明威《老人与海》中的那位男主人公。等到会议进入讨论环节时，一位德高望重的哲学家举手示意。在提出问题之前，他先说了句"顺便一提"——这类词语表明，发言者知道自己的反对意见不会被采纳，他接着说，海明威曾经把玻璃碴拌在肉里喂一只狗，还对人吹嘘，他眼看那只畜生痛苦挣扎了一天多方才死去，因此我们不该把海明威视为人与动物相互尊重的模范代言者。随后他才提出了自己"真正的"反对意见。

让我震惊的不只是它是"人身攻击谬误"的一个异乎寻常的例子（因为我在论证中援引的是海明威创作的一位虚构人物，而不是海明威本人），还在于反对者**明明知道**那是一个算不上合理的反对意见，但还是说了出来。为什么？我无从得知。但是，总的来说，我认为无论人们如何堂皇地反对"对人不对事"的论证，大多数人还是感到，在评判一项论证时，提出者的人格**确实是**一项紧密相关的数据——至少有时候是如此。我还认为，我们这样想是对的。在这个例子里，它意味着，虽然海明威的书也许看上去说明了人与自然的深刻联系，但是我们理应质疑他作为见证者的可靠性，并且不禁想知道，我们是不是在某种娴熟文辞的作用下成了愿者上钩的人。这段话里并不存在人身攻击谬误，因为它并不想证明论证是错的，它只是给大家提个醒。

这两者之间的差别极其微妙，但又极其重要。说到底，论证和证据终究要依靠自己的力量才能成立。但是，如果多种迹象表明，论证提出者也许怀有强烈的个人目的，或者他不像我们想象的那么可靠，那么我们对这些迹象的忽视就是愚蠢的。同样的道理，他人深藏不露的心理动机过于隐晦，我们不敢说自己对它们洞若观火。可是为什么有些事看上去明显是不对的，做它的人们仍然对其深信不疑？对这个问题的兴趣既是自然而然的，又是健康有益的。只有我们把它与纯粹的对立论点搞混时才会出问题。

我们既要考虑动机，又要评判论证本身，不过这两件事应该分开进行。说到这一点，一个很好的例子来自那个既实用又可能让我们分神的问题："谁在受益？"（Cui bono，此处为拉丁语。）想摸清事实的真相，最好的办法往往是"循着金钱的足迹"——无论是不是按照字面的意思来理解，这个方法通常都很有用。如果有人说禁止香烟广告无法削减香烟的销量，而且这些人来自烟草公司，我们就要当心了。

有的时候，仅仅是某个事物出现在新闻里这样一个简单的事实就足以引起我们的疑问：谁因此获益？澳大利亚政治战略顾问林顿·克劳斯比因为倡导"死猫战略"而臭名远扬。克劳斯比的主顾比他更擅权谋，比如时任英国首相鲍里斯·约翰逊：

如果有人把一只死猫扔到餐桌上，有一件事是绝对肯定的——我说的不是人们会被激怒、被吓一跳或者觉得很恶心。这些都对，但不是我要说的重点。我的澳大利亚朋友说，重点是每个人都会高声叫喊："天哪，快看呀哥们儿，桌上有只死猫！"也就是说，人们会谈论那只死猫——那正是你希望他们做的。这样一来，人们就顾不上谈论那个让你头疼的问题了。

2015年英国大选期间，时任英国国防大臣、保守党政治家迈克尔·法伦曾经看准时机扔出过一只"死猫"。有人说，当年保守党能赢得大选，法伦功不可没。作为保守党的对手，英国工党本来在之前的民意调查中一路攻城略地，直到法伦突然声称，为了保障与苏格兰民族党之间的联盟协议，工党正在准备削减英国的核武装力量。法伦手上没有证据，但这并不重要。这一控诉迅速占据了各大头条，人们纷纷把注意力集中在国防问题上，而国防恰恰是工党的软肋——这是人们长期以来的看法。法伦的"高招"不止于此，他进一步扩散虚假控诉的疑云，把爱德华·米利班德拉进了这趟浑水。米利班德曾经击败了自己的哥哥，当选为工党党魁。法伦说："为了当上党魁，米利班德不惜在亲哥哥背后捅刀子。事到如今，为了当上首相，他还会从背后捅英国的刀子。"尽管民意调查的形势非常不利，保守党还是如愿以偿地获得了胜利。即便对法伦"扔死猫"的影响略有夸大，它也是这一策略发挥作用的明显例证。

仅仅知道谁在受益并不足以告诉我们一项主张的真实性。追问"谁在受益"是有风险的，这和"人身攻击谬误"非常相似。它无法正面解决论证问题，而且要冒着起源谬误的风险——攻击某事物的起源，而不是攻击其本质。再想想美国的阿片类药物危机。究竟是谁从止痛药处方的迅猛增长中获益？当然是制药企业。可是制药企业的产品数不胜数，随便哪种药物走俏都能带来收益。既然所有药物都是制药企业生产的，难道我们应该认为它们都是毫无疗效的吗？在"疫苗犹豫"问题上，"谁在受益"这个问题同样可以迅速形成论证，不过是非常糟糕的论证。

追问"谁在受益"的习惯可以警示我们这样一个事实：从对米利班德的毁谤中，法伦能获得巨大的既得利益。当然，大选活动中的每项宣言都是经过精心设计的，都是为提出者谋利的。谁也不会发表伤及自己的言论。但这并不代表人们说的一切都是假话。因此，在政治语境中，"谁在受益"这个问题可能让我们怀疑一切，但是无法帮助我们排除什么。"他们会那么说"并不代表"那是假话"。

有人如果言之凿凿地把"知道谁在受益"直接说成"受益者即犯罪者"，那他就是在运用这项原则时犯懒，有选择性地使用它，因为这项原则的一致运用会造成自相矛盾的结果。制药企业声称，其疫苗有效率为85%。他们当然会这么说，不是吗？而声称疫苗杀人的怀疑论者也会说同样的话。生物科技企业会说，转基因作物是安全无害的，但是环保主义者会说它们是不安全的。

要留意论证背后的心理驱动因素。这是一种有用的方法，它可以把我们的注意力引向理应留意的原因，或者帮助我们理解为什么在我们看来如此软弱无力的论证会对别人产生那么强烈的吸引力。不过，由于我们对心理动机的假设在本质上常常是推测性的，一般来说，它是应当被避免的。我们有时过于自信，自以为发现了别人的动机，实际上可能连自己的动机都不太清楚。因此，对隐藏动机的忖度最好留在私人谈话的范围内，留给自己慢慢琢磨。发挥心理学力量的更好方法是小心注意各种偏误和扭曲，避免它们干扰我们的思维。

如何发挥心理学的力量？

- 检验自己的直觉，不要用直觉检验信念。
- 在做出假设时，不要把可能的想象和现实情况混为一谈。
- 不要把情绪和理智割裂开来。要善于发现隐藏在情绪中的判断，运用理智来协助管理它们。
- 给别人机会证明他们的改变，但要记住，举证责任在对方。假如你认为人会在根本上保持不变，你通常是对的，当然偶尔也有例外。
- 警惕证真偏差，即寻求和记住那些对自己观点有利的证据，对不利于自身观点的一切统统视而不见。
- 检视自己的特权以及特权的缺失。无论我们是消极刻板印象的延续者还是受害者，内隐偏差都在影响我们每个人。
- 切忌心理学化。许多思维的源泉和感受都是隐而不显的，但是，每个言之凿凿地说明它们是什么的人都是值得怀疑的。可以对人们的心理动机保持好奇，但最重要的还是要听其言、观其行。
- 要避免"人身攻击谬误"，即攻击论证的提出者，而不是论证本身。把论证提出者的人格或者动机当作警示信号并没有什么不妥，但是不能把它们当作反对他们的扎实论据。

- 要避免"起源谬误",即攻击一种思想的起源,而不是思想本身。
- 追问谁在收益、追踪金钱的足迹,但要切记,"他们会那么说"并不代表"那是假话"。

[第八章]

捕捉重点

CHAPTER EIGHT

他是个聪明人。不过聪明人不一定做聪明事。

——陀思妥耶夫斯基,《罪与罚》

哲学家总是喜欢开一些无厘头的玩笑。这些玩笑有时会演变成严重的事件,甚至可能扼杀别人活下去的意志。我还记得一次这样的糟糕经历。当时我正在听一个讲座,它主要谈论一篇名叫《打扫门庭与杀人时间》("House-cleaning and the Time of a Killing")的文章。它开篇的第一句话干涩无比:"朱迪思·贾维斯·汤姆森指出,明确一次杀人事件发生的具体时间是很困难的。"下面就是所谓的问题。

假设巴格西开枪打了娃娃脸,娃娃脸被紧急送往医院。警察在抓捕巴格西时击毙了他。几个小时之后,娃娃脸也死了。那么请问,巴格西是在什么时间杀死娃娃脸的?答案肯定不是开枪时,因为当时娃娃脸并没死;但也不是娃娃脸咽气时,因为那时巴格西已经死了,死人怎么可能杀人呢?所以杀人时间似乎是无法确定的。但是娃娃脸被杀又是确凿无疑的。这么大的事怎么能说没有发生呢?[1]

如果你对巴格西枪杀娃娃脸这件事深深着迷,可能是因为你很喜欢破解逻辑谜题。这没什么大不了的。但是在我看来,问题显然是由语言造成的。在这个例子里,发生了什么和什么时间发生并不存在根本性的难题。我们可以完整地画出整件事的时间线。只有当你坚持要在这条时间线上找到一个点,用来标记一个叫作"杀人"的事件时,问题才会出现。如果这样做,这个问题就变成了"谁能说出看似最有可能的杀人方式"。比如,朱迪思·汤姆森提出,行动可能在其组成部分中包含非行动的事件。杀人就属于这种事件,它从枪击那一刻开始,持续到娃娃脸死亡那一刻为止。

但是,如果我们毫无根据地假设,每当使用一个如"杀人"这类表示事件的名词时,它必定指称一次发生在确定时间的事件,那就人为地造成了一个问题。实际上，我们使用的事件名词并非都有精确的时间界限。比如启蒙运动就没有确切的开始时间，因为托马斯·霍布斯的《利维坦》没有确切的出版日期。部分原因在于我们不能说一本书是在哪一分哪一秒出版的。因为"出版"不是一次离散的事件，而是一个没有确切开头和结尾的过程。只要知道什么时间发生了什么事，我们大可不必苦苦纠结巴格西到底是在哪个时间点上杀死了娃娃脸。这看上去很像是一个典型的范畴错误：我们遭到了语言的戏弄，把"杀人"视为一次发生在确切时间点的事件，在这个例子里，它实际上是一种简略表达，用来描述一个随着时间的推移逐步展开的过程。

我也可能是错的。人们可能有更充分的理由需要精确地知道"杀人"这类行为的确切发生时间，只不过，像我这样坚持形而上学的笨蛋看不出来罢了。但是，如果有人严肃认真地看待这个谜题，那应该是因为他们多少明白为什么它那么重要。否则它只能"明显是个英语填字游戏"。这是琼·贝克维尔用来形容大部分当代哲学的评语，她还补充说："它们中有一部分算是很出色的游戏，所以有些人玩得不亦乐乎。"这种"不务正业，把智力游戏当成事业来追求"的感觉让瑞·蒙克心灰意冷，所以他早在20世纪80年代初就离开了学术圈。他的一段话与贝克维尔不谋而合："我赫然发现，一个人从这些问题中获得的乐趣肤浅至极，它的深度不会大于一个人做填字游戏时获得的乐趣。"

我最敬仰的不少哲学家都曾坦承，他们发现很多哲学纯属无稽之谈。我不知道你有没有在别的学科里遇到过这样的情况。人们也许发现自己的热情在于理论物理，而不是实验物理；在阿兹特克历史，而不在诺曼历史；在人文地理学而不在自然地理学。但是几乎没人会把自己失去兴趣的二级学科说成是白白浪费时间。空谈之于哲学就好像老鼠之于城市：它们相隔的距离从来不会超出几英尺[①]。

蒙克对大部分哲学的价值拷问并不是个孤例。二战期间和之后的一段时期里，玛丽·沃诺克在牛津大学遭遇过一种"非常琐碎"的道德哲学。它让沃诺克身心俱疲，沮丧不已："我印象最深的是普理查德。在战前的牛津大学，他是一位极具影响力的哲学家。他关于道德哲学的著作中充满了诸如此类的问题：我是否有权了解家庭成员的近况？只是把信投递出去，你算是完成了自己的责任吗？还是要等到对方收到这封信时才算完成？"

沃诺克、菲利帕·福特、玛丽·米奇利和艾丽丝·默多克等哲学家让道德哲学重新回到人间。这同她们都是女性哲学家有关系吗？就算是，那也不是本质上的生理性别差异造成的。"大男子文化"不是用显微镜观察染色体就能发现的，但它仍然是真实存在的。沃诺克指出："只有男人才会琢磨凭虚飞升、腾云驾雾这些东西。我确实认为，女性不太可能心甘情愿地花时间玩这种哲学游戏。在我看来，很多哲学都是儿戏。"无独有偶，玛丽·米奇利也曾抱怨，大学里充斥着"一心想要出人头地的青年男子。人们不可避免地'卷'了起来。赢得争论的把戏变得非常重要，搞哲学的人非要拥有律师般的嘴脸不可。我相信，如果这个圈子里有更多女性，情况一定会好很多"。

只要乐意，我们也可以玩智力游戏，但是不能把它和正经学问混为一谈。就像哲学家尼古拉斯·雷歇尔说过的那样："很明显，如果把控不好重要与次要之间的区别，人类既不能透彻地理解科

[①] 1 英尺 =30.48 厘米。——编者注

学,也无法成功地讲授科学或者有效地实践科学。"[2]

把琐碎的事情误认为是重要的,把空洞的事情误认为是充实的,把无足轻重的事情误认为是要紧的,这并不是哲学界的专利,任何领域的任何人都可能犯这样的错误。以商业界为例,对重点工作的错误假设常常导致管理者和员工在无关紧要的事情上投入太多时间和精力。人们可能花很多时间思考新网站的设计细节,而用于思考产品功能等核心问题的时间太少。毫无意义的会议占用了太多的时间,因为人们就知道开会。很多的重建弊大于利,因为那些新的、更好的体系所带来的益处远不及颠覆原有体系所造成的破坏。

就像有些东西会被赋予过高的意义,有时重要的事情会被人们视为琐碎的并遭到忽视。在伊格纳兹·塞麦尔维斯发明医护人员消毒流程之前,外科医生是否必须在做手术前洗手被当作一件不重要的小事。有些房贷条款的改动极其微小,然而,在2008年金融危机期间,随着次级抵押贷款危机愈演愈烈,这些改动却造成了毁灭性的影响。

抓大放小,发现值得进一步深思的重点,放掉不值得过多思考的对象,这是一种至关重要的思考能力。惯性和积习常常会阻碍我们做到这一点,把我们的精力误导到错误的方向上去。真正重要的问题也可能旁逸斜出,生出无关紧要的问题。所以,我们要习惯性地追问一句:"我真的应该思考这个问题吗?"这种习惯是避免跑题的好办法,它最简单,也最有效。

提醒一点,"重要的"并不总是"有用的"。物理学家艾伦·索卡尔因为发表了一篇恶作剧式的学术论文而名声大噪。这篇论文戏仿了后现代主义科学方法,打击面相当广。不过他从未反对过科学哲学,也就是将科学事业的本质加以理论化的哲学。他还引用了理查德·费曼的名句"科学哲学对科学工作者的用处就像鸟类学对鸟的用处一样大"。但是,就像索卡尔说的那样:"鸟类学的出发点并不是对鸟有用。"因此,费曼的话不一定是对科学哲学的贬损。"无论科学哲学对科学家是否有用,它说明了科学家的工作。就算科学哲学对科学家完全没有帮助,它仍然是有用的,因为它对哲学有所贡献。"

为了理解而理解也是有价值的,但是,如果只是在高度人为的哲学体系中理解少数几个概念,那就是没有价值的。优秀的思想者不会用同样的气力思考一切。他们懂得什么重要,什么不重要。

没有人会明知故犯地思考没用的事,但是我们有时会过于轻率地接受那些对别人来说很重要的事,而实际上它们对我们是无关紧要的。我们忘了,对于"什么是真正重要的",每个人各有不同的判断和推想。以气候变化为例。对很多人来说,工作的重点是阻止全球变暖,如果能逆转它更好不过。如果这就是重点,那么我们就应该考虑对它有所助益的一切,包括核能、碳捕获与封存以及碳税等。既然如此,为什么那么多"极端环保主义者"与这些措施(甚至全部措施)势不两立呢?因为对他们来说,另外一件事同样重要,甚至更重要——他们希望人类社会能从根本上改变与大自然的相处方式,因此,他们旗帜鲜明地反对那些保护全球市场经济的措施,即使它们有利于阻止全球变暖。如果我们放任自己,认为这些人的重点对别人来说同样重要,那么关于气候政策的讨论就会出现南辕北辙的相互误解。

一场讨论的重点是什么?没有一种算法能告诉我们答案。因为一件事"重要与否"是相对于人们对其的兴趣而言的。基本上,抓住重点就是要集中注意力,注意辩论的用词、历史和背景有没有让自己分心。实际情况大抵如此。

说到这一点,丹尼尔·丹尼特在他关于自由意志的著述中为我们带来了绝佳的例子。他关于这一主题的首部著作《活动空间》(*Elbow Room*)的副标题为"值得渴望的自由意志类型"。这个副标题抓住了问题的精髓。关于自由意志的概念五花八门,丹尼特指出:"定义那些我们无法拥有的自由意志类型简单得像过家家一样,问题在于,定义它们有什么用呢?"

比如,杰瑞·福多在一篇评论丹尼特《自由的进化》的文章中写道:"人想成为夏娃在伊甸园里偷吃苹果之前的样子,享受完全的自由,想做什么就做什么。实际上,那种自由太过彻底了,连上帝都不知道她接下来会做什么。"[3]

丹尼特问:"为什么想要那样的自由?它就像是违背物理定律,影响光锥之外的事件的自由。"福多所说的"绝对自由"指的是:能够拥有自己的愿望并依此行事,这些愿望不是由自身的过往塑造的,即一个人不被自己的性格、既定的价值观和信念等束缚。它听上去没那么像自由意志,更像一种无常的、随机的决策生成器。在丹尼特看来,真正重要的自由是一种能力,一种"依照自身理性而行动"的能力。这也是为什么他认为对自由意志最大的威胁从来都是政治上的,而不是形而上的。

自由意志是个宏大的问题,我并不指望读者因为这一小段引述就接受丹尼特的看法。[4]这个例子只是为了说明,关于世界观的深刻分歧实际上显然常常就是关于"重点何在"的分歧。

如果不清楚各方真正关心的是什么,我们很可能会说错话。以英国是否应该脱离欧盟的公投运动为例,如今回头看,"留欧派"浪费了太多时间来警示脱欧对英国经济可能造成的影响。然而有谁真正把它视为最重要的事？大部分的"脱欧派"希望英国有更多的主权，即使因此变得稍穷一些也无所谓。而大部分的"留欧派"想要的是一个更加统一的欧洲，即使这意味着经济增长放缓也没关系。如果不了解什么对自己和别人最重要，我们可能会花很多时间去思考错误的问题，这和错误地思考正确的问题没什么两样。

从别人的视角看待问题，这也是检验和提升自己对重要问题的判断能力的好方法。丹尼特指出："如果你无法对外行人解释清楚，为什么自己提出的问题是值得深思的，那么你们可能只是在徒劳无益地浪费彼此的时间。"

我们也可能在制度结构和激励机制的误导下思考错误的对象。批判性思维指南几乎从来不会提到这一点。他们认为，只要你的论证是有效的，你就是在恰当地解读正确的事实，就能避开各种谬误，你就是在出色地推理。然而真正的批判性思想者会质疑：这些形式上严密的思考是在为正确的目标服务吗？制度和激励措施也许不会打乱推理机制，但它们可能把机制引向不合时宜的应用。

奈杰尔·沃伯顿写过很多广受欢迎的哲学普及读物，他的学术生涯同样深受这个问题的困扰。他认为，英国的科研评估机制（RAE）要求"在5到7年内炮制出4篇论文"，这使得人们除了"脚注的脚注"什么都写不出来。人们活像马戏团里的狮子，费尽心思地跳过一个又一个火圈，只写"那些对评职称有用的东西"，顾不上"自己真正感兴趣的内容"——沃伯顿因此毅然选择离开了学术圈。

有些人仔细打量自己选择的行当，发觉对自己最重要的并不是对职业发展最有利的，但是仍然坚守自己的信念。我非常钦佩他们。这些人通常会从这个决定中获益，他们因此把自己的精力和才华统一在一起。安东尼·肯尼就是个很好的例子。他后来结识了唐纳德·戴维森。面对这位 20 世纪英语哲学界的巨擘之一，肯尼说："我十分清楚地发现，同为哲学家，他比我强太多了。同时，我还感觉到，他建立的体系是矫揉造作的，它同我理解的心灵哲学与行动哲学几乎没有关系。它可能造成一时的鼓噪，让人激动一阵子，但是它无法从根本上对这门学科做出贡献。"肯尼的评语令我深受震撼。它是一种不可思议的先见之明，他需要有极大的自信才能做出这一论断。戴维森当时正在成为一代巨匠，然而肯尼看得出——我认为他看得非常精准，不出一两代人的时间，戴维森基本上就会被人遗忘。

肯尼很清楚这对自己的职业生涯意味着什么。"我是这样想的，他比我强得多，却无法对哲学做出贡献，那么我最好还是断了这个念头，别再尝试为哲学添砖加瓦了。"他改变了努力的方向，专心注解柏拉图、亚里士多德和阿奎那的经典作品。"我可以沉浸在先哲的伟大思想中自得其乐，这让人快活得多。"它的回报同样可观。肯尼撰写了好几部优秀著作，虽说它们也许会和戴维森的著作一样，无法永远流传下去，但是它们为普通读者认识哲学提供了极大的帮助。假如对学术生涯的运行规则没那么警觉，没有为自己的才能找到别的方向，他可能很快就会沦为第二流的戴维森，而不是第一流的肯尼。

在哲学以外的领域里，推理可能遭到很多制度因素的误导。以商业圈为例，企业文化可能让人们把过多的时间花在对沟通的思考上，这样一来，人们用来思考沟通的实质内容的时间就屈指可数。环保报告制度的要求可能会分散人们对环保行动的注意力，这对企业和社会责任造成的风险最为明显。有些人可能对研发过于专注，未能充分考虑商业现实。还记得克莱夫·辛克莱和他在世时的那些发明吗？它们充满了奇思妙想，却没有得到普及，其中遭到最多揶揄的是 C_5 躺式电动汽车。

微妙的社会压力也可能打断高质量的思考。大多数情况下，我们会倾向于和气味相投的人交往，阅读与我们世界观相近的媒体报道。因此，我们有动力走向某些观点，不断地被轻轻推动，更多地思考某些问题，而不是其他问题。一个人用多少时间考虑巴勒斯坦问题，而不是中国问题（或者反过来问也可以）？这常常是由它们在此人朋友圈里的重要程度决定的，而不是哪个问题在客观上更需要得到充分透彻的思考。我们的阅读通常是为了增加更多的信息，用来支持已有的看法，而不是推翻它们。即便我们的看法不需要挑战，也会出现更多的智力资源只能换来更少回报的时候。假如你对巴勒斯坦的看法既全面又成熟，大可不必贪得无厌地阅读更多关于这一问题的材料。也许你可以用这个时间研究些别的问题，比如那些被你长久忽视的问题。

更笼统地说，实际生活可能容不下很多人期望的那种重要反思。我在最近一次搬家时有过这种感受，而且这种感受是旷日持久的、分为多个阶段的。与搬家公司打交道、决定刷什么涂料、储藏空间问题、讨价还价等，这些事占据了我太多的大脑空间，我变得又气又急。我有时感到，如果我还假装过着精神上的生活，那现在我已经完全装不下去了。

随着各路媒体对时代特征的捕捉和总结，"注意力经济"这个词近年来引起了日益广泛的关注。实际上，在分配自己宝贵的时间资源和认知努力时，我们每个人都存在一个自身内部的注意力经济问题。它的市场受到很多外部因素的影响。它们往往是不易察觉的社会因素。我们的任务就是让这个内部注意力经济变得更高效,促使自己思考恰当的问题,也就是"基于全面思维的判断"认为我们应当思考的问题。我们需要时不时地后撤一步,问问自己,那个"基于全面思维的判断"是什么?如果不这样做,我们的需求,包括我们想要思考的对象在内,可能会过于容易受到社会因素和随机因素的影响。我们的个人注意力经济很像消费经济。在消费经济中,人们的欲望是被市场营销和广告塑造的,而不是由自身最深层次的需求塑造的。

古印度梵文经典《正理经》成书于公元前 6 世纪至公元 2 世纪之间,传说为足目·乔达摩所作。《正理经》阐述了辩论的若干基本原则,并把它们分为三类。在"诡论议"(也称"论诤")和"坏义"里,辩论的目标都是取胜;但是在"论议"——上佳或诚实的辩论中,目的却是真理。乔达摩发现,人们总是把取胜当作辩论的首要目标。这样的情况不计其数。我在学术哲学中也发现了这一点。在这里,"抓住"某人的主要含义是"抓住了对方的弱点",而不是听懂对方的话,换句话说,它的意思是"你完了",而不是"我懂了"。推理的目标应该是真理或者更好的理解,但是没人甘心做个失败者。在我们卖力地宣称一件事时,好胜心往往会压倒探求真理的愿望。

这种好胜的本能经常牵住我们的鼻子,我们会一心搜寻对方立场中的弱点。尽可能全面地检验每一项论证固然有益,但是,这种对弱点的检视想要真正发挥作用,就应该去验证最优秀的论证,而不是最差的论证。因此,长达千年的印度哲学辩论传统要求对话者解决最强的反驳,甚至假扮反方来责难自己。

这一要求的提出是为了防止"稻草人谬误"。这种论证能轻松愉快地驳倒一个主张或认识，但它实际上并不是对方论述的重点。高奏凯歌的论证仅仅击败了一个稻草人般虚软无力的替身，真正的、更强大的目标却被搁在一旁，毫发无损。举个例子，有人说，疫苗强制令是对人权的侵犯，因为从法律角度来说，强制侵犯一个人的身体完整性无异于袭击和暴力伤害。然而，绝大多数疫苗强制令并非强迫接种。这些强制令只是规定，如果选择不接种疫苗，你的行动就会受到限制，或者在某些极端情况下，你会被罚款。有人提出，这同样是对人权的践踏，然而这样的论证很难成立。对反对疫苗强制令的人来说，向"构成袭击和暴力伤害"这个稻草人替身发起攻击太容易了。

"宽容原则"得到了哲学界的广泛支持。它要求人们进一步避免稻草人谬误：我们不仅要避开那些容易的、假冒的目标，还要保证自己挑战的是一项论证中最优秀、最有力的部分。比如，很多人提出，环保立场早已摧毁了食肉的理论根据。同样是产出一个单位的卡路里，肉食比植物所需的土地面积多得多，因此，从资源利用的角度来说，食肉比较低效。这个说法似乎是显而易见的。但是，如果它真的有这么简单，聪明的人们怎么不这么想？宽容原则推动我们追问这样一个问题：难道说，肉食拥护者阵营里没有善于思考的人吗？他们会对此无动于衷吗？

当然不是。很大一部分牧场并不适合种植农作物，而且很多牲畜可以靠食物系统中人无法食用的废物来喂养。这些都可以很好地反驳这样一种思想：为了保护环境，所有人都应该吃素。（动物福利是另一回事。）支持肉食的人们也应该采用宽容原则。他们可能驳倒了对方的虚弱论点，但是，他们驳倒对方最强的论点了吗？退一万步讲，它明显不应该是对肉食行业司空见惯的辩护，因为这不是在牧场上闲逛的牛与食用剩饭的鸡和猪那么简单的问题,出产牲畜饲料的土地也可以用来生产可供人类食用的农作物。

这一小结说明,我们如果从对方的角度审视最有力的论证,就能取得真正的进步。它要求各方理解对方的主张,从而调整自己的主张,舍弃粗枝大叶的论证,把注意力集中在最有力的论证上。宽容原则鼓励我们齐心协力地探求真知,而不是相互竞争,更不是东风非要压倒西风。这有利于创造一个有建设性的、文明的辩论环境。玛莎·努斯鲍姆说过:"大家喜欢从问题的另一面看人,仿佛要把对方看成恶势力,必欲除之而后快。我们的谈话广播和互联网文化也在助长这样的风气。人们不听对方在说什么,只知道用更大的嗓门压倒对方,赢得争斗的胜利。"努斯鲍姆还指出,如果你受过良好的人文教育,"你就会懂得,每个人都有自己的理由,你会懂得去倾听那些理由"。

多想想人们**为什么**那样认为,我们同样能更好地理解彼此的想法。比如,英国有很多人错误地认为,移民比土生土长的英国公民得到了更多的福利待遇和更高的住房优先权。你如果认为最重要的问题是这个说法的真伪,就容易因为它的盛行而大失所望,把排外情绪当成唯一的解释。但是,如果你认真审视的问题是"为什么人们会如此轻易地听信如此明显的虚假信息",你就会发现,很多人认为他们的社区被政客们抛在脑后。政客们整天把少数族裔的需求和权利挂在嘴边,对工薪阶层的白人社区关心不够。这样一来,这些错误的认识就现出了原形:它们其实是不满的表征,而不是它的起因。

一旦确信一项结论是错的,我们就会对它失去兴趣,懒得追问人们为什么得出这个错误结论。这样的情况不胜枚举。正确的做法恰恰相反：当睿智的人得出错误的结论时，我们应该饶有兴致地破解它背后的原因，这样往往能发现背后发挥作用的真相。举个例子。我对反疫苗人士充满了不耐烦，尽管他们并不是一点儿道理都没有。纳西姆·尼古拉斯·塔勒布在他的《反脆弱》一书中做过这样的总结："药物是为病得厉害的人用的，身体健康的人不需要它。"而且，"实际上，专门为了人类而造以帮助人们'改善'自然或者走捷径的**所有**东西，最后都会带来**看不见的**、有毒有害的副作用。"[5] 他的核心思想是，因为每种药物都有风险，所以除非万不得已，我们都不应该吃药。这种说法在逻辑上的结论是：我们本不该注射那些从人类生活中彻底或者几乎被根治的天花、小儿麻痹、肺结核、霍乱和腺鼠疫的疫苗，更不用说帮助人类抗衡新冠病毒的疫苗了。一旦意识到这一点，你可能会不由自主地把这个结论扔在一边，不再理会。[6] 但是，如果它的明显错误打消了你对论证本身的兴趣，那你等于失去了一次更好思考的机会——关于自己是否应该接受选择性治疗的思考机会。

最富成果的洞察有时来自这样一种情况：对一件事来说，反对它的一方反而比拥护它的一方提出了更出色的论证。以"森林浴"为例，它是一种源于日本的时髦做法：人们在森林里散步，获得改善身心的疗愈效果。过分热情的支持者大谈特谈那些证明森林浴疗效的研究报告。具体来说，这些研究将其疗效归因于吸入针叶树木产生的一种名叫芬多精的挥发性杀菌有机化合物。这里的科学研究部分是没有问题的，但它给健康带来的益处实在是微乎其微，不足以支持人们对林中漫步的追求。更重要的是，人们仅仅是走到户外、放松身心、锻炼身体、享受大自然，也对人体大有裨益。依照宽容原则，我们可以看到支持森林浴的更好理由。这些理由远比人们对芬多精作用的过度渲染强得多。

安东尼·戈特利布是使用宽容原则的又一位楷模。在现代人看来，他精彩绝伦的两卷本哲学史中包含着众多异乎寻常的思想——这是比较客气的说法，其中就包括巴门尼德的思想。巴氏提出，一个人永远无法言说不存在的东西。此外，他还提及阿那克西美尼。阿那克西美尼认为地球是由大气支撑的。戈特利布说："这些思想看上去大多荒诞不经，但是我仍去进一步挖掘它们，比如，为什么巴门尼德会那么说。当你努力做到这一点时，几乎总是会自然而然地得到某些正面的理由……很多思想之所以看似愚蠢，是因为我们只看到了它们的表面。"

说到这一点，其实我在前文已经给出了例子。还记得迈克尔·马丁的那句话吗？他说，纵观20世纪后半叶，他想不出哪些重要著作是由非学院派哲学家创作并值得学院派哲学家注意的，并断言"一本都没有"。这真是惊人之论。人们很容易想到，这句话只是暴露了马丁令人惊讶的思想狭隘性，此外无他。然而，他这样说是有原因的，即使我们无法认同这些原因，也不能说它们是愚蠢的。他提出，哲学与学院派哲学是不同的，"学院派哲学家的兴趣在于关键文本，即哲学的正典，而且哲学正典是随着时间的推移不断流变的。"因此，它的要务在于"一代又一代地传承某些传统和思维技能，它既包括问题的寻求，也包括问题的解决"。也就是说，如今的学院派哲学具有一种非常具体而专精的作用。这也是如今对这门学科的贡献绝大多数来自其内部的原因。

宽容原则的运用离不开一种至关重要的哲学美德：认知共情。情感上的共情即为"感他人之所感"，而认知共情则是一种"想他人之所想"的能力，即能够理解他人的信念以及他人维系这些信念的原因。你可以是整个地球上最聪明的人，但是，如果不懂得别人的想法、不理解这些想法的缘由，你的批评和提问仍会无的放矢。

在运用这项原则时，人们可能太过宽容，也可能不够宽容。丹尼尔·丹尼特曾与基督教哲学名流阿尔文·普兰丁格有过一次辩论。这次辩论之后不久，我和丹尼特有过一次谈话。丹尼特坦承，他发现自己很难把合理性同普兰丁格以及很多其他宗教哲学家的作品联系起来。我试探着问他，这是否意味着你把宽容原则运用得过于宽泛。他说："是的。"我们对他人立场的尊重是有限度的。"有些问题怎么问都无法做到礼貌，比如：'你有没有考虑过这样一种可能性：终其一生，你孜孜以求的不过是一场梦幻泡影？'但它是个很好的问题，当然它也会冒犯不少人。这本来就是一个棘手的问题，但是我们需要给有些人兜头一桶冷水，而对有些人则要温柔以待。"

哲学很少会假设对方是不讲道理的，所有文明的讨论都理应如此。但这并不代表"不讲理"永远是错的。米夏·切莉在《愤怒的正当性》(*The Case for Rage*) 中提出，斯文礼貌地表达不认同的行为规范有时只能维系岁月静好的虚伪现状，把弱势群体困在原地动弹不得。玛莎·努斯鲍姆也写到过，恰当的愤怒作为一种政治情绪具备正当性。在面对真正重要的问题时，表露情绪至少是可以理解的，有时甚至是必不可少的。我们有时需要表明争议的严重性，就不能像请客吃饭那么客气。

宽容原则有时要求我们把别人的无心之过搁在一边。比如康德曾经提出，道德要求我们"己所不欲，勿施于人"。你不希望别人偷你的东西，那么你也不能偷盗他人的东西，谋杀和通奸等也是一样的道理。很多人提出，这会带来荒谬绝伦的结论，而且康德本人已经证明了这一点。他曾写道，如果一个意欲行凶的人敲你的房门，问你知不知道他要杀害的那个人住在哪里，你不应该对他撒谎，因为你不希望别人对你撒谎，所以你也不应该撒谎。

如果抓住这一点不放，把它当作足以摧毁康德整个哲学体系的罪证，那就是对宽容原则的背离。恰恰相反，我们应该认识到，即使是最出色的哲学家有时也难免马失前蹄，说些无伤大雅的疯话。奥诺拉·奥尼尔始终无法把康德拒绝对行凶者撒谎同他的整个哲学统一起来，但是这并不影响她始终做一名康德主义者。奥尼尔说过："在所有哲学中，愚蠢的例子俯拾皆是，所以一般来说，我更愿意看总体结构，而不是具体的例子。"

我们可以把奥尼尔提到的问题称为"口误谬误"。每当有人说出一些愚蠢的、过分的话或者错误的言论时，我们总是急不可耐地宣判：这毁掉了他之前说过的一切。我认为部分原因来自人们对一种愚弄人的、弗洛伊德式的世界观的生吞活剥。这种世界观认为，人的无心之误反而比平日的语言和行动更能透露内心世界。但是，即使是弗洛伊德本人也说过，有的时候，一支雪茄就是一支雪茄，并不是所有的口误都能归入弗洛伊德式的分析。就像奥尼尔说的那样，我们应该把更多的注意力放在人们言语和行为模式上，而不是偶尔的反常上。

口误谬误最常见的例子往往涉及冒犯性语言。近些年来，不止一位英国国会议员用过包含"字母 N 开头的那个词"①的老式成语

---

① 即英语里的 nigger 一词。该词对非洲裔族群极具侮辱性和冒犯性，在西方世界被视为禁忌用语。在不得不提到它时，人们通常用"n 开头的那个词"来表示。——译者注

并被逮个正着。它确实是极具攻击性和种族歧视意味的不当言论，议员们理应为此道歉。但是，用错一个词就能证明一个人是种族主义者吗？我并不这样认为，因为我自己就是个例子。在我小的时候，有些词语经常被用来侮辱人，它们现在都被归为攻击性词语，例如"娘娘腔"和"蠢驴"等。这些词语深深扎根在我的脑海里，我不能确定自己永远不会使用它们。也许在特别激动或者微醺的时候，我可能会脱口说出一两个这样的词语，虽然这并不是对同性恋者或者学习不好的人刻意的侮辱。也许我的本意是想说某人较为软弱或笨拙，可是我匆忙地从心里的词汇表中摘取了错误的用词。在我二十出头时，曾经当着几个男同性恋的面儿形容自己"一见到蜘蛛就吓成娘娘腔"。当时我恨不得找个地缝钻进去。幸好他们使用了宽容原则，把更多的注意力放在了我平时的行为模式上，而不是那次愚不可及的口误。同样的道理，如果有人用了种族主义的恶语，我们先看看这样的言辞与他的整体行为是相符的还是矛盾的，再据此对他的道德品质做出评判也不迟。再次强调：使用这样的语言是不对的，但是，一个孤例并不足以支持对使用者的全盘否定。

不过有些口误**确实是**"泄露心机"的。比如，希拉里·克林顿曾用"可悲的群氓"形容那些把选票投给特朗普的人。她当时很可能在表达一种压抑已久的、情真意切的鄙视。不过，无论是否认同这一点，我们的理由都是建立在自己对希拉里总体认识的基础之上的。单凭这句口误说明不了什么。

运用宽容原则的一种方法是提出一个看似合理的"错误理论"。如果有些人犯了错，而且他们并不愚昧，那么他们为什么会出错？一项错误会被人们广泛接受，这应该如何解释？在我们提出的想法有悖于传统意见或专家观点时，错误理论尤为重要。仅仅说明自己为什么是对的并不够，我们还必须解释清楚为什么那么多人是错的。

令人遗憾的是，多数人第一次接触的"错误理论"往往是：人都是愚蠢的、堕落的或者固执的。我们会说，人都是容易轻信和上当的，他们会被巧言令色、能言善辩的人纳入彀中；人都想心安理得；人都希望自己是重要的；人会盲目跟随潮流。有的时候，以上说法都可能是对的。但是，总的来说，这些解释未免失于急躁，是对他人的一种轻侮。

一项好的"错误理论"要能解释一种错误看法为什么看上去言之成理、令人信服。为了解释为什么很少有人相信无影无形的灵魂，理查德·斯温伯恩提出过一项"错误理论"。你可以看看它是否成立：

> 科学早已发现，人类过去的一些认识是非常原始的，现在我们知道它们都是错的。据此我们可以说，人类曾经笃信宗教，所以如今的宗教可能也是不对的。你会发现，这并不是一项有效的演绎论证。人类曾经被科学深深折服，所以如今对科学过分尊崇，这种情况相当严重。我是科学的坚定信仰者，但是我们不能赋予科学在专门领域以外自我伸张的能力。

换句话说，因为人们对科学敬若神明，又因为科学里没有人类灵魂的容身之地，所以人们选择不去相信灵魂这回事。有些人确实赋予了科学工作者过多的权威。不过，在我看来，将人们拒绝宗教的原因归结为不假思索地把它同其他"原始的"、前科学时代的观念混为一谈，这似乎是说不通的，它也背离了宽容原则。大多数非宗教人士并不**认为**宗教观点（至少是其中的一部分观点）是原始的、非科学的，而是通过**推断**得出这一结论的。这才是他们拒绝宗教的原因。不仅如此，斯温伯恩的"错误理论"或许可以解释为什么考虑相对不周全的人认为宗教是过时的古董，但是它无法解释为什么专门的哲学家和神经系统科学家会排斥"人的身心是由截然不同的质料组成的"这一说法。这是一种不需要丝毫宗教信仰的观念。因此，在我看来，斯温伯恩的"错误理论"是虚弱无力的。这不仅因为它无法解释为什么人们会出错，也因为它无法解释为什么人们犯下的这些错误是可以理解的。

把这一推论颠倒过来，会得出怎样的结论？假设我们认为，没有什么好的论证可以说明无形灵魂的存在，那么为什么像斯温伯恩这样本该聪慧的人会错得如此离谱呢？在这里，我们的"错误理论"在一些方面很简单，在另一些方面又很复杂。它的本质在于，信仰并不是凭空存在的。假如你相信一些关于上帝和造物的说法，那么有些认识自然会比别的认识更贴合它们。对非物质的灵魂的迷信同基督教徒的很多有神论信条贴合得非常紧密，而斯温伯恩正是这样一名基督教徒。既然没有证据或者论证可以毫无疑问地证明它们不存在，那么斯温伯恩支持灵魂存在的信仰势必强于反对灵魂的信仰。由此可见，错误的本源并不在于斯温伯恩提出的非物质灵魂的论证本身——它本身很明显是虚弱无力的，而在于更宽泛的有神论信条的总和，正是它们在背后托举着这些论证。

在日常生活中，许多"错误理论"都很简单。人们可能不懂科学，可能从不可靠的来源处获取信息，可能对某些权威存有偏见而对其不信任，可能在面对真相时感到不便或者难堪。想理解人们为什么犯错可能并不总是那么困难，只要我们习惯性地问问自己：为什么一个聪明人会出错？

还有一种方法可以帮助我们理解意见相左的人：少关注他们相信**什么**，多关注他们是**怎样**相信的。以关于自由意志的辩论为例，说到人拥有哪些自由选择的空间、没有哪些自由选择的空间，很多人的意见是完全一致的。他们认为，选择是由人做出的，这一点毫无疑问，但是，这些选择是由环境和人的过往经历决定的，而且环境和经历的影响起到了决定性的作用，以至当事人无论如何都不可能做出别的选择。有些人对此比较淡然，他们看到，它为我们提供了足够多的自主权，我们的确具有自由意志；另一些人则认为大错特错，**那一丁点儿的**自主权在他们眼中根本算不上真正的自由意志。由此可见，人们对基本事实的意见是一致的，但是对这些事实的态度是极为不同的。

我有时用"语调的重要性遭到忽视"来形容这种情况。"我们无论如何不可能做出别的选择"，这句话可以用惊愕的语调来说，也可以用恐惧的或者平静淡然的语调来说。（这和哲学家的"仅仅"非常相似。在一句断言中插入"仅仅"这个词不会改变核心主张本身，但会让它听上去没那么可信。试着比较下面两句话："人是一种生物机器"和"人仅仅是一种生物机器"。当听到描述某个事物的语句中出现"仅仅"时，你可以试着把它拿掉，看看有没有什么不同。）

有人认为，凡未得耶稣拯救的人都会堕入地狱，永世不得超生。这真令人不寒而栗。你甚至可以说，每一个相信仁爱的上帝会这样做的人都是恶毒的，因为他们等于在说，无止尽地折磨那些犯错的人是正确的，因为他们不够睿智，不肯相信那位暴虐成性的上帝。

然而，大多数自称相信这一点的人都不是坏人，他们常常是非常和善的人。我们不禁会想，他们可能并非**真**的相信像我这样的人最终会永堕地狱。更准确地说，他们秉持这一信仰的方式与很多其他信仰方式不大一样。心理学家雨果·梅西耶界定了直觉式信念（或称情感信念）和反思式信念之间的区别。我们在日常生活中依靠直觉式信念，并对它们的真实性深信不疑。你知道喝汽油会让人难受，所以你不会去喝它；你知道火会灼伤人，所以你会与之保持安全距离；你知道自己深爱着另一半，所以会好好待她（他），花时间陪她（他）。另一方面，反思式信念也是我们认同的信念，但它不会影响我们的行为，就算有影响，也是微乎其微的。我们知道蛋糕是不健康的，但是我们会照吃不误，它并不会造成多么严重的认知失调。我们认为有人饿死是件可怕的事，但我们通常不会因此伤心欲绝，也不会想方设法为他们提供食物。我甚至认识不少人，其中包括一些哲学家，他们一边告诉我食用动物的肉是不道德的，一边坦然地践行"牛排穿肠过，道德心中留"。

对十八层地狱这类永恒诅咒的笃信更多是一种反思式信念，而不是直觉式信念。它确实是一种真诚的信仰，但它被不断地区隔开来，与我们对生活的价值和可爱之处的情感信仰渐行渐远。这样说可能有些奇怪，但是我们不应该忘记，我们每个人都有类似的想法，虽然关于地狱的这个信念有些可怕，但是它通常并没有像看上去那样有如此大的害处。

哲学家常常谈到信仰的"语义内容"和它们的"真实价值"。这反映了西方思维"逻各斯中心的"假定，即以语词为中心的假定。它通常认为，信念的内容就是它至高无上的特征。当我们想要恰如其分地描述外在世界时，语义内容非常重要。但是，在日常生活中，语言具有多样化的功用。如果在日常对话中过多地像哲学家那样思考，我们就会面临人们常说的流于表面的风险。与其绕着人们相信**什么**打转，我们应该更多地思考人们是**如何**相信的。如果能做到这一点，那就更有可能在人们犯错时拿出更好的"错误理论"。

想要抓住"什么是重点"这个问题的核心，必须超越处理论证本身，不只停留于理解他人的推理。哲学的"P 因子"离不开**洞察力**。它并不是一种高深莫测的能力，可以让人看穿事物的表面现象。它是留意他人未曾留意之处、摸准对象的脉搏、抓住重点、洞幽烛微的能力。

瑞·蒙克说过："最伟大的哲学家都是深具洞察力的，而且他们洞察的对象都是重点所在。比如，当一位老师教学生时，他会说：'不要只是把你的结论给我，说说你的论证过程。'可是有谁在读尼采、维特根斯坦或者克尔恺郭尔时把书里的命题铺展演算一番，然后宣布这个论证说得通、那个说不通呢？这是不可能做到的，这不仅无聊透顶，而且会错失重点。"

迈克尔·马丁看上去很像超理性分析哲学家的当代典范。不过他依然清楚地知道，仅仅做一个高效的处理者不足以成为伟大的思想家。他曾经援引伊丽莎白·安斯科姆的经典著作《意向》(*Intention*)，把它当作"一部基本不包含论证的杰出哲学著作"推崇备至。它是对有意行为的意义分析，指向类似这样的事实：人在做一件事时，实际上是在有意地做另一件事。比如伸出一根手指，横着划过自己的喉咙，实际上是在下令杀掉某人。马丁指出，在那篇论文里，"你会真正感受到她对有意行为性质的某些方面的洞察力，感受到什么是实践理性的特殊之处……凡是对哲学有点儿品位的人都应该在阅读这篇文章时感到激动，否则就会遭到我的鄙视"。

　　说到对人性事实的理解和它与道德性之间的关系，很多哲学家都有过深刻的洞察。菲利帕·福特就是个绝佳的例子。耐心从容、徐徐道来的工作风格让她的著述去尽虚饰，直抵问题的核心。我曾采访过她，问到了她《自然的善性》（*Natural Goodness*）这部作品。她的回答惜字如金，而且恰到好处："我想它不能再短了。"她远远避开了大部分哲学作品里泛滥成灾、华而不实的头脑体操，把感知力聚焦在最要紧的重点上。

　　小说家、生物伦理学家亚历山大·麦考尔·史密斯谈到，洞察力涉及"一种可以把理论构造融入情境的能力，用一种对于什么会在人类社会中行得通或者可能行得通的感觉来调节它们"。这反过来又离不开对人性的洞察。就像安东尼·格雷林说的那样："假如你想在完全理性的、几何式的基础上谋划一切，必定绕不开人的本性。因此，更好的、更理性的做法实际上是顺应这一本性。"

　　人们常常在谈论智慧和洞察力时感到沮丧，因为这听上去那么模糊。就像马丁说的，想要做出绝佳的判断，人需要哪些能力以及这些能力是由哪些部分组成的，没人能清清楚楚地说明白。他还说："我无法为你画出一台像图灵机一样的东西，让它帮你把卓越的哲学同糟糕的哲学区分开来。"在这里，精确性是无从捉摸的，想精准地描述它就好像试图把果冻钉在墙上一样，必定是徒劳的。但是，有时最重要的事情恰恰是那些最难以捉摸的东西。正因为没有一种关于优质思维的算法，所以才需要技巧来培养洞察力和智慧，而技巧只能来自出色推理的种种优点的实际运用。

　　因为真正的洞察难得一见，所以伯纳德·威廉斯指出："无论在哪个时代，90%的哲学都没那么出色。"但是话说回来，其实

"任何一门学科 90% 的研究者都不够好"。懂得重点所在可以让我们成为最卓越的那 10%。（我们还看到，这里最重要的并不是 10% 这个数字在字面意义上是否精确，这里的 10% 仅仅代表真正优秀的部分所占的较小比例，而不是事实上的确切占比。）

培养良好的嗅觉，善于发现重点，你可能发现自己把一门学科中的很大部分一带而过，甚至略过了一些在过去被视为核心的部分。比如，绝大多数当代有神论者一致认为，对上帝存在的传统论证是虚弱无力、言不及义的。例如，彼得·瓦尔迪为此写过很多专著，将其用于课堂教学，但他认为，"它们纯属浪费时间。实际上我觉得它们无聊透顶，因为我并不认为宗教是建立在这样的基础之上的。你无法让一个人说：'哦，我本来觉得上帝存在的可能性是 68%，后来我在《哲学家杂志》上读到了一篇文章，它把这种可能性提高了 7%。所以我现在准备成为一名耶稣会信徒了。'那简直荒唐至极"。可能你也会像瓦尔迪一样觉得哲学理性论证非常有趣，但是，如果你认为它们对是否笃信上帝的决定至关重要，那你就错了。

重点永远是依情况而定的。万古永恒之下，一切皆是虚妄，当然谈不上重点。回到人类世界，有时无论一个问题在哲学层面有多重要，它在其他情境里仍然是无足轻重的。这同样适用于关于自由意志的形而上学论证（尽管这一点也不无争议）。哲学家、保守党政治家奥利弗·莱特文说过，如果没有诘难、怨怼和责任，我们就不可能拥有社会生活，这一点"明显得连盲人都看得见"。他承认，围绕这一点同"人类是机器，世间存在物理定律"的严酷现实之间的协调和解，确实"存在一种根本的哲学联系问题"。但是他用不着为了从事政治工作而必须解决这些问题。"对道德生活或者政治生活来说，它并不是一个现实问题。"这就是为什么即使在认为人类不具有自由意志的群体中，大多数人也会说，我们只能像拥有自由意志一样行事，此外别无选择。这和法律中"责任承担"的道理相同，或者非常相似。

在别的时候，更深刻的反思可能有关但是无用。政治家、政治理论家托尼·赖特说过，总体而言，在政府最重要的部门里，"知识分子没发挥太大作用，因为他们总是会告诉你，一个问题有很多个方面，把事情说得很难、很复杂"。真正的讨论"往往远离政治最前端，它经常出现在政治党派和政治传统想要搞清楚自身使命的时候，或者重新自我定义的时候，又或者重新调整方向的时候"。哲学自有气运。

有的时候，最重要的并不是哲学，也不是任何一种智力活动。多年来，几乎没人知道哲学家迈克尔·达米特始终积极活跃地支持难民权利。他曾经的学生、后来因为贩毒而广为人知的霍华德·马克斯回忆说，对达米特来说，为难民权利发声的重要性有时会超过哲学。有一次，马克斯旷了一节达米特的课，去法庭上为一个因示威而遭到逮捕的人发言。那次示威是为了反对保守党议员伊诺克·鲍威尔，因为鲍威尔臭名昭著的"血河"演讲煽动了反移民情绪。结果，马克斯在法院遇见了达米特，他正在为另一名被逮捕的示威人士发声。这大大减轻了马克斯因逃学而产生的歉疚感。他说："正确的道德观，出色的思想，还是个老烟鬼，这是多么美妙的组合。达米特的形象由此更饱满、更令人欣慰了。"

如何抓住重点？

- 智力游戏无可厚非，只要你喜欢就好。但不要把它和正经的工作混为一谈。
- 不要认为琐碎与重要的区别就是每个人想象的样子。
- 重视为了理解而理解的价值。重要的问题不一定总是现实的问题。
- 想要理解与自己意见不同的人，可以试着观察一下，不同的事情是否对他们来说（比对你来说）更重要。很多看上去有关事实的异议说到底是价值观的分歧。
- 警惕制度激励因素和结构对自身优先级别的扭曲。
- 质疑同辈群体判定轻重缓急的标准。
- 避免稻草人谬误。它是打败虚无对手的空洞胜利。
- 运用宽容原则：不要把别人看得那么愚蠢，从他人观点和论证的最佳处着眼，甚至把它们想得比实际模样还要好。
- 不要只是思考他人想什么，更要思考人们为什么这样想。
- 还要思考别人是如何想的。很多信念仅仅是反思式的：我们真心诚意地认同这些信念，但是它们通常不会影响我们的思想和生活方式。
- 不要认为一次口误或一个错误能说明更深或者更广的失败。有时确实如此，有时则不是。
- 建立"错误理论"，用它来解释人们为什么相信一些在你看来明显错误的事情。
- 切记一点，某些情境下重要的事物可能在其他情境下无足轻重。判断一个事物重要与否必须依照情况而定。
- 努力提高自己的洞察力，而不仅仅是聪明才智。始终留意问题的要点，留意真正重要的部分。

[第九章]

培养自知之明

CHAPTER
NINE

有新思想的、能说出一点儿新东西的人实在太少了。简直少得邪门儿。

——陀思妥耶夫斯基，《罪与罚》

凭借《禅与摩托车维修艺术》在全球获得的巨大成功，罗伯特·波西格成了超级国际巨星。这本书融小说、回忆录和哲学沉思于一体，真正带来了一次发人深省的思想之旅。很多读者像是坐上了哲学的小摩托，一路奔驰。

不过波西格仅仅把这本书视为自己完备哲学体系的入门读物，他称这套体系为"良质的形而上学"（简称 MoQ）。根据这套理论，"良质"或"价值"是宇宙的基本组成部分，不过它几乎也是无法定义的。波西格在续作《莱拉：一场对道德的探究》（*Lila: An Inquiry into Morals*）中更加完备地阐述了"良质的形而上学"这一理论。但是人们对这本书不感兴趣，哲学界尤其无动于衷。

很多年后，我曾书面采访波西格。遗憾的是，那次计划不周的采访没有带来相互匹敌的碰撞。波西格在采访中写道："《莱拉》没有在专业哲学圈子里获得应有的成功，这确实让我倍感困扰。在我眼里，它比《禅与摩托车维修艺术》重要得多。怎么形容我的感觉呢？好比我拿着一叠 5 美元的钞票，试图以 2 美元一张的价格出售，结果无人问津。"

波西格并没有为自己写出 20 世纪最重要的著作之一而感到满足，而是陷在自己身为"伟大思想家"却遭到世界遗弃的苦涩中。也许更糟糕的是，他没有不懈地深入认识世界，而是用了几十年的时间固执地为自己年轻时便已确立的思想辩护。波西格也许是个未被广泛认可的天才，但是更大的可能是，他的自负过分夸大了本来无可非议的成就感。波西格觉得哲学太小气，装不下自己的伟大思想。

波西格的例子虽然罕见，但是自负的危害却很普遍。它是明晰思维的一个潜在障碍，会影响我们每个人。不过还是有人能够摆脱它的魔爪，伟大的美国哲学家希拉里·普特南（已去世）就是个例子。他说过："我在一些重要问题上改弦易辙过一两次，对此，我从未刻意掩饰。我从不认为一个人应该确定某个立场，并因维护这个立场而博得名声。我从未把它看作一种美德。在我看来，它和品牌加盟商没什么区别，谁说我只能卖一种品牌的玉米片。"

普特南对改变想法的认识几乎没有争议。谁都不会把愚不可及的固执己见看成优秀思想者的特有品质。然而，令人惆怅的事实在于，绝大多数人很少改变自己的看法，至少在重要问题上总是如此。哲学圈的人都知道普特南经常改换立场，因为这样的做法太少见了。

因为害怕这种一条道走到黑的思想生涯，音乐家、DJ（唱片骑师）迈洛放弃了攻读博士的机会，转而追求音乐事业。迈洛指出："无论是在哪个学术领域里，人们都是在二三十岁时就确立了自己的立场，然后花二三十年的时间不厌其烦地谈论它，直到终于出版了自己的纪念文集或者赢得与此类似的荣誉。如果不加留意，你可能因此走上一条相当乏味的人生道路。"

几乎没有哲学家担心这一点，不过克里斯汀·科尔斯戈德是个例外。她曾直言不讳地承认："随着年纪越大，有一件事越发令我感到不安——我如今从事自己的工作就像在翻看自己研究生时代的书箱。每隔一段时间，我都会想，我成为一名专业思想者已经三十个春秋了，可是我的思想似乎并没有多大的变化。这让我觉得不太妙。"

"不懈地翻看书箱"并非毫无道理。它当然为科尔斯戈德的作品带来了益处。这些著作不断探究人们通过生活和行动建立身份的各种方式。我曾对她提出，你仔细想想，有些思想无论如何都是对的，有些最有趣的事恰恰是重新打开这些思想的结果，而惊喜恰恰也来自这种朝花夕拾的过程。难道不是如此吗？"希望如此。"她回答说。

我们的信念为什么不会每天摇摆不定？这是有充足理由的。只要稍具理智，人的信念就会形成一个程度不一的连贯整体。举个例子，假如一个人认为"灵气疗法"没用，这通常不仅仅是因为他对灵气疗法本身的看法。一个人可能只听说过灵气疗法号称可以远程施治、隔山打牛，此外一概不知。他对灵气疗法的拒斥实际上与他对整个世界运行规律的更广泛认识紧密相关。这些认识与很多事联系在一起，比如上帝的存在或者来生等。它们反过来又与他的价值观和人生目标相联系。于是，这些信念形成了一种相互强化的集合体。我们无法在不影响其他信念的前提下改变其中任何一种信念。假如你认为灵气疗法是灵验的，很多其他信念就会像一串多米诺骨牌那样随之坍塌。人的信念是相互支撑、彼此依托的。

因此，在你的某个具体认识遭到挑战时，即使不具备直截了当的反证，你的信念作为一个整体常常也会间接站到挑战的对立面。任何一项看起来可以证明灵气疗法确实有效的研究，无论它看起来多么有力，只要与我们信以为真的众多信念相抵牾，那么都会遭到我们理直气壮的怀疑。

因此，我们需要花费很大气力才能改变自己对关键问题的看法。这在理智层面是完全说得通的，难怪科学哲学家大卫·帕皮诺会说："变换一种新的思维方式可没那么简单。如果你已经有了定见，自然会把其他选择拒之门外。必须有人先让你放松下来，再敦促你认真思考那些新选择。只有这样，你才算做好了改变的准备。"[1]

尽管如此，如果灵活的变通性和僵化的一贯性之间达到完美的均衡，多数人都会错误地坚持不变。对变革保持恰如其分的开放离不开习以为常的自我质疑，但是并非每个人都觉得这样的自我质疑是件自然的、让人舒服的事，人们也不大可能因此赢得尊重。因此，我们常常夸赞人们有"坚定的信念和非凡的勇气"，却说另一些人"开倒车""好马不吃回头草"。当人们改变信念时，我们更多地把它看成一种弱点，却看不到做出改变需要令人钦佩的坚定意志力。

信念是构成身份的重要组成部分，所以我们会对它极度迷恋。人就是由自身的思想和行为塑造而成的，因此，放弃一项核心信念就等于丢弃了一部分的自我。拥有一项信念更像是拥有自己的身体或者生活伴侣，而不是拥有一辆汽车或者一块手表。我们同自己的信念亲密无间。只有谦逊的人才会承认自己的错误，因为它是对自我的一种羞辱。

同为人类固有的美德，坚守立场和改变想法并不存在孰高孰低的问题。关键是，我们要在理由足够充分时改变想法，在对立论点疲弱无力（即使它们数量众多，也很受追捧）时坚持己见。不过，由于改变想法的障碍太多，我们需要克服的更多是态度上的惰性，它甚至会超过我们克服不一致性的努力。像大多数人声称的那样轻松愉快地"拥抱变革"是不够的。就像帕皮诺说的那样，我们首先必须"让自己放松下来"，方法就是认真地自我质疑，并寻求他人的质疑。要做到这一点，就必须克服高傲的心理。只不过，谦逊正在加速成为一种不受待见的品德。在现今这个时代，自信与野心同成功形影不离。谦谦君子没办法接管这个世界，他们甚至无法为自己找到一个体面的角落容身。

根据我的经验，人们容易对自己的想法过分自矜。比如，我今天早上发现，我的邮箱收到一封莫名其妙的电子邮件——每隔一段时间，我就会收到这种邮件，真是让人厌烦。这封邮件来自一位"25 岁的男子"。他写道："我创立了一套理论，相信你会对它感兴趣。我建立了一套哲学，主要论述客观真理在现实世界中的缺失问题。"

我叹了一口气，心里充满了悲悯之情。写这种邮件的人通常都很聪明，也非常真诚，但是他们缺少老师和同辈来约束他们的过火行为，为他们指明该读些什么书，并对他们提出有益的批评。我并不是希望他们就此放弃，更不是在暗示自己因手握博士学位和长长一串著作清单而比他们高明。但是他们的傲慢无礼着实让我有些恼火。这位老兄觉得自己单枪匹马实现了重大的哲学突破，过去几千年间的伟大思想家都不如他，可是他连这些思想家的著作都没深入接触过。这样的人不计其数。

哲学家无法对这种虚荣的自负免疫。虽然少有人直白地说出来，但是我经常听到有人抱怨自己的才华没有得到足够的重视，或自己对哲学学科的重要贡献没有得到赏识。这种过度自负甚至可能成为一种职业资本。丽贝卡·戈尔茨坦发现："有的时候，最成功的哲学家是直觉和信念极强的人，他们很难接受，甚至很难理解和自己看法不同的人。"

2010 年，杰瑞·福多著书立说，对达尔文的自然选择理论发起了拙劣的批判。很多人认为，这本在其职业生涯末期写就的书臭名远播，白白玷污了他的清誉。福多的主要作品集中在心灵和语言领域。他告诉我："我从未研究过生物学哲学，对正经的生物学知之甚少"，而且"我对生物学里有关实际数据和实验结果的广博知识也少有涉猎"。但他认为这并不重要，因为"从某种特别宽泛的意义上说,哲学家在读研究生时学会了关注概念上的联系,或者直接关注论证是否成立。经过这样的训练,你可以在一个完全以实证为依据的项目中做出独树一帜的贡献",甚至包括生物学在内。他认为自己可以"在达尔文式图景的基础中找到某种概念上的不相干性"——尽管他对这一对象的细节知之甚少。他还与一位生物学家作为共同作者,充实和完善那本书的专业学术部分。

我不想在此总结他的论述,因为那要花上好几段的篇幅,而且几乎每个对进化科学略知一二的人都知道,福多那本书受到了严重的误导。此处引用哲学家内德·布洛克和菲利普·基切尔极富讽刺的总结:"针对福多关于进化论更早著述的激烈批评显然未能动摇作者的决心,他们对这本书里的论述笃信无疑,对自己关于生物学极为有限的理解充满自信,认为它足够满足批判所需。结果最后的论证出现了双重缺陷:它在生物学层面言不及义,在哲学层面令人费解。"[2]

福多在其他方面非常谦逊。提到对达尔文理论的批判,他曾说:"我可能是错的。我之前也犯过错,而且特别频繁,有时甚至找不到牙膏的盖子在哪里。不过,我个人如何并不重要,重要的是我提出的论证是否有益。"

包括知识分子、科学家和艺术家在内,很多成功人士确实非常高傲。但这并不代表傲慢是成功的必要条件。相关性并不等于因果关系。决心、才具和勤奋已经足够了,完全没必要虚张声势。傲慢几乎总是多余的。有些人的优秀与自矜相得益彰,但是这样的人少而又少,这反而证明了这一规律的正确性。

我们没有理由认为天才需要傲慢或者应该傲慢。我问丽贝卡·戈尔茨坦是否遇到过天才,她给出了肯定的答案,其例证是索尔·克里普克。"他讲话时,就像带你走进了一个你做梦都没想到过的地方。在我读研究生时,他上课从来不带讲义,什么都不带。上他的课就像听一场音乐会,当时真的是那样的。"而克里普克完全不是一个傲慢的人,他是个聪明绝顶的人,对哲学之外的一切都不感兴趣。

我遇见的最优秀的哲学家都不是傲慢的人,我见过的傲慢自大的哲学家寥寥无几,而且他们都是第二流的。我并不认为这一切只是巧合。过度自信会让我们没那么容易检讨和验证自己的想法,看到自身的缺陷,由此提高自己。它会怂恿我们迷恋一些不够优秀或者不够有用的论证和概念,虽然它们的创造者对此扬扬自得。

恰如其分的谦逊并不是自我贬抑,它更多是一个人清楚地看到自身的弱点和局限性。提到这一点,我从未见过比菲利帕·福特更好的典范。她坦率地表示自己并不是一名学者。"我很少读书,也记不住那些书的名字和细节……我无法在 5 分钟内串联起几十位哲学家的卓越之处,甚至连斯宾诺莎都讲不好。我确实才疏学浅。"更令人惊异的是,她还说:"对于哲学,我有一点点粗浅的认识。但是我并不聪明,我觉得论证这东西很难推导。"对任何一位熟悉福特和她作品的人来说,这样的自谦实在有些过分。很明显,她既是一位饱学之士,又绝顶聪明。不过我认为,她所说的"聪明"指的是逻辑的敏捷度和复杂计算的快速处理能力。如果她指的是自己在这方面不是特别突出、不如同辈学者那么出色,那我可以勉强接受这个说法。福特对这些弱点的认知离不开极高的自知之明。

福特自认为才能比较平常。她有极佳的洞察力和敏锐的头脑,但不够敏捷。她会敏锐地觉察到正确之所在,但不能一目了然地阐明它。"我相信,我知道谁是对的。很多时候,我在听到一篇论文时就能知道哪里有错，因为它听上去不对头——我的直觉会这么告诉我。"她的一位同事说过，福特会发出信号，但是不知道接下来如何应对。想让自己的思想开花结果，她需要时间和细心。在提到自己唯一一部专题著作《自然的善性》时，福特说："为了印那本书，许多大树会被砍倒。"那本书提出，道德性的本源在于我们如何理解人为了好好生活而需要的一切。她每年都会记很多笔记，并且随身携带一个笔记本，专门记录一些趣闻逸事，用来帮助读者更确实地理解她的思想。

福特从事哲学的工作方法同样反映了她的谦逊。她曾经花几个小时同一些哲学家交谈。虽然她本来以为那些人比她强，结果发现远不及她，可她还是认真地与之交流。她曾这样回忆约翰·坎贝尔："和他交谈是一件赏心乐事，因为我们都把自负心理抛到了九霄云外，真正做到了闻过则喜。每当一方指出对方的错误时，我们都会由衷地高兴。"

玛丽·沃诺克是又一位真正做到谦逊的哲学家。她说过："如果有人说，我的工作只有微不足道的一丁点儿价值，我想那绝对是一句公道的评语。……我做过的事不算多，我做得也不够好。在哲学的赛场上，我一直把自己看作一名替补球员，甚至是替补的替补。"在这段评语里，我们再次看到了潜藏的荒唐之处，因为沃诺克非常出色。不过她的卓越并不是作为原创思想家的卓越——她是一位了不起的阐释者，善于解读其他思想家的理念。不仅如此，最重要的是，她还是一位卓越的伦理委员会主席。她擅长召集各路专家，协助制定公共政策。从哲学角度来看，这些工作也许没有那么显著的功绩，但它对后世的福泽远远超过了很多"优秀得多"的哲学家的大部分工作。

福特和沃诺克都是知识分子谦逊的楷模。我们都应该对自己的长处和短处心知肚明，只有这样，在不擅长数学的情况下，我们才不会在统计问题上贸然得出结论；在对法律一知半解的情况下，我们才不会对法院的判决指手画脚、满腹牢骚。在我写作这本书时，英国的评论员和社交媒体用户正在对一项判决各抒己见：2020年，四个人因推倒位于英国布里斯托尔的爱德华·科尔斯顿雕像造成的刑事损害而遭到起诉，他们最终都被无罪释放。仅凭对新闻报道的粗浅关注，很多人就认为自己的看法比陪审团的意见高明得多——尽管后者的聆审持续多日，还有专业律师的辅助。由此可见，超出自身能力的自以为是极具诱惑力。

了解自己的能力与懂得自己的局限性密不可分。在教导人们"相信自己、出人头地"的文化里，这样的说法简直是异端邪说。在那样的文化里，质疑等于毒药。但是，了解自己的局限性并不代表要甘于受限、不求突围。还是伯纳德·威廉斯说得简洁明了，他指出："没人能做到每一件事，也没人能完全做到该做的程度。这是人类生活的一大基本特征。艾略特说过，除非能冲破合理做法的牢笼，否则你将一事无成。"我们都应该在充分意识到自己的蛮勇的基础上努力扩展自己。但是，如果不知道自己的极限在哪里，我们的努力方向可能会同目标南辕北辙，最后无果而终。

套用温斯顿·丘吉尔的一句话来形容，人类是个谦逊的物种，因为人类确实在很多方面需要谦虚。人类完成了很多了不起的功业，并且极大扩展了我们的知识。然而直白的错误和愚蠢从未走远。无论是在推理还是在日常生活里，人们总是容易变得骄狂自大，接着就会栽跟头。

如果你是小小一片池塘里最大的那条鱼，你的自我很容易加速膨胀。令人遗憾的是，学术圈里布满了这样大大小小的水洼。你想进入的细分领域越小，做出重要成果的可能性就越大。因此，人们不仅要把自己的观点变为私产，还要把那块狭小的研究领域变成自己的领地。这似乎是水到渠成的结果，因为它们成了人们身份的组成部分。在加入一个派别时，无论是成为人文主义者、怀疑论者、佛门弟子还是加入环保主义团体，人们经常能获得一种皈依感，这种感觉让人依附于该派别的主导思想。一旦这些主导思想遭到挑战，这些人就会感到自己的存在受到了威胁。

池塘太小还会产生其他危险。比如，短短几十年前，应用伦理学领域正处在蓬勃发展的初期——应用伦理学主要研究道德理论在实质性现实问题中的运用。罗杰·克里斯普是当时英国道德哲学界冉冉升起的一颗新星，他对这一蓬勃发展带来的一种令人遗憾的副作用表达了担忧：

> 应用伦理学的这些小分支领域变成了一块块小型封地，这些封地里的人们对整体的哲学理论所知甚少，他们不仅因此坏了自己的名声，也为这些领域招来了骂名。这些分支领域较新，因而吸引了很多人的兴趣。而且，正因为它们尚未建立起评判优劣的标准，所以人们比较容易在这些领域里为自己博得名声。

这一小段剖析的深意远远超越了"小池塘综合征"。它还提到了新颖性的吸引力。休谟曾经写道："无论何事，只要是新的，它所带来的快感都是加倍的；出于同样的原因，如果它令人不快，那么它所带来的厌恶感也是双倍的。这就是新颖的本质。"[3]在当代文化里，这两种因素都让新颖变得更具吸引力。这是因为，只要你秉持一种新奇的想法，无论人们是爱是恨，你都会照样获得关注。在这个充斥着社交媒体意见领袖、真人秀节目、"点赞"和分享的时代里，流量就是真金白银。

因为西方文化推崇和奖赏独创性，所以新颖性总是饱含吸引力。举个例子，人们常常认为，启蒙运动时期和浪漫主义时期是相互矛盾的，因为前者崇尚理性，而后者独尊情感。其实二者的共同点在于个体地位的提高。对启蒙运动来说，它意味着个体权利和独立思考的凸显；对浪漫主义而言，它意味着本真性和自我表现的彰显。对二者中的任何一方来说，拥有自己的想法（而不是以他人的见识为己见）都是无上光荣的。就像陀思妥耶夫斯基在《罪与罚》里通过拉祖米辛之口说的那样："走自己的路，就算走错了也不打紧；走别人的路，走得再对也是错的。"

但是，无端地打破传统的人与卑躬屈膝的因循守旧者一样，都是思想上的懒汉。这句话出自安东尼·格雷林对约翰·格雷的批判。格雷以攻击自由主义必胜信念和乐观主义为业。在格雷林看来，这是一种目空一切的攻击，"它反对自由主义价值观，反对人权思想，反对人类价值观，反对理性思想。它几乎无所不反。"他称之为"一种身段，一套做派"。"它高喊着'打倒正统思想''把辩论进行到底'之类的口号，唯恐天下不乱。我认为这是极端不负责任的，因为人的生死都建立在自身信念的基础之上，甚至很多人为了信仰而杀人。对待这个问题实在不可儿戏。"也许你认为格雷林选错了目标，但是，有些人明显是为了争吵而争吵，醉心于成为饱受争议的标新立异者。

对思想的过度沉溺也许很常见，但它并非不可避免。以大卫·查尔默斯为例。他因为与安迪·克拉克提出"延展心智"假设而闻名于世。这一假设认为，大脑之外的事物——例如笔记本和智能手机等——能够真正成为人类心智的延展。几年后，他告诉我："我一直非常、非常赞同延展心智的说法，与此同时，我对其的态度又稍微有些模棱两可。所以在安迪和我第一次发表那篇论文时，我们在下面加了一条脚注，说明论文列出的作者次序是按照他们对中心论点的笃信程度排列的。"那篇论文的作者次序是克拉克、查尔默斯。

人们总是认为，一个人只要提出一项论证，自然会全心全意地支持它。查尔默斯说，很多人因此把那条脚注看作一个信号，认为查尔默斯只是个"枪手"，他对那篇论文"一个字都不相信"。需要注意的是，查尔默斯有能力拿捏立论的轻重，而且这种能力并没有妨碍他成为一名雄心勃勃的哲学家。他后来告诉我，他想做一个"摇摆不定"的哲学家。

有想法当然很重要，然而最重要的是这些想法是否正确。至于这些信念是我的还是别人的，我的同门是否接受这些信念，这些都不应该成为问题的重点。假如让我在"相信自己的错误看法"与"认同他人的正确观点"之间做出选择，我当然知道自己该选哪一个。

有哪位哲学家不认同这一点？可能打着灯笼都找不到。然而哲学家最暗黑的秘密是，无论他们怎样鹦鹉学舌般重复苏格拉底的古训——"追随论证，无论它带你走向哪里"，实际上都没人那么干。理智引导我们的方式取决于我们的脾气秉性、性格和之前的信念等因素，而且，这些因素的影响达到了令人惊诧的程度。这一点在我研究一篇关于哲学自传的论文时表现得淋漓尽致。很明显，人们最终秉持的哲学观点总是那些在本能上最吸引他们的观点。天生喜欢整齐划一、讲求逻辑区分的人做出的区分都是整齐划一且符合逻辑的——这丝毫不值得惊讶；而那些痴迷模糊性和神秘性的人对这样的齐整和逻辑避之唯恐不及。对那些活在自己思想中的人而言，他们的哲学同样只发生在自己的思想中；对世界的运转更好奇的人则更注重实证。雄心万丈的人提出更大胆、更富有抱负的理论；比较谦逊的人则没那么大胆。

不过，斯蒂芬·马尔霍尔指出：

> 哲学家似乎有种根深蒂固的倾向性，他们会忘记自己也是人。出于完全可以理解的原因，哲学家，包括但不限于分析哲学家，容易忘记自己也是由情势决定的人，忘记他们是某种特定传统的继承者，是某种特定的历史与文化语境的产物，而且他们应对的问题和运用的方法也有自己的历史。这种历史本身也颇具趣味。

对客观性的追求**确实**值得赞赏。哲学不应该只是讨论观点，还要探究原委。这也是为什么很多哲学系的学生会告诉你，老师在批改他们的文章时，凡是带有"我认为"的例子，都会被老师用红笔画出来。但是，哲学语言对第一人称的全面消杀会造成一种假象：理性完全可以同论证者分离，论证完全不会受到人的性格或者经历的影响。就像作家、兼职哲学家迈克尔·弗雷恩说的那样，应该"接受自己真正的特质，从自己的世界观出发，用自己的语言来写作，而不是采用一套完全非人的方法"，这样要诚实得多。

没有论证者就不可能有论证。普特南是 20 世纪最优秀的美国哲学家之一，我很认同他说过的一句话："我认为，哲学家应该在一定程度上表露出富有人情味的一面。"普特南关于意义和心智本质的作品并没有那么鲜明的个人或者自传色彩。他对"智慧的权威地位"深信不疑，但他也曾指出："情境和人永远存在。"他还为此引用了惠特曼的一句话："读书即阅人。"

艾丽丝·默多克曾经指出："做哲学就是探索自身的性格气质，同时努力发掘真理。"默多克这段话启发了基兰·塞蒂亚。在塞蒂亚的系列播客《五个问题》中，它成了五大问题之一。来到塞蒂亚节目中做客的都是专业哲学家，塞蒂亚每次都会问的一个问题是："你的脾气秉性是否影响了你的哲学？如果是，它是怎样影响的？"哲学家几乎总是给出肯定的回答，承认自己的性格发挥了一定的作用——它怎么可能没有影响呢？有些人表示，他们的性格影响了自己的动机。斯科特·夏皮罗说过："正是萦绕不去的困惑带领我走向了哲学。"泽娜·希兹在自己身上发现了"一种对欺骗和虚妄的深恶痛绝"。还有很多人发现，性格气质影响着自己对哲学的研究**方式**，而且这种影响几乎都是积极的。汤米·谢尔比承认："我愿意相信自己对意见不合的人相当友好。"詹妮弗·霍恩斯比也曾坦承："我可以肯定，性格中的某些特质影响着我的风格，影响我通过口头和书面表达思想的方式。"

不过几乎没人承认性格气质影响了自己逐渐形成并为之坚守的哲学立场。霍恩斯比坚称："在哲学的范围内以及当我研究哲学的时候，我并不认为自己的个性——如果它就是脾气秉性的准确含义——是自身思想的决定性因素。"

南希·鲍尔是个难得一见的例外。她指出，脾气秉性不仅产生了影响，更是"几乎**决定**了我的哲学工作"。还有相当一部分人在自身的性格气质和思想之间发现了联系,不过他们并不是每次都能明确地指出来。科拉·戴蒙德告诉塞蒂亚:"我可以肯定地觉察到,人有可能被不一致的想法吸引。"这显然会影响她秉承怎样的观点。吉迪恩·罗森也说过:"我怀疑哲学的深刻。我怀疑所有的玄奥。"

如果承认脾气秉性对我们的思想影响很大,这就会带来一个问题:人们会据此怀疑你的观点并不是在客观上最有力的,而是对你个人最有吸引力的。罗森勇敢地直面这一点,他指出:"哲学常常什么都没有改变,唯一不同的是你从它的另一边走了出来;你最初的世界观并未改变,唯一的不同是它们变得更深刻、更明确、更清醒了。"

这令人震惊吗?那要看你是否认为思考可以且理应不带主观性。没有哪位思想者能在推理时不带丝毫偏见、成见和倾向性。这一点毋庸置疑。在有些学科里,例如数学和科学等,理论正确与否的标准足够清晰,所以,从长期来看,这些因素并不重要:正确的思想终究会水落石出。另一些领域则没有用来判定对错的统一标准——绝大部分哲学属于此类,但是它并不意味着你的立场仅仅反映了你的性情,也不代表你没办法区分孰轻孰重。不过当多项理论相互竞争且没有哪一项存在严重的缺陷时,人们所持的观点至少会部分受到性情的影响。

我认为这和我们的预料毫无二致。想在多个立场中判别正确的一个,假如不存在完全合乎逻辑的或者可以作为证据的依据,一个人应该如何选择?答案必定是由逻辑或证据以外的因素决定的,而这个因素一定涉及人的性格或者个人经历。这并不是理性或哲学的失灵,毕竟这样的情形是不可避免的,我们只能诚实地接受它。这也是米兰达·弗里克对塞蒂亚的问题表示欢迎的原因。她恰如其分地称其为一种有益的提醒，它提醒我们"哲学也是人写的"。她说，尽管经典分析哲学的"自我消解"和"不偏不倚的客观立场"不无益处，但她并不喜欢它"鼓吹不在场、无作者、非历史的幻梦"。

推理是一种集体努力，如果参与伟大人类对话的人们能够同时带来多姿多彩的性情，也许反而是件好事，在政治和道德推理中可能尤其如此。想在单一人格的思想基础上找到最好的生活方式，最终拿出的方案不可能适用于很多人。

把自己的特异品质加诸理性，这对我们来说并不是失败。假装自己没有特质，并且不去努力思考它，那才是真正的失败。比如，假如你知道自己素来容易被整齐划一、干脆利落的方案吸引，那么，如果一个方案在别人看来过于齐整，你就应该认真审视一番，想想自己是否还愿意接受它。哲学家会习惯性地做出这样的努力吗？至少我从未见过任何一个证据能证明这一点。"认识你自己"是刻在希腊德尔菲神庙上的一句古训，并且得到了苏格拉底的提倡，但它如今不再被视为一句哲学公理。

原因之一是，很多人似乎认为自我认识是不可能做到的。针对塞蒂亚关于性情是否影响哲学的问题，他得到的最多的回答是：我怎么知道自己的脾气秉性是什么？

下面这些回答都是例子，而它们只是冰山一角。海伦·斯图尔德表示："我完全不清楚怎么定义自己的脾气秉性。"米兰达·弗里克说："你这个问题似乎预设了我对自己哲学中流露出来的自我性情有所认识，但是你也知道，我当然可能对它一无所知。"苏珊·沃尔夫说："我懂得自己的性情吗？我了解它在自己作品中的表露吗？我对这些问题没什么把握。……其实外人可能比我更适合回答这些问题。"理查德·莫兰如是说："性格怎样影响了我的哲学作品？正所谓'只缘身在此山中',这个问题不应该问我。"巴里·兰也说过:"我不太确定怎么描述自己的性情。很多事都是旁观者清,这就是其中的一件。"

你可能认为这一切只是为了恰当地表达谦虚和自省。我们无法一眼看穿自己;我们的很多动机都是无意识的;人可以借助内省做到"了解自己"的这一想法是幼稚可笑的……难道心理学没有教过我们这些吗?但是,就像上文中几个人提到的那样,我们做不到**完全的**自我认识。在这里,实事求是要求我们认识到人无法通过自省做到纯粹的、直接的自我认识。想要了解自己,就必须站在圈外审视自己的所言所行,还要问问那些了解我们的人看到了什么。我们甚至也许不需要发问,只要更密切地留意人们已经告诉我们的反馈就足够了。我们时刻都在从别人那里获得反馈,无论是在工作评估中,还是在同行评审报告中,又或者在其他没那么正式的场合里。这些信息都是免费的,但是几乎没人认真研究它们。

认真的自我批评同样有益于增进自我认识,我们应该把它变成自己的习惯。珍妮特·拉德克利夫·理查兹告诉我:"你会在哪些论证中含糊其词?找到它们,这样可以帮你极大地提高自我认识。在为一件自己热衷的事辩护时,能真正起到验证作用的做法是:找一件无关紧要的事情,运用同样的论证,看它是否言之成理。我们热衷于某事的时候,就是最容易在论证上出错的时候。假如世易时移,我们也许没办法那么直截了当地提出那样的论证。"

我发现,做客《五个问题》的哲学家有很多人不愿意干脆地承认自己的脾气秉性对自身哲学的影响,不愿意更好地理解这些影响,而且过分急切地认为人不可能做到自知。这让我感到有些沮丧。我可以相当肯定地说,最优秀的哲学家都很了解自己的怪癖和

第九章 | 培养自知之明　225

偏误，并且会尽可能地考虑到它们。一个人只有在审视思想者本质的同时才能认真审视自己的思想。"认识你自己"仍然是一句至关重要的哲学箴言。

缺乏自我认识不一定总会阻碍清晰的思考，但它至少会损害我们反思自己和自身生活问题的能力。有的时候，优秀的逻辑推理者会在这类内在反省的问题上表现得非常糟糕，因为他们只懂得处理一目了然的、可计算的对象。瑞·蒙克认为：

> （罗素）在某种程度上被自己的哲学能力——或者至少被自己的哲学——耽误了。他的哲学过多地把人的内心活动与推理机械地区分开来。我想罗素是这样认为的：无法通过有效演绎论证的一切只能归入一时的感觉。也就是说，他过分急切地认为，人的感受是非理性的、无可奈何的。因此，假如罗素有一天早上醒来发现自己不再喜欢爱丽丝了，他也只好如此。

这又是一个不要像哲学家一样思考的典型例子。

还有很多哲学家告诫我们，不要太把自己当回事儿。哲学是个严肃的学科，它没有太多笑话可讲，就算有，大多也不好笑。因此，真能让人捧腹的哲学家显得非常突出，比如西德尼·摩根贝沙。有一次，奥斯汀提出，没有哪门语言能用双重肯定表达否定，摩根贝沙回应道："对，对。你说的都对。"还有一次，一名学生打断了他的话，学生说："我就是不明白。"摩根贝沙回答说："我就是不明白你的不明白。"

专业哲学家变得极富表演性，而且哲学通常不会用来反映自我怀疑，更不要提自嘲了。即使使用平易近人的风格写作也会招致怀疑。丹尼尔·丹尼特说："有些哲学家反对轻松愉快的哲学写法。他们希望你能认真点儿！拜托，我确实很认真，谁说一谈到哲学就要摆出苦大仇深的样子。"

克里斯汀·科尔斯戈德特别机智幽默。她有一篇学术论文开篇就是一句辛辣至极的俏皮话："摩尔总是随时准备自告奋勇，以至稻草人都下岗了……"她认为，一定有"极佳的哲学理由支持着"这样的轻松率性，"因为幽默常常就是后撤一步或者保持距离的一种形式，有时能让我们把对象看得更清楚"。她还认为，"哲学是世间最令人着迷的学问，然而大部分的哲学著作读起来真是一件苦差事。可是哲学怎么可以是件苦差事呢！我们一定有办法把它写得让人着迷，因为它本来就是引人入胜的。"

罗歇-波尔·德鲁瓦是哲学家里极其罕见的例子。他喜好幽默，始终乐在其中。在他的著作《事情是什么样的？》的开篇，罗歇写道："你会对这本书里的所有说法嬉皮笑脸吗？你吹牛。你会一本正经地思考它们吗？更是吹牛！"他后来对我解释了这句话："我个人比较喜欢那些永远无法完全肯定它们严肃与否的文章、著作和思想。有些哲学家就是这样，比如尼采。很多时候，你根本无法肯定他是不是在正经说话。"这正好符合他那本新著的宗旨——"无意提出任何理论，旨在带来一种感受：这个世界太奇妙了。让我们徐徐道来，一件事一件事地讲。"

斯拉沃热·齐泽克随时乐于自嘲，所以有时也被斥为小丑式的人物。我问过齐泽克，他的哲学有着怎样的心理分析基础，他打断我的话说："我不是一名执业心理分析师。你知道为什么不是吗？你今天见到了我是什么样的人。请问，如果有一天你遇到了心理健康问题，你会来找我解决吗？"

　　自视过高会妨碍良好的推理，因为它会让你忘记，所有人（包括最聪慧的人）的行事方式距离荒谬只有一步之遥。牛顿对炼金术的迷恋尽人皆知。同样广为人知的还有诺贝尔化学奖得主莱纳斯·鲍林，他罔顾证据，痴迷高含量维生素补充剂的疗效。想在理智上做到诚实，我们不仅要承认自己信奉的东西可能是愚蠢的，而且要意识到，我们可能已经做出这样的荒唐事——谦逊不在家，自大称霸王。

怎样放下自负心理？

- 只是对改变自己的想法保持开放心态是不够的，还要积极主动地对它产生兴趣。
- 所谓坚持信念的勇气常常是不敢改变想法的怯懦。
- 在一件事上改变想法可能顺理成章地要求我们在别的事情上改变想法。要始终考虑到这一点。
- 毫无抱负的谦虚是衰弱，毫无谦逊的抱负是骄狂。
- 假如你觉得自己是某种思想的开山鼻祖，那么你可能搞错了。要多研究，也许先例早已存在。
- 了解自己的局限性，最好能从这些局限中突围而出。
- 抵制诱惑，不要在自身能力范围之外发表你的高见。
- 以平常心面对新奇性，既不避之如蛇蝎，也不奉之如神明。
- 不要把自己游弋的"池塘"估计得过大。
- 不要把观点归于自己或团体。最重要的是它正确与否，而不是它归属于谁。
- 不要为了反主流而反主流。
- 培养自知之明，但是仅仅依靠内观自省是不够的。
- 了解脾气秉性怎样影响自己的思考，并且尽量考虑到这一点。
- 别太把自己当回事。不会自嘲的人早晚会沦为他人嘲笑的对象。

[第十章]

独立思考，
但不要独自思考

CHAPTER TEN

现在的人好像不懂得真正的安全只能在社会团结中获得，无论在哪里，单打独斗的个人根本没有安全可言。这真是对他们自己莫大的讽刺。这可怕的个人主义必有尽头，人们总有一天会突然明白，彼此的孤立是多么违背自然。

——陀思妥耶夫斯基，《卡拉马佐夫兄弟》

提到鲁滨孙·克鲁索，人们往往会羡慕他的自给自足，而不是同情他的与世隔绝。鲁滨孙是崇尚个人主义的西方文化诞下的英雄。这种文化信奉的准则是越少依靠他人越好。（他同样是殖民社会的产物。在那样的社会里，鲁滨孙式的独立自主并不会因为其拥有一名皮肤黝黑的仆人而有丝毫减色。）在现代西方社会，理想的精神生活基本上被描摹成了独思独想。很多人认为，哲学、科学和艺术都是由孤独的天才上下求索而来的。这样的想象深入人心。在哲学领域，孤独天才的比喻浓缩成了笛卡儿的"我"，即具有自足内在心智的自我。我们总是得到这样的教导："要独立思考。"如果遇到一位博学的老师，他也许还会引用康德的那句话："'要敢于认识。'敢于运用自身的理性！"

如果认真看待和琢磨这个忠告，你会不会真的以为一个人想要很好地思考，就应该"躲进小楼成一统"，离群索居地冥思苦想？

大卫·查尔默斯问过这样一个问题：鲁滨孙回归社会后，有没有因此变得愚钝？从某种意义上来说，确实如此。"身处荒岛时，鲁滨孙可以自己完成很多事情；回归社会之后，他能自己做到的事要少得多。"但是反过来说，回归之后，"由于他和身边的人建立了各种各样的关系，所以鲁滨孙能做到的事又要多得多"。回归社会后，"他的能力总和变大了"。

查尔默斯是在韩国出席世界哲学大会时对我说这番话的。他还发现，"西方对认知系统的传统认识是，每个人都是一座认知的孤岛。我们各自为政地思考，然后进行互动。"有人告诉他，韩国"对这些问题更多地采用社群主义的思考方式"，这种思考方式深深根植于当地文化。在韩国，乃至在整个亚洲，"思想、理性与行动形成了一个宏大的、相互联结的总体"，个人的思考是其中的一部分。

鲁滨孙在孤岛上是不是更聪明些？这个问题很像拿一把瑞士军刀同一个工具箱做比较。你用一把多刃军刀远比使用工具箱里任何一件单独的工具能做到更多的事，但是，如果使用整个工具箱，你能做到的事一定更多，也能做得更好。做一个思想上的"自了汉"就像把我们自己的大脑变成一把瑞士军刀，白白剥夺了自己接触更多思想的机会——它们缤纷多彩、各有所长。这样的认知自主性是以牺牲认知的广度为代价的。

社会认知是一个正在蓬勃发展的新兴领域，它让我们认识到，理智喜欢伙伴，且需要伙伴。多年来，心理学家一直在通过机巧的实验说明我们有多愚蠢。这种颇具讽刺性的做法让心理学家乐在其中。即便如此，只要他们做出下面这个对比——将独自思考的结果同群体共同思考的结果做对比——情况就变得一目了然：人们在共同思考时要比独自思考时更聪明。

沃森四卡片任务就是个很好的例子。这项经典实验旨在揭示人的抽象推理表现有多糟糕。参与者要遵循一项简单的逻辑规则，例如"如果 x，那么 y"。这种规则有时具备社会背景，例如"如果一个人不满 18 周岁，那么他不可以购买酒类产品"；有时它是纯粹抽象的，例如，"如果卡片的一面是黄色的，那么它的另一面必定画着一个三角形"。在前一种情况下，也就是在具备社会背景的情况下，遵守这一规则的正确方法往往会直接跳到人们的脑子里。大约有 80% 的人得出了正确答案。但是到了纯粹抽象任务时，结果却大相径庭，做错的比例高达 85%。如果觉得这匪夷所思，你可以自己到网上试一试。[1] 即使得出了正确答案，你也肯定觉得答案没那么一目了然。最令人称奇的是，如果把同样的纯粹逻辑卡片任务交给小组，请小组成员共同解决，抽象任务的正确率也会达到80%。如此看来，走出认知孤岛确实能让我们变得更聪明。[2]

近些年来，哲学也在亡羊补牢地纠正它对孤寂思考的偏爱。社会认识论研究的是信念的形成与证明的社会维度。它已经变成了如今哲学王国里最富活力和趣味的领域之一。在它出现之前，人们普遍认为社会性的一面削弱了理性的一面。比如，如果科学工作者受到了"社会因素"的显著影响，人们就会认为，这干扰了他们的客观性。这样的例子数不胜数。那些得到食品企业赞助的研究报告会极力支持一些荒谬的说法，例如人们饮食的最大问题是脂肪，而不是糖；化石燃料企业赞助的研究报告会和气候变化论唱反调；制药企业会掩盖药物测试的无效结果和负面结果；在面对农业问题时，大型"农业科技"企业力推的解决方案往往让不够集约的替代性方案无从施展……这样的例子可以一直举下去。社会对理性的干扰何止一桩，它包括政治和意识形态动机、文化层面的扭曲和资本的刺激等。

所有这一切都是真的，但是，作为社会认识论的先驱之一，艾尔文·戈德曼指出，这些不过是一面之词。它遮盖了一个明显的真相："我们可以运用社会资源获得更多的知识，它包括援引他人的经验和前人做过的贡献。在某些问题上，他们也许提出了更好的想法，也许受过比你更好的教育，或者仅仅是比你读过更多的书。在这方面，社会因素不一定与理智因素或者知识的获得彼此冲突，前者反而是对后者的补充。"

孤独的天才并非不可能存在，但是他们只能算例外，不能成为常规。而且这样的人正在变得极其罕见，因为如今的知识浩如烟海，没有哪个人能足够全面地消化吸收它们，并由此提出真正独创的见解。只要对思想史仔细打量一番，我们就会发现，孤独的天才通常是难以捉摸的。最杰出的哲学家都能兼顾孤寂的反思式写作和与其他才俊的深度交往。亚里士多德是这一模式较早的典范。每次在课堂上讲一个问题时，他总是首先回顾别人的说法。他的吕克昂学园和柏拉图的阿卡德米学园一样，都是哲学家聚在一起高谈阔论的地方。作为现代大学的前身，这些学园是由思想者组成的共同体，唯一的宗旨就是推动学识的进步。虽然笛卡儿的《沉思录》读起来很像一部个人反思录，但是它的出版伴随着一系列的反对声和各种论争，而这些批评都是笛卡儿求之不得的，由他主动寻来。为了撰写自己的第一部杰作，休谟确实前往与世隔绝的拉弗莱舍闭关写作，但是他定期与这座小镇上学识不凡的僧侣们进行晤谈，而且一直很重视思想上的志同道合者并且同他们保持书信往来。如今，同行评审早已成了与他人开展思想合作的制度化要求。

每个人都应该融合他人的思想，全世界多数的伟大思想都是这样炼成的。假如你喜爱音乐，却只是埋头听自己作曲的作品，或者只听本国的音乐作品，那你简直愚不可及；假如你想要论证一项推理，可是只顾着闭门造车，对国外的观点不屑一顾，那么你同样愚不可及。

但是我们仍然需要独立思考，因为无论是顺从主流观点，还是反其道而行之，这终究是我们自己的选择和责任。有的时候，那些打破正统的人就是对的。不过我们总是把**独**立思考的重要意义同**独自**思考的意义混为一谈。把自己锁在书房里冥思苦想，最终拿出来的可能只是半生不熟的臆想，而不是一鸣惊人的创见。诀窍在于同别人一起思考，但要为自己而思考；不要随波逐流、盲目从众，而是用他人智慧的力量帮助自己开辟独立自主的道路。那么，具体该怎样做呢？

扩宽精神交往的一种方法是把目光放到自己的文化之外，无论它是国家文化还是学科文化。英国政治理论家和政治家比库·帕雷克正是在这个基础上为多元文化主义大声疾呼的。他为多元文化主义设立的前提是这样一种观念："没有一种文化可以垄断所有的智慧，也没有一种文化能够体现所有的伟大价值，因此，各种文化存在很多需要彼此学习借鉴之处，而主要的学习方法就是对话。对话的关键在于，每种文化都要清醒地认识自身的假设及其优缺点，并向其他文化学习。"

历史证明帕雷克是对的，多样性是思想的调味料。哲学的大爆发几乎总是发生在人群和思想极大流动的时代和地方。古代的雅典是一个兴旺的贸易枢纽，18世纪的巴黎、阿姆斯特丹和爱丁堡也是如此。在所有这些例子中，不同思想背景的人总是在正式或非正式的场合相聚，共同思考。这样的思想碰撞数不胜数。

帕雷克称之为"互动性多元文化主义"或者"多元主义"。它的最关键因素是互动。人们总是过多地以为，多元文化主义就是为多种多样的世界观欢欣鼓舞而不去挑战它们，哪怕只是对其他文化的简单质疑，也会被视为心胸狭隘的沙文主义。帕雷克认为，这种所谓的"尊重"是贫瘠无物的，因为它认为文化的多元性经受不起批评或者根本不值一学。

思想的多元性还可以通过另一种方法获得，即寻找思想对话者。不过这是可遇而不可求的，不一定适合每个人。我的很多采访对象都谈到，睿智的同道人让自己受益良多。迈克尔·弗雷恩谈起他与自己在剑桥的导师乔纳森·本内特的引人入胜的对话。弗雷恩说，本内特老师是个"热情如火，浑身散发着能量"的人，也是

"我遇见的最好辩、最难相处的人……就算你说了句'早上好',他也能抬上一杠"。弗雷恩的课一般从中午开始,两个人通常会去酒馆吃一顿午饭,下午在本内特的办公室继续交流,直到吃完晚饭对话还在继续。"这项工作十分艰苦,但它绝对令人着迷、引人入胜。"弗雷恩说。

如果无法和他人一起思考,也可以尝试通过想象他人的思想来思考,这个简单的方法可能很有帮助。很多小说家喜欢自己创作的人物所带来的惊喜,丽贝卡·戈尔茨坦也不例外。她的第一部小说《心身问题》(*The Mind-Body Problem*)使用第一人称叙事,而且主人公的观点和作者本人的观点大相径庭。戈尔茨坦回忆说,在写那本书时,有一次她在纽约的地铁站里遇到一场小风波。"首先是**我**做出了反应,紧接着,我听到**她**做出了反应,而且她比我幽默得多。她有办法在整个过程中用一种让人身心愉悦的方式讲话。那是一次不可思议的经历,它把我引向了自己连做梦都想不到的地方。"比如,她说自己之所以提出"重要性图谱"的想法,就是因为吸收了小说主人公的观点。重要性图谱是一种工具,用来帮助我们思考自己生活中一切重要的事。

并不是每个人都有小说家与生俱来的想象力。但是我们都可以站在别人的角度看待问题。多数人都有过这样的经历,我们会在无意中吸取别人的观点。在面对一些情况时,我们突然发觉自己会想到,自己的父亲可能怎么说,自己的同事也许怎么想,自己的配偶可能做出什么反应。我们有时还可能刻意地去想象他们的说法。基督徒会问自己:"如果换成是耶稣,他会怎么做?"(显然,他们并不会意识到,认为自己可以想象上帝的思想是一种亵渎神明的狂妄自大。)人们还会想象,一位比较聪慧的朋友会怎么说、怎么做,这种做法更自然，常常也很有用。虽然这听起来有些诡异，但它确实意味着即使独处斗室，我们也可以和别人共同思考。

但是，在有些情况下，群体的思想可能会成为一个牢笼，而不是一种解放。1978年5月，《光明日报》头版刊发特约评论员文章《实践是检验真理的唯一标准》。整整20年后，中国哲学家欧阳康写道："这篇文章提出，包括马克思主义在内的一切形式的知识，其真理的本质都必须由实践来判定和证明。包括马克思主义在内的所有科学知识，都应该根据实际运用的具体情况修正增补，并在实践中不断发展进步。"

对中国的哲学家来说，这是"解放思想"的一刻。1978年以来，中国的哲学研究赢得了比较独立的学术地位。

在西方，因循守旧的危险来自群体思维。同他人一道思考当然有莫大的益处，但它也会产生过度共识的风险，让其他不同的观点无法立足。群体思维也因造成不少重大的集体失误而遭到指责。心理学家欧文·贾尼斯是这个概念最早的提出者之一。他举的第一个例子是美国在古巴猪湾入侵行动中遭遇的惨败。肯尼迪总统和他的团队不加甄别地接受了美国中央情报局（CIA）对入侵合法性和成功可能性的看法，而对质疑者的意见置之不理。第二个例子是1986年"挑战者号"航天飞机事件。美国国家航空航天局（NASA）不经鉴别地接受了一项群体判断：必须按照原定日程发射。这样做的后果是，团队关键成员提出的严重安全隐患没有得到认真对待。美国国家航空航天局因此饱受指责。群体思维不仅可能让观点变得僵化，还可能把它们推向危险的极端。

群体思维描述的并不是一种具有清晰界定的现象。它不是精神疾病，总是表现出同样的病因和症状。它更像一种涵盖性的总称，用来概括群体思维可能造成过多共识和因循的诸多方式。批判式思维可以预防群体思维，这样的想法听上去令人心安，但是它也可能沦为另一种认知偏误的牺牲品：愿望思维。

　　以哲学为例，哲学史上充满了各种各样的门户派别，例如维也纳学派、美国实用主义、英国经验主义、剑桥柏拉图主义、苏格兰常识学派等，所以真的有人认为哲学能在面对群体思维时免俗吗？更不用提布达佩斯、伊奥尼亚、京都、利沃夫 – 华沙和法兰克福等林林总总的其他学派了。它们只是冰山一角。时至今日，各个大学院系仍然和不同的哲学风格及路径暗通款曲，即使在同样讲英语的地区，如果你在哈佛大学、牛津大学、芝加哥大学或者埃塞克斯大学等不同地方学习哲学，你有时仍会感到它的面貌有所不同。这样的不同有时很微妙，有时非常明显。

　　哲学家都是自由思想者。这样的想法当然令人愉悦。但是，我们不断看到的事实是，一个人秉持的哲学思想在相当程度上取决于他在哪里做哲学。如果放任自己，自以为可以对这样的压力免疫，那么我们逃脱群体思维的可能性就会变得微乎其微。没有人会不改其乐地承认自己在随大溜，很多人都在无意中随波逐流，这容易得让人害怕。任何一个利益共同体都具有形成共同认识的趋向性，而且，共识一旦形成，人们就很难超越它来看待问题。

　　政治保守派认为，很多社会实践和常规公正与否主要取决于它们是否可行，而不是看上去是否符合理性。因此，对他们来说，群体思维的危险性尤为显著。保守党政治家、哲学家杰西·诺曼坦承："究竟是愚蠢的、人云亦云的普遍看法，还是来自群众智慧的、获得广泛接受的共同认识，我们没有一种绝对灵验的办法把二者区分开来。这一点千真万确。"一位理智的保守人士不会以为已有的传统和观念必定是最优的，不过他同样不会认为，如果乍一看它们不符合理性，那就一定要予以全盘否定。

群体思维并不是一种不可抗拒的力量，并非每个人都要不可避免地臣服于它。贾尼斯认为，肯尼迪政府正是因为从猪湾的惨败中吸取了教训，所以才能在一年后安然度过古巴导弹危机。积极主动的策略可以打败因循守旧的惯性。群体的领导者需要把自己的参与降到最低，还要广开言路、鼓励批评意见。问题应该由各自独立的多个团体共同讨论。我们不仅应该寻求外部的专业知识，还要全面考虑所有的替代方案。

从个人层面来说，我们应该用类似的、没那么正式的方法来抵御群体思维。主动寻求不同意见，征询外部人士的看法。不要从同一个渠道或者立场相似的人那里获取所有信息。随时准备质疑朋友和同事，并学会在不冒犯他人、不产生对立的前提下做到这一点。忠诚应该是对人而言的，而不是对思想。

我们如果把自己变成他人的追随者，就会把对人的忠诚与对思想的盲信混为一谈。迈克尔·达米特解释说，在德国，曾经"每一位教授都有一套自己的体系，学生必须研究和接受这些体系"。他还同我分享了一个故事。故事说的是一个人去弗莱堡拜入胡塞尔门下：

> 他说，那天他来到了胡塞尔家，说自己是老师新来的学生。胡塞尔开门之后请他稍等一下，就转头回到了屋子里。不一会儿，胡塞尔抱着一堆书出来对他说："我毕生的作品都在这儿了。"也就是说，这位学生要先回去把这些书读完，才能回来拜入老师门下。

达米特说："我不太认同这样的传统。"但是哲学这门学科有一项庄严可敬的传统。在中国和南亚次大陆，这项传统规定，一个人必须在师父的膝下学习。这样的形容是名义上的，它更多是一种比喻（而且几乎没有女性师父）。入门弟子要学会谦恭，懂得先下苦功的必要性，只有这样，有朝一日才能不揣冒昧地提出自己的想法，而且他们的想法很可能是在对先贤充满敬意的解读中委婉表达出来的。

在当代英语哲学界，这样的敬意被颠倒过来。从入学的第一天起，学生们就要对伟大先哲的论证提出猛烈的批判。类似笛卡儿的《沉思录》这样的经典著作被用作"打靶训练"，帮助学生提高批判技能，于是敬意荡然无存。

我是英语哲学系统的标准产物，不可能失去对开放批评和对立思想的执着。但是，这种精神是可以调和的，其方法是更深刻地领会这样一种必要性——先真正投入时间去理解一项立场，再提出批评也不迟。被要求提出批判的学生面对的是混杂而矛盾的信息：一方面，这些著作号称历史上最伟大的哲学作品；另一方面，人们相信，即使刚入门的新手也能找到伟大著作的明显漏洞。

没来由的打破传统和蒙住眼睛拉磨一般的因循守旧都要被避免。既要断然丢弃对自身信念的执着，也要抛弃对特定思想者、理论或者门派的愚忠。要做到不偏不倚，超然于门户之外。出色的推理与选边站队无关。

谈到门户之见的危害，最让人触目惊心的例子莫过于围绕着维特根斯坦的狂热崇拜。维特根斯坦是一位真正的天才，他既魅力四射，又非常古怪。剑桥大学的哲学在很多年里几乎完全走在维特根斯坦的道路上。那里的学生甚至会模仿他的举止做派和说话方式，这也许不是刻意的模仿，但是他们确实对他崇拜得无以复加。

斯蒂芬·马尔霍尔是维特根斯坦的铁杆崇拜者。他强烈地感受到一种圈套的存在，那就是自己的哲学最终成了对这位奥地利人（即维特根斯坦）的"一种模仿秀"。马尔霍尔说："面对维特根斯坦时，无论是沿着他的道路走，还是从他的思想出发，你都很难保证自己的声音不被他的声音彻底淹没。你可能发现自己所做的一切不过就是在复述他说过的话。"

思想家的方法和认识常常被追随者照搬不误，并被尽可能广泛地使用。马尔霍尔承认"这具有一定的吸引力"，但是"它同时也有极大的风险，因为你可能正在特别机械地做某件事"。马尔霍尔认为，维特根斯坦学派有很多第一代和第二代的哲学家看上去确实"像是游走在滑稽模仿秀的边缘地带"。

马尔霍尔的第三条道路要求人们"认识并感激维特根斯坦所做的一切，但要更热切地表达对这一学科的自我认识"。这当然是处理一切有益思想的最佳方式。我们必须认识到别人的贡献，而且不能在前进的路上丢掉它们，但也不能把它们奉为不容置疑的永恒真理。安东尼·肯尼的维特根斯坦哲学之路就是这样建立起来的。肯尼指出："维特根斯坦并不是我始终仰望的哲学巨星。他给了我一双眼睛，我用它来审视万物。"

值得庆幸的是，盲目崇拜在哲学界并不常见，但它并非完全没发生过。我见过的最极端的例子是荷兰哲学家维姆·克莱文。我在读大学本科的时候，参加过一个鹿特丹伊拉斯姆斯大学的交换项目，并在那里上过一门关于斯宾诺莎的课。那门课的教师正是维姆·克莱文。很明显，他要证明斯宾诺莎在一切问题上都是绝对正确的，并把这当成了自己的毕生使命。我发觉，如果在课程论文中提出针对斯宾诺莎哲学的批判性内容，一定会一败涂地。于是，我用那篇论文极力证明这位伟大的荷兰理性主义者有多么正确，结果克莱文给了我 10 分的满分。对一门像哲学这样的课程来说，这样的分数可谓荒唐，因为做到完美是不可能的。如果我自作多情地认为，这个满分说明了我的天赋异禀，那么我很快得到了纠正——因为和我一起前往荷兰交流的三位英国同乡使用了同样的奉承手段，而他们同样拿到了满分。

对一位哲学家的绝对盲从不如对一个学派的效忠那么常见，后者在印度几乎成了定例。过去的哲学家被分门别类，归入了各种流派，而如今的学者通常要选择奉行其中的一派。印度哲学大会上的全员讲座都是献给特定学派的，我在出席那场活动时发现，每位演讲者都在为自己的学派摇旗呐喊。

如果放在西方，如此明目张胆的派性一定会遭到贬斥，但它仍会通过程度不一的隐晦形式表现出来。一个最引人注目的例子是所谓分析哲学与大陆哲学的分野。两者间的裂痕从 19 世纪末开始显现，到 20 世纪中叶时，这道裂缝已经扩展成了一条峡谷。关于这一分野，最好理解的说法是：它反映了人们对哲学在后康德时代应当如何前进这个问题的认识分歧。康德曾经指出，人类的知识仅限于**现象**世界——表象的王国，而由事物本质构成的**本体**世界是不可知的。在英语世界里，它成了一盏绿灯，允许人们放心大胆地从事本质上依据经验的、"接地气"的哲学研究，把一切关于终极现实的讨论当作形而上的玄谈抛于脑后。康德哲学的遗产在德国和法国尤为显著地引发了现象学的兴起。现象学这条道路通向的哲学致力于分析人类对大千世界的体验，并把它奉为主旨。这在后康德时代是不言而喻的，因为如果你接受了他的哲学，那么可供探讨的恐怕只有人对世界的体验了。

我并不认为这一分歧像很多人认为的那样深,不过,在过去的几十年里,它引发的制度性隔阂夸大了二者之间的差异。在不同地方学习和研究的人们会看到不同的后康德文集、听到不同的术语、面对不同的问题(至少是相同问题的不同构造形式)。于是,哲学语言开始分化出两套不同的方言,而且,随着时间的推移,它们越来越听不懂对方在说些什么。

在西蒙·格伦迪宁看来,这一分立还具有一种象征意义。他提出,从历史上看,哲学成功地让自己与诡辩术划清了界限。哲学是正心诚意的论证,而诡辩术是言之无物的推理炫技。伴随这一分别而来的是更多成对出现的限定对立:"逻辑与修辞、明晰与晦涩、精确与模糊、白话语言与诗性语言、分析与臆断等"。格伦迪宁认为,为了支持自身的形象,哲学永远离不开那个站在对立面的"他者"。因此,对以英语为母语的哲学家来说,大陆哲学就"被自封的分析哲学塑造成一个虚假的化身,它成为一种可能性的具体体现——它是内含在一切哲学分析之中并构成危害的可能,是变得空洞无物的可能,是沦为诡辩的可能"。

门户之见使得英语世界完全抛弃了这项与之关系如此密切的哲学传统,即使这项传统曾被准确地视为它面貌不同的孪生兄弟,更不用提西方哲学对非西方哲学传统几近彻底的无视。

门户之见还会助长"聚类思维",这也可能影响正常推理。我们有时认为某些信念组成了一个自然集合,实际上它们是各自独立、互不相干的。这就是聚类思维。它在政治中表现得最为明显。

谈到聚类思维,米歇尔·翁弗雷举过一个富有争议的例子。在他看来,在左翼政治圈子里,这种批评伊斯兰教的做法是极大的禁忌:

一方面是资本主义、资产阶级、美国、乔治·布什、以色列；另一方面是巴勒斯坦、伊斯兰教、第三世界、解放运动。选择伊斯兰教就意味着要反对布什和西方资本主义。我反对这样的二分法。我不要选边站队，布什和本·拉登我都不选。人们在20世纪犯的一大错误就是非要选择一个阵营——要么选苏联，要么选美国，萨特和雷蒙·阿隆都受到了它的影响。我和那些拒绝选择阵营的人站在一起，比如加缪。

很多政治讨论仍然受到聚类思维的影响。美国共和党之所以迟迟不肯接受气候变化的事实，很大一部分原因在于它被视为民主党的追求。虽然碳税几乎肯定可以成为减少温室气体排放的最佳手段之一，但是很多右翼人士坚持反对这项举措出台，因为增加新的税收非他们所愿，而且很多环保主义者不喜欢它在现有资本主义制度下的作用方式。在欧洲，左翼党派和中间党派始终轻视爱国主义，并对移民可能引发问题的认识不屑一顾，因为他们把这一切同右翼的、排外的民族主义联系在一起。

正如米歇尔·翁弗雷指出的，聚类思维容易产生错误的二分法。它把一个问题呈现为二重结构，然而在现实生活中，你根本不用做这种选择。比如，有些环保主义者声称，我们要在保持经济增长和降低对环境的消极影响之间做出选择。这是一种错误的二分法，因为有些经济增长是依靠效率的提高来驱动的，而不是耗费更多的资源——例如，高效的可再生能源既能产生更多电力，又能降低温室气体的排放和自然资源的消耗。绿色增长分明是一种高度真实的可能性，可是"要增长还是要环保"的错误二分法把它说成了一种对顶。

杰西·诺曼告诉我:"我们已经走出了一段相当无聊的聚类思维时期。在那段时期里,你只要知道一个人的一个看法,就会推而广之地以为了解了他的思想全貌。"我觉得这句话里的"我们"应该是很小的一群人。如果群体能进一步扩大,较少地关注反对聚类思维的群体,更多地关注时代精神,那一定会变得更好。

人的思想可能过分独立,也可能不够独立。完美的落脚点存在于过度的孤僻和过分的从众之间。不过这个完美的落点并不总是处在二者连线的中点上,它是根据具体情形而变动的。对于特立独行的人而言,恰当的独立有时也会达到高处不胜寒的程度,让其陷入孤立无援的处境。那么,什么时候会出现这样的情状?

理查德·斯温伯恩说过:"我当然是显而易见的少数派。"很少有哲学家像他一样相信非物质的灵魂存在,或者认为上帝存在的理性依据是无可争议的,但他并不觉得这是个问题。斯温伯恩指出:"我对真理充满了浓厚的兴趣,我希望自己能从别人身上多多学习,但是论证自有它的走向……任何时代的任何一位哲学家都注定要同他人较量,有些最出色的哲学家一开始都是少数派。所以,这样的情况并不令我挂怀。我关心的是出色的论证。"

这些话里的思想独立性读来令人钦佩,从抽象层面上看,我们很难不认同这些话。但是我可以肯定地说,斯温伯恩并不是孤独的理性之声。无论打破旧习的行为具有怎样的浪漫色彩,现实的冷酷真相在于,大多数异见者是完全错误的,而且他们大多会使用斯温伯恩式的说法为自己的观点辩护。留给我们的是——让我们姑且称为异见者的悖论:持有不同意见的少数派选择遵循证据和论证,而不是盲目从众,他们这样做是对的。但是问题在于,当他们这样做时,绝大多数人被引向了错误的结论。

不过它只是表面上的悖论。真理与民主不同，前者无法通过谁是多数、谁是少数来判定。但是，如果你在一个问题上提出了反对意见，而且这个问题背后站着出类拔萃的专家，那么你必须证明自己的意见是对的。在其他条件完全相同的情况下，默认的解释应该是反对者出错了。假如你和 20 位奥数冠军一起做一道数学题，他们得出了相同的结果，只有你的答案和他们不一样，那么我们几乎可以肯定地说，一定是你算错了。

极少有问题会像一道数学题那么对错分明。不过就算是一个复杂得多的问题，只要涉及专业知识和证据问题，提供证据的担子就要落在异见者肩上。他们必须证明为什么众人皆错我独对，而不是反过来。

举例来说，假设你是一位铺瓷砖的师傅，你在寻找最好的瓷砖，而且你知道，几乎所有人都在使用一种标准的厨房瓷砖。不过你后来发现了另一种瓷砖，它的价格稍贵一些，但是据说品质高出很多。这种瓷砖已经上市好几年了，但是始终销量平平。你很想知道为什么。你怀疑是不是这个行业过于保守，对新材料不够开放。不过你也知道，过去有很多产品被寄予厚望，结果事实证明它们很糟糕或者定价过高。请问你如何判断这款瓷砖和它们不一样？

提供证据的责任落在了这款新产品的厂商身上。因为前面那款经典产品已经经受住考验，第二种瓷砖的厂商必须证明自己的产品是更好的。这并不是针对新事物的偏见，而是一种合乎理性的要求，因为成熟产品已经通过多年的表现证明了自己的品质，而新产品并未如此。

举证责任包括提出一个"错误理论"，用以证明为什么大多数人是错的（见前文关于"错误理论"的论述）。也许是因为人们缺少关键信息（它是最近才为人所知的）。你也可能不加宽恕地认为人们过于守旧。如果人们都在毫无证据的情况下把那款瓷砖斥为垃圾，那么愤世嫉俗的解释就会在你心里占据上风。但是，如果人们提出，自己认识的某个人用过这种新型瓷砖，结果不太满意，而且很多人都讲过这样的故事，那么你的"错误理论"看起来就会缺乏说服力。

这个原则对瓷砖师傅的主顾同样有效。如果十个师傅里有九个说那款更贵的瓷砖性价比不高，那么你有足够的理由认为它就是不值得购买。当然，这样的假设并不是完全不容置疑的。我们应该用开放的心态对待论证。但是，如果只有一位师傅这么看，其他师傅都反对，坚持用它可能就不大明智了。这并不是"随大溜"，这是对专家的共识给予应有的重视。

反对者需要承担的举证责任大于主流人群，因为我们通常可以比较合理地认为，多数意见反映的是大多数能力胜任的人基于最全面的证据所做出的合理判断。但是这并不代表持不同意见的少数人永远是错的，是不值一提的，但是它确实能解释，为什么在接受他人说法之前格外谨慎并不是狭隘的群体思维。

在有些情况下，举证责任并不属于反对者，反而属于现状的支持者。政治和公共政策领域就是个例子。珍妮特·拉德克利夫·理查兹提出："如果一项政策引起明显的危害，你会认为它是不正当的，并在其他证据出现之前始终坚持这样的假设。你会挑战这项政策的支持者，要求他们推翻这一假设。"无论所谓的专家怎么说，只要一项政策引起了明显的危害，举证责任就会落在它的维护者肩上。

这对保守者来说是个挑战，因为他们认为，举证责任总是属于

第十章 ｜ 独立思考，但不要独自思考　　249

革新者，现状的维护者从来不需要提出证据。他们认为，变革总会带来出乎意料的后果，所以支持变革的原因一定要强过什么都不做的原因。我认为，拉德克利夫·理查兹已经很好地说明了为什么我们不能盲目滥用这一谨慎性原则。如果现状明显地引发了危害，那么举证责任就会反转，更多地落在保守者身上，而不是革新者身上。

下面是我最喜欢举的一个例子。曾几何时，很多女性被禁止从事传统意义上的男性工种，例如消防员等。因为这样的禁令造成了明显的社会危害——它剥夺了半数劳动人口从事某些职业的机会，所以举证责任不在可能是少数派的改革者，而在现状的维护者。你一旦提出挑战，就会发现对方根本拿不出证据来。比如，保守派有一条很重要的论据是：因为某些工作需要一定的体力，所以不适合女性来做。拉德克利夫·理查兹反唇相讥：这简直是胡说八道。如果体力真的那么重要，我们就应该通过体力测试来选人，而不是根据性别来选人。[3]

拉德克利夫·理查兹提出，类似这样的事例说明，"日常生活里的大多数论证看似合理，其实都是从自己想要的结论出发，再为它捏造出一些所谓的论据"。实际上，有些顽固的歧视性做法都是由一些老掉牙的论据支持的。让拉德克利夫·理查兹震惊不已的是，她发现那些论据"根本站不住脚"。很多时候，"它们的前提根本无法支持结论，或者明显是为了得出特定结论而刻意捏造出来的。我们可以用这样的方法推翻许多耳熟能详的认识，这简直太神奇了"。

举证责任在谁？这个问题很难找到一致的答案。比如，在发生公共卫生紧急事件时，制药企业证明其药物或疫苗安全的举证责任也许小于平时。尽管如此，追问举证责任在谁仍然是个很有帮助的好习惯。也许有些出人意料的是，它的答案常常是明确无误的。

在得出结论的过程中，我们不可避免地需要依靠具备专业知识的人士。向他人学习并非只有益处，我们还必须为此付出代价：我们必须信任他们中的一部分人，把他们当作可靠的信息来源，而且我们根本无法验证他们说过的每一句话。由此而来的问题是："在不具备必要专业素养的情况下，我怎么知道该去信任哪些专家？"

我为此提出一种"认识论分类法"：它是一种评价方法，用来甄别和排列那些自称专业知识的意见。[4] 首先要看它属于哪个领域：我们是否有理由相信这个领域里存在真正的专家？如果有，他们的专业程度如何？比如，一旦被拉进了否认新冠的阴谋论里，你就会遇到类似"病毒不是真的"这样的论调。我们有充分的理由相信，与此相关的、健全的专业领域可以解决这个问题，例如病毒学、公共卫生、药学、医院管理等。

专业领域确定之后，第二步需要找到与此相关的专家人选。很多否认新冠的人都会引用专家的说法，但是这些专家常常来自无关的领域。一项理论如果拥有物理学家或化学家的支持，一定让人印象深刻，但是，病毒学和医学是专门的领域，我们没有理由相信，一位研究希格斯玻色子的专家必然懂得人们为什么会患上呼吸系统疾病。考虑到所在领域的相关性，正确的选择应该是病毒学专家、公共卫生官员、医生和医院管理者等。

一旦明白地说出这一道理，每个人就会觉得它再明显不过，但是我们经常会把"某某领域的专家"直接当作专家来看待。这样的情况非常惊人。试想一下，新闻媒体的报道里是不是经常出现"科学家指出"的说法，而且从未说明他来自哪个领域，甚至没有说明他高谈阔论的内容算不算科学问题。"科学家指出，人类并不拥有自由意志"，这是我最常用到和最深恶痛绝的例子，因为科学根本无法证明或者证伪自由意志的存在。再举些更日常的例子，比如，你的电工师傅也许对电气系统非常在行，但他不一定懂得室内装潢或者人体工程学，所以，如果他们给出了关于家具配件选择及其安装的意见，我们应该采取比较谨慎的态度。经济学家也许懂得哪种就业政策最有可能提振 GDP（国内生产总值），但对这些政策如何影响社区和员工福祉一无所知。一位医生也许可以告诉你不同治疗方案的预后，但他不知道你最想要的是拥有最好的生活质量还是尽可能地延长寿命。

近些年来，人们对所有行业专家的尊重都在降低。这来自一种新民粹主义情绪——不信任精英，并在面对一切精英时，"以白眼对之"。我们要停止对专家无差别的迷信，这是对抗上述问题的关键所在。民粹主义者认为，精英阶层鄙视普罗大众的骄狂傲慢是对民主的威胁。雅克·朗西埃认同这一点，但是他指出，问题并不在于专业知识本身，而在于对"专业知识的垄断，以及'只此一家，别无分号'的独尊思想"。这样的精英主义完全是非民主的，因为它否认了这样一种必要性：民主社会的决策必须建立在多种专业意见的基础之上。

确定了专业领域，又确定了对口的专家，第三步要解决的是，这位专家是否值得信任。如果拿"9·11"阴谋论来说，第三步非常简单：真正对口的专家一致认为双子塔的倒塌根本不需要受控爆破，那么我们完全没有理由不相信他们。

但是，有时候我们还要再细心一些。比如，有一种说法认为，麻腮风三联疫苗会引发孤独症。依照认识论分类法来分析：首先，医学科学是正规领域；其次，安德鲁·韦克菲尔德是恰当类型的专家；再次，他是一名内科医生，也是一位著述颇丰的学者。但是他的一篇论文错误地把麻腮风三联疫苗同孤独症联系在一起，并且通过了同行评审，得以发表在顶级期刊《柳叶刀》上。单就表面而论，他可以通过我们的审核。

如果审视得再认真一些，我们就能清楚地发现，韦克菲尔德的论断超出了他的专业知识范围。他的论文明确指出，未在该疫苗和孤独症之间发现因果联系，不仅如此，那篇论文的立足之本是一项仅有 12 位父母参与的研究。在一次新闻发布会上，韦克菲尔德进一步提出对麻腮风三联疫苗注射的怀疑，然而，他的这一怀疑遭到了同行的抨击。就像我们在前文提到的，当存在公认的专业知识时，提出证据的责任总是落在反对者身上。为什么众人皆错，只有他们是对的？请亮出证据来。韦克菲尔德拿不出这样的证据来。

即使那篇通过了同行评审的论文得出了更强硬的结论，单凭一项研究也不足以做出任何科学论断。某篇论文如何"证明"了什么是真的——我们总是会读到这样的论调，但它实际上几乎往往只是在"暗示"什么可能是真的。只要有人提出了一项新奇的发现，我们就应该谨慎地看待它，认为它还不够完善，还要得到其他研究的支持才行。

时间长了，人们越来越清楚地发现韦克菲尔德是不值得信任的。其他研究人员反对他的结论。他们发现，参与那项研究的对象都是从同一个家长群里招募来的，而那群家长当时正在谋划把麻腮风三联疫苗制造商告上法庭。不仅如此，那项研究的很大一部分资金来自一个同样想对麻腮风三联疫苗实施法律手段的组织。这个例子说明，我们确实很需要给自己打上一针"糟糕思维"的预防针。

这个三步分类法可以帮我们决定相信谁、相信多少、相信什么。如果一项论断是关于占星术的，我们就有充分的理由认为，这个问题不存在权威专家——除非你想了解一些关于占星术的历史或者它是怎样被使用的。星象大师对未来的预言的可信度几乎等同于胡同口大爷赤膊论道。假如一项论断谈论的是日常饮食，一定切记一点，虽然我们都掌握一定的专业知识，但我们的知识仍是非常不完备的。无论面对的问题是什么、出自哪个领域，一定要寻找最优秀的专家和著述，不要把随机翻到的数字当真，也不要轻信那些最畅销的作家。至于社交媒体上粉丝最多的意见领袖，他们可能还不如胡同口那位大爷可信。

有的时候，一个领域是否具备真正的专业知识并不明朗。很多领域披着漂亮的外衣，令人不禁肃然起敬。它们都有自己的协会，会颁发认证和资格证书，而且是会员尊享的。但是，只要仔细端详它们提出的高见，你常常会发现这些高见一文不值。下面是一个设计巧妙的擦边球的例子。例如，一个人持有神经语言程序学（NLP）大师级从业资质证书，这一证书看似很高级，但其实 NLP 是一个尚无监管的行业，这张证书能证明的只有一件事：持证人圆满完成了一项付费培养，发证机构通常是一家打着 NLP 招牌的营利机构。想要对它的价值一探究竟，你必须更近距离地审视 NLP 是什么，它的主张是不是站得住脚。这就要借鉴其他心理治疗专家的评价，而这些评价又离不开人们对心理治疗本身可信性的评判。（关于对 NLP 的评价，请读者自行得出结论。你可以把这个问题当作一项课后作业。）这种问题就像无底洞，一个人穷尽一生的研究也无法得出决定性的结论。每到一个阶段，我们都必须付出一定程度的信任，同时依靠自身的判断。

这看上去也许不太令人满意，但是奥诺拉·奥尼尔说得很好：

"在我看来,要一辈子不相信任何人,这简直是孩子般的幻想。"对奥尼尔来说,世上不存在"一种神奇的生活方式,它总是给你带来笃定和证据,让你永远不用相信任何人"。她还以买车这个特别日常的事情为例:"我对汽车一窍不通,所以我必须依靠懂它的人。我该相信谁?为什么?谁能保证这个人是百分之百客观公正的?……我们得到的永远是不够完美的证据,所以不得不赌上些什么——要么这样赌,要么那样赌。"

对专业素养的尊重是必不可少的,也是值得追求的,但它永远不该被视为理所应当或无须评判。如今有太多的伪专家招摇过市,就连真正的专家也不应该被奉为神明。我们很多人都有自己深深尊重和敬仰的人,即使是面对这些人,我们也应该毫不犹豫地质疑。我们应该尊重专家,欣赏他人,但是我们永远都不要做盲从者。

怎样独立思考而不独自思考？

- 不要把自己和别人以及别的思想隔绝开来，要多多接触。
- 如果遇到学识上的问题，尽量和别人一起解决，不要自己钻牛角尖。
- 为自己的想法寻求建设性的批评意见。
- 把眼界拓展到自身兴趣、学科或者文化之外的广阔天地。要心存敬意地接触它们，但不要丢掉了批判性。
- 如果没办法向自己敬仰的人提问，可以想象他们会怎么想。
- 不要以为自己能对群体思维免疫，没人能做到这一点。
- 避免从同一个来源或者立场雷同的人那里获取全部信息。
- 忠于人，而不是忠于想法。
- 不要拉帮结派。
- 避免聚类思维：认为某些思想必定同进退、共沉浮，实际上它们各有自己独立的正确性。
- 抛弃错误的二分法，它会把复杂问题简单粗暴地降格为非此即彼的选择题。"要么/要么"里面常常潜伏着"都不"或者"都是"。
- 追问举证责任的归属。在具备成熟知识和专业学识的情况下，举证责任通常落在异见者身上。在出现明显危害的情况下，对危害的来源持肯定意见的人通常需要提供证据。
- 在选择听信哪位专家之前，首先探明是否存在一个具备专业知识的真正领域，然后确定恰当的专家人选，最后检验入选专家的资质和可靠性。

[第十一章]

把万物联系起来

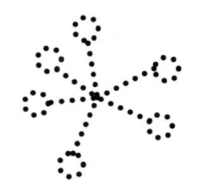

CHAPTER
ELEVEN

没有人一开始就能做到完美——人生一开始总会有很多不明白的事。一个人只能从懵懂无知出发,走向尽善尽美。

——陀思妥耶夫斯基,《白痴》

谈到自由多元文化主义者的矛盾，斯拉沃热·齐泽克有一种看法非常有趣："一方面，他们会抬高对方，把对方完美化。另一方面，只要触及同性恋、女性权益之类的话题，他们又会像叶公好龙一样被吓得惊慌失措。"他认为，人们经常用"包容"这个词来掩盖更深层次的敌意。"人们会说'让我们彼此多多包容'，它的实际含义常常是'你离我远一点儿'。"他还揶揄了自由主义者的这样一种做法：他们会把其他文化里的传统和实践捧到天上，却从来不觉得自己有责任奉行自身的传统和实践。"这已经不是自我贬低和对他人的曲意逢迎那么简单了。你实际上是在悄悄地授予自己一种特权。也就是说，你认为别人都囿于特定身份，只有你是真正超然物外的。你海纳百川的包容恰恰体现了你不可言传的、高人一等的、放之四海而皆准的高度。"

每到这样的时候，齐泽克总能证明自己是名副其实的当代最有趣、最富煽动力的思想家之一。只不过，当他尝试为自己的分析给出理论基础时，一切都走了样：

> 在拉康理论看来，这种纯粹的个体是完全符号化的个体。拉康称为幻象的基本核心。在拉康理论中，"客体小a"和类似的事物过去是病状的残余物，现在依然如此。在拉康理论看来，一个人无法拥有一个纯粹非病态的性格主体。人们需要达到病状的最小化，才能做到团结一致。我认为，我们可以在精神分析中做到这一点，所有关于包容和不包容的问题都处于这一层面。一方面，你会由于"客体小a"而陷入爱河；另一方面，这又是对方惹恼你的原因，你因而害怕与对方靠得太近。

这段话反映出齐泽克的诸多问题，尤其是他无法自制的啰唆。在我看来，他最大的问题是把拉康的精神分析理论框架强加在自己的每一句话里。这样做似乎可以为他的看法和分析增加分量和深度，其实只是让它们变得更加冗长，为它们加上了沉重的包袱。

即使你认为齐泽克的例子过于极端或者不够好，我也想让你相信，把我们的思想和论证强行塞入鸽子笼式的理论细类，这样的做法对明晰思维的危害极大。我们应该把不同的思想联系起来，看到更广阔的图景。理论是重要的解释工具，我们当然应该构建和研究它们。但是，在很多时候，只是拘泥于一种理论，用它来联系一切，这只能成为优质思维的障碍，而不是帮助。

理论经常被放在哲学舞台的正中央，哲学史读起来就像一部由各种主义构成的历史。任何一本哲学入门书或者一门哲学入门课程都要讲到很多"主义"的含义，例如经验主义、理性主义、功利主义、柏拉图主义、存在主义、儒家思想、道家思想和实用主义等，此外还有名目繁多的各种"学说"，比如现象学和义务论等。印度哲学有一串长长的名单，上面列着多种名门正派和旁门左道的名称，包括正理派、数论派、瑜伽派、吠檀多派、佛教、耆那教、顺世派和生活派等。在这些令人眼花缭乱的主义里，不同的立场之间差别分明，人们认为哪一个的教义说得对就选择哪一个。

但是，被归入这些类型的哲学家大多并不与之严格匹配。以经验主义者和理性主义者的标准区分为例。教科书会告诉你，经验主义者认为，知识根植于我们对世界的经验，而理性主义者相信，仅凭理性本身的运行，我们无须观察就能获取大量的重要真理。依照这样的说法，你会怎样为下面两位哲学家归类（他们都是前文谈到的思想家）？

哲学家甲发现，感官知觉往往具有欺骗性，因此他秉持普遍怀疑的方针。他钻研过人体解剖学，还在自己的著作中加入一张插图。插图上画的是火焰会如何刺激人手的神经末梢，这些神经末梢又如何把人对热的感觉传输到大脑。他还提出，一切确定知识的基础都是人对自我的感知，因为这是唯一一种人类能够确信自己没有犯错的观察。

哲学家乙提出，人的论证无法从对事实的陈述跳到对价值的论述，因为结论中带有"应然"而前提中没有"应然"的论证是无效论证。他还提出，人对因果关系的相信并非源于对现实世界因果关系的任何观察。他认为，只有在对"思想之间的关系"展开推理时，确定性才是有可能存在的。也就是说，只有在论述的真理是合乎逻辑的，而不是基于经验的时候，确定性才可能存在。

你可能已经猜到这两位哲学家的名字了，因为我明显在这个问题中设置了陷阱，用来证明自己的道理。哲学家甲是伟大的"理性主义者"笛卡儿——他听上去是不是很像一位经验主义者？哲学家乙是经验主义者大卫·休谟——他听上去是不是很像一位理性主义者？这里的例子当然都是我精挑细选过的，但我并没有选择那些鲜为人知的、藏在角落里的例子，而且它们都来自休谟和笛卡儿最核心的思想。

他们的方法存在真正的差别。这足以证明，把他们分别归为理性主义者和经验主义者是正确的。但是过度重视这些标签毫无益处。在现实生活里，他们都把经验当作推理的起点，都会使用各种形式的逻辑分析。最重要的问题是，他们有没有在恰当的时候使用恰当类型的论证，并且得出了恰当的结论。

还应该牢记的是，很多这样的标签都是事后贴上去的，至少也是事后才变得重要和明确的。很多哲学家在世时只是单纯地想要解决问题，不会浪费时间去琢磨自己属于哪一门派。比如，克尔恺郭尔是誉满全球的存在主义之父，就算这个名头是对的，他也不可能认识自己的这个孩子，因为存在主义这个名词出现时，克尔恺郭尔早已作古。洛克和休谟同为唯物主义者。如果他们发现自己被归为经验主义者，并且和18世纪的爱尔兰哲学家乔治·贝克莱同属一派，两位老先生一定会气得吹胡子瞪眼睛——贝克莱曾经提出，就其本质而言，现实仅仅存在于人的大脑之中。

有的时候，标签不仅会出现时代上的错误，而且会出现极其不准确的情况。"后现代"就是遭到最严重滥用的例子之一。似乎任何一位哲学家，只要对真理稍加质疑，就可以被扣上"后现代"这顶帽子。人们普遍把尼采称为后现代主义者。实际上，远在尼采著书立说的100年后，这个称号方才出现。就连斯蒂芬·平克都会在论述真理及理性的重要意义时如此称呼尼采，这实在让人心忧。[1] 同"新自由主义"和"资本主义"一样，"后现代"也是一个在公共话语中遭到随意滥用的名词。它们早已全部失去原本的含义。

令人遗憾的是，当代哲学教育有时会助长这种贴标签的做法。学生们常常要面对这样的作业：用指定理论解决指定问题，例如为安乐死建立一套功利主义的观点等。这会助长一种糟糕的思想，让人以为在这类问题上确实存在一种整齐划一的功利主义看法，事实上，功利主义者是极其多样的。而且这并不是只有本科生才会犯的错误。道德哲学家罗杰·克里斯普说过，"人们相当享受哲学辩论的激烈氛围",这种辩论心态会把人们分成旗帜鲜明、彼此对立的两个阵营。"令人心忧的是,人们在期刊上发表文章时如法炮制,仿佛各种主义之间真的存在明确的分界线,而且每个人对其含义的认识是整齐划一的。"

当代英国政治哲学家乔纳森·沃尔夫建立了一套总体方法论原则,可以用来防止人们把"主义"当作随身携带的避难所。沃尔夫指出:"一般来说,如果一个人长期在一个领域里勤勉思考,而且他原本就很聪慧,他的思考也有深度,那么他就能提出一套缜密的思想体系,几乎不可能犯下彻头彻尾的错误。人们最常犯的错误是以为自己修成了神功,实际上只得到了半部真经。"

例如,我不是马克思主义者,但是,如果我对马克思的许多机敏观察和分析置若罔闻,那我就是个十足的傻瓜;我也不是新自由主义者,但这并不代表我应当对它有关市场效率的论述视而不见。然而,过度沉迷于一种审视世界的方式过于容易,以至一切都不得不透过这副眼镜来加以打量。比如,伊恩·麦吉尔克里斯特在《大师和他的使者》(*The Master and His Emissary*)中把人类历史中的许多发展归结为人类左脑和右脑的功能差异。似乎麦吉尔克里斯特成了那个大师,而他的众多读者成了他的使者,因为我已经记不清有多少人动情地告诉我,为什么左右脑的不同几乎可以解释一切(此处有剧透,请注意:它真的做不到)。麦吉尔克里斯特那本书里有很多真知灼见,但它并不能道出全部的真相,也无法提出足以解释一切的元理论。同样的道理也适用于索莎娜·祖波夫关于"监控资本主义"的思想、乔姆斯基对国家制造共识的分析、娜奥米·克莱恩关于"灾难资本主义"的理论、托马斯·皮凯蒂有关资本所有权与不平等之间关系的理论等。它们都解释了一些问题,但是都无法解释全部问题。

　　避免卷入过分区隔的思想派别还有另外一个原因：它会助长竞争心态，因为最有成果的工作往往来自看似对立的各方齐聚一堂进行论争的时候。思想史学家乔纳森·伊斯雷尔不无赞许地向我谈起马塞洛·达斯卡尔，他是一位出生在巴西的以色列哲学家。伊斯雷尔曾经提出，"历史和经验表明，在论争语境中产生概念的方式具有一种内在的趋向性，它容易随着论证的展开而形成极性和双歧对立"。在达斯卡尔看来，思想史上的最大创新发生在伟大的思想家想方设法地"消弭两极之间僵硬对立的时候，它的主要手段是超越论争赖以发生的框架"。

　　这种两极对立的消除依靠各种形式的"软理性"。它会尽可能"软化极性形成的僵化逻辑"。更好的情况是二元对立尚未达到僵化的程度，此时它还不需要软化。因此，我拥护"主义主义"——它是一种合理的成见，反对过度依赖"主义"。对任何一种思想的过度迷恋都应该引起我们的警觉和批判。

　　把一切思想强行捏合为一个整齐划一的主义，这固然是错误的，但是，我们也不能放任它们成为一盘散沙，彼此没有任何联系。我们的信念会形成一套体系。它应该是尽可能一致的，各个组成部分之间没有激烈的矛盾。过多的规矩固然令人窒息，规矩过少也难成方圆。

　　20世纪的英语哲学界就是个很好的例子。彼时的哲学家对宏大的形而上学体系怀疑过度，以至走得太远，踏上了一条完全相反的道路。约翰·塞尔回忆说："我在牛津大学读书时，'零敲碎打'还是个褒义词。"这不难理解。纵观哲学史，体系的复杂精细程度和规模大小似乎与其可信度之间存在一种逆相关关系。例如，康德当然是杰出的，但是我认为，他的作品没有一处值得称道的地方需要他"建筑术"体系一般错综复杂的宏伟建构以及他的分类判断表。斯宾诺莎和黑格尔的著作仍然值得阅读，虽然几乎没人肯接受他们大而全的形而上体系。

但是就像丽贝卡·戈尔茨坦说的那样，哲学家的思想仍然是协调共生的。"丹尼尔·丹尼特有一套自己的哲学面庞，它和汤姆·内格尔的哲学形象大相径庭。但是，如果你熟悉其中一个人的观点，几乎就可以推断出另一个人的看法。"回顾所有伟大的哲学家，你会发现，他们的思想可以加在一起，形成一幅浑然一体的画卷。塞尔指出："休谟有一套普遍理论，洛克有自己的一般理论，就连贝克莱也有自己的总体理论。因此，我认为，对思想生活来说，我们永远不应该满足于零敲碎打的信息和理解，我们想知道一切是怎样联系在一起的。"

塞尔说得很对。我们必须注意的是，不要把实际上毫无关联的点连缀在一起，强制形成一种看似更完满、实际上言过其实的解释。伯纳德·威廉斯从未掉入这一诱惑的彀。他回忆说，"关于我的哲学，我听过最好的一句评论是：它给人以解脱，因为它不会把人困在一个笼子里面思考，似乎有些东西必然与另一些东西存在根本联系。"换句话说，虽然这看似是威廉斯哲学的一个弱点——它不会把很多散乱的点连缀在一起，但是它的优点在于，它会告诉我们，别人的连法是怎样出错的。

20世纪哲学对零敲碎打的强调不过是西方思想更广阔的还原论思潮的一部分。科学的成功是还原论的一场胜利。在这里，通过把事物分解为最小单位，人们理解了大自然的运行机理。其他学科注意到这一点并纷纷效仿它。不过即使是在科学领域里，这种还原论的方法也存在局限性。如今很多新兴领域正在调转方向，关注复杂系统的工作原理。

在哲学和其他非科学类学科中，还原论方法挤占了整体方法的位置。（"整体"这个词后来被替代医学和可疑的精神把戏攀上了亲戚，这让事情变得更糟糕了。）玛丽·米奇利和艾丽丝·默多克这两位哲学家从未犯过这个错误。米奇利说："我认为，我和艾丽丝有这样一点共识，即看到事物的全貌特别重要。如果一个人说，'鹿就是马'，那么这个人是在欺骗自己。"她并没有否认"有的时候，我们有充足的理由只关注马"，就像别的很多时候我们有足够的理由不去关注它一样。

还原主义的解释不仅让片段凌驾于整体之上，它们还会高估单一解释的力量。然而，任何一种理论都有其适用范围和局限性。即使是物理学上的"万有理论"，也不可能在通常意义上适用于万事万物。它甚至无法为生物学、气象学或心理学提供解释，更不用说伦理学和艺术了。

科学主义是形式上最为极端的还原论，而且它得到了很多人的重视。亚历克斯·罗森堡把科学主义定义为"对科学发现充满夸大其词的信心，毫无理智地认为这一方法能够解决所有问题"。这个定义暗示我们，科学主义是一个遭到普遍滥用的词语，鲜有人会在自己脑门上贴一个科学主义者的标签，但是罗森堡是个例外。他要改造这个标签，把它变成褒义词。他提出："只要把定义中的'夸大其词的'和'毫无理智地'去掉，我随时乐意做一名科学主义者。"他认为，"无论你想获取什么样的知识，科学方法都是唯一可靠的方法"。这意味着，一切无法被科学方法检验的认识，都算不上知识，充其量只能算是意见。道德伦理和美学无非是对爱憎的表达。而政治只是管理社会的现实手段。"人生的意义"更是没有意义的名词。虽然没有明言,但是科学主义示意我们,绝大部分哲学只不过是空洞的文字游戏。

关于人类理性,科学主义带给我们的视野既贫乏又狭隘。只有在毫不声张、毫无理性地认为理性仅仅关乎本身,并且保证客观性与可检验性的最大化时,科学主义听上去才是说得通的。它想知道道德性建立在哪些不容置疑的客观事实之上,遍寻无果之后,索性一股脑地把道德性拒之门外。但是,为什么最重要的事——也是我们唯一可以推理的事——应该仅凭对事实的兴趣来解决呢?这样的说法只能是一种断言,它本身并未建立在事实的基础之上。人们常说,"只有无可动摇的事实才是最重要的",这个说法本身就不是事实问题,而是价值观念问题。

科学主义同样在非科学的探究中低估了事实的作用。道德固然不是科学,但是它同样不是简单的观点。请思考以下事实:"种族"不是一个有意义的生物学类别;男人和女人的平均智力是相等的;动物也会感到疼痛;受精卵没有中枢神经系统;经济政策会带来多种后果等。这些事实都具有显而易见的道德意蕴。道德不同于科学,它无法直截了当地服从于理性,但这并不意味着它全然置身于理性之外。

并非所有的科学主义拥护者都排斥道德。神经学家萨姆·哈里斯独出机杼,他提出,道德可以完全建立在科学的基础之上。哈里斯指出,只要我们认同人类的福祉是重要的,神经科学早晚会告诉我们关于如何实现福祉最大化的一切知识。这已经简单到匪夷所思的程度。"人类福祉很重要"这一根本主张并不科学,因为科学根本不会告诉我们,对我们重要的应该是什么。即使我们在某种程度上没有看到这一点,哈里斯仍然假想出了一种根本不存在的共识。就像帕特里夏·丘奇兰德解释的那样,哈里斯的看法"颇为乐观——或者说悲观也可以,这主要取决于你的观点。一个人的福祉是由什么构成的?每个人对此的看法各不相同,即使他们来自同一种文化,甚至是同一个家庭。有的人喜欢过隐逸的生活,他们恨不得挖个地窖住进去,猎鹿充饥;还有些人完全看不上城市以外的生活,他们就喜欢生活在目迷五色的文化奇景里。所以说,什么是福祉?人们在这个问题上的认识有根本的不同。"

与所有形式的还原主义一样,科学主义仅在一定程度上连接散布的点,因此它会极大减少自己认为需要连接的点的数量,仅仅选择那些彼此类似又接近的点。真正全面的连接要比这困难得多,因为它要求我们把不同类型的、相去甚远的点连接在一起。这种情况下的连接更微弱、更具不确定性,而且总是脆弱易折的。

科学主义正确地认为,理论应该建立在事实的基础之上。让人遗憾的是,很多人反过来把自以为的事实凌驾在理论之上。他们对一种理论深深着迷,以至对所有不利于这一理论的经验证据视而不见。与现实的复杂凌乱比起来,他们更倾心于一项理论的简单纯粹,即使它明显离题万里。

多年前,一位自由论政治哲学家的观点令我深感震惊。他言之凿凿地告诉我,自由市场之所以行之有效,是因为这早已得到了经济学家路德维希·冯·米塞斯纯粹逻辑的先验证明。米塞斯认为,经济学是"人类行为总体理论"的组成部分,他称为"人类行为学"。它具有一种"形式上的、先验论的品性",它"走在概念和经验的一切实例的前面"。[2] 米塞斯这种不证自明的确定性支撑着自由论者为经济繁荣开出过于简单的药方。他们认为,无监管的自由市场是实现人类繁荣富足与幸福的最佳机制。

尽管米塞斯仍然受到众多自由论者的尊崇，但是近些年来，他的星光已经和所有形式的古典经济学一样暗淡了，因为它们对人的实际行为不够关注。虽然为时已晚，但是经济学者开始认识到，人并不是没有感情的计算机器，完全根据自身的最大利益做出决定。人会受到各种各样的欲望、价值观和偏见的左右——它们有些是好的，有些不太好。这也是股票市场如此动荡的原因之一。有的时候，整体性的非理性繁荣让交易者认为增长是没有尽头的，有的时候，莫名其妙的恐慌又会促使他们抛售股票，望风而逃。

摆正理论的位置，根据证据和经验做出最终的决定。这听上去可能很容易，做起来却很难。即使是那些真心以为自己循着证据走向理论的人，他们也常常过多地依赖理论，过少地依靠作为依据的观察。也就是说，这是一种得鱼忘筌的做法：观察产生了理论，而人们接下来反而更信任理论，而不是观察。

新冠疫情期间的一个例子很有趣，可以很好地证明这一点。当时很多政府迫切地想要确证自己的政策是否切实可行，于是求助于行为科学。它们想通过这种方式洞察各种限令的实施效果。英国政府早在 2010 年就成立了自己的"行为洞察小组"，该政府反复声称，自己推迟或者解除出行禁令是正确的，它的依据是：专家的建议表明，人们不会遵守这些禁令。就像英国卫生部长马特·汉考克在 2021 年 6 月指出的那样："当时的科学意见非常明确，我们必须拥有类似封城这样的工具，并且保证其随时可用，但是这些意见同时指出，封城的后果和成本也会立刻显现出来。关键问题在于，当时的意见明确指出人们只会在非常短的一段时间里遵守这些禁令。"被援引以证明这些主张的心理机制并非无据可依，它们包括"乐观偏误"（即只有别人才会受到感染，我不会）和"逆反心理"（即你逼着我往东，我偏要往西），此外还有"行为疲劳"等。[3]

结果，事实表明大多数人都很愿意限制自己的行动。众多调查一致表明，公众对这些禁令的支持远远高于政府的预估。英国政府似乎非常诡异地迷信一种先验的说法，错误地估计了民众对自由的热爱程度。

是行为科学家搞错了？还是政府曲解了科学家的意见？又或者二者兼而有之？人们对此争论不休。（"行为疲劳"这个词语看上去像是政府发明出来的，它并非来自教科书或者英国政府自己的行为洞察小组。[4]）无论具体发生什么，这一幕都蕴含着警示意味。人们在迫切地想要得出结论时，总是很容易相信它得到了有据可依的理论的支持，即使这项证据脆弱不堪也无所谓。这个例子让我们再次看到，对于眼前事件和过去经验之间的不同，人们并未给予足够的关注。行为科学是一门比较年轻的学科，在此之前，它应该从来没有被当作预测公众行为的权威依据，更不要说在如此史无前例的背景下。仅仅因为对权威的需要，它被给予过高的期望，甚至几乎成了唯一的权威依据。

如前所述，学习过往经验离不开对先例和当下情况的紧密关注。这里的两个关键问题是：货真价实的先例存在吗？如果存在，它们和当前问题之间是否存在关键差别？在回答这些问题时，我们必须记住，这个世界复杂得令人难以置信，我们应该保持警醒，不要错误地以为自己能轻松分辨出最重要的模式。

我开始慢慢发现，在道德这件事上，理论更多是一种障碍，而不是一种帮助。有这样一种普遍的假设：在决定做什么更符合道德要求之前，我们应该首先确定自己的最高道德准则是什么，再把这些准则用在眼前的问题上。我对这一假设颇不以为然。功利主义者会问：什么样的行为能带来最多最大的幸福？康德主义者会问：可能的行为方式有很多，其中哪一种对相同处境中的所有人（而不仅仅是我）都是正确的？我最诚实一贯的答案是什么？儒家学者会问：这样的做法会不会造成"己所不欲，反施于人"的情况？这样的例子还可以举出很多。在这种"应用伦理学"中，人们纷纷祭出自己的道德理论，然后把它们运用到具体问题中。

这种理论先行的做法在现实世界中难逃失败的命运，因为人们无法对适用理论达成一致意见。就像珍妮特·拉德克利夫·理查兹说的那样："不要对一位医生说，如果你是一名康德主义者，你应该这样做；如果你是一名功利主义者，你应当那样做——即使康德主义者或者功利主义者真的存在一致认识。恕我愚钝，我认为再也没有什么比这更无用的事了。"这样的方法还会遮蔽这样一个事实，即在道德推理中，就像罗杰·克里斯普说过的那样："很多时候，当我们认真思考事实真相时，会发现彼此的共同基础远比想象的多得多。"于是人们"往往会把各种不同的结论融为一体。比如，在环境伦理学中，大多数人认为，人类正在通过各种不应有的方式毁坏环境，人们纷纷站出来，提出论证，证明这样的毁坏行为必须立即停止"。

乔纳森·沃尔夫认为，不应过多沉迷于一种道德理论的原因之一是，每个人都会界定自身道德生活中的重点，例如我们的发展、我们的权利、我们的选择空间、我们的社会关系等。我们应该做的是把它们全部纳入考虑范围，而不是判定孰优孰劣。任何一种对道德的全面认识"都必须把它们全部纳入思考，而这势必带来复杂的、乱作一团的理论"。沃尔夫指出，这"也许会把我们带到问题和矛盾中,但是,在我看来,我们似乎无法抛弃众多视角中的任何一个"。

道德理论可以帮助我们提出有用的问题,例如,我有没有权利这样做?我是不是造成了毫无必要的损害?我能担起自身的责任吗?这公平吗?这符合平等原则吗?然而,这些问题的作用只是把我们的注意力引向问题的恰当方面,问题的解决还要依赖于我们对所有方面的全面思考。

很多哲学家都认同这一看法,玛丽·沃诺克就是其中一位。沃诺克曾在 20 世纪 70 年代担任英国政府残疾儿童和青年教育调查委员会主席,并在 80 年代担任人类受精和胚胎学调查委员会主席。她用行动告诉我们,一位身体力行的哲学家可以对公众生活和政府政策做出怎样的巨大贡献。她说过:"我仍然认为,即使在纯学术的道德哲学领域里,脚踏实地理解事实真相仍然是极其可贵的。如果非要给它取个名字,可以叫它'境遇伦理学'。"

为了理解境遇方法的力量和重要意义,可以来看一个是否开战的例子。对于伦理道德来说,这是一个非比寻常的领域,因为围绕它的原则形成的共识宽广得令人讶异。正义战争理论最早源于基督教和伊斯兰教,如今已世俗化。它把战争的道德合理性分为两大类:"诉诸战争权"(即需具备诉诸战争的正当理由)和"战时法"(即战争进程中的正义)。虽然它们的构成存在很多变种,但是大多数包含以下若干关键原则。对"诉诸战争权"的检验标准是:它是不是一种相称的回应,它是不是为了正当的理由而战,它的目标是否正义,是否存在一定的战胜可能,是否存在有权宣战的当局,是不是万不得已的选择等。对"战时法"的检验标准有三个:只攻击合法目标,一切武力需遵循相称和必要原则,优待战俘。

人们很难对这些原则本身提出异议，但是，谈及它们是否在具体事件中得到遵守，人们当然很容易争吵起来。一方的正义之师往往是对方眼里的恐怖团伙；一方的相称行动在对方眼里往往是过激反应或者姑息养奸的反应不足。从字面意义上来说，战争很难说是万不得已的最后手段，但是人们可能会说，它是**合理范围内的**最后手段，因为一忍再忍只会造成更加血腥的冲突，或者会把胜利拱手让给所谓非正义的一方。

拙著《头条新闻背后的哲学》使用过第二次海湾战争的例子，借以说明正义战争理论的哲学可以怎样帮助我们判定其道德性。我在其中告诫人们，不要过度重视政治说辞，应该多多审视正反两方的实质论证。我在那一章的最后一段写道："想从这些理论忖度走向是否支持开战的决定，必不可少的是与各种可能选择有关的事实，包括它们的威胁、风险、目的和后果……到了这时，哲学家应该退下来，由别人来做出最终的判断。"

二十年过去了，在我听来，这段话好像是在说，所有道德推理仅发生在理论层面，证据的加入是人人都能做到的另一回事。我现在认为它是不对的。对任何具体情况的道德推理都必须从一开始就重视事实。那些提出"首先树立你的原则，再去应用它们"的道德推理从根本上就是错的，而且这样的错误非常危险。

关于第二次海湾战争的道德性，我并没有在《头条新闻背后的哲学》这本书中形成结论。这是我有意为之的。当时，这对我来说似乎是一种作者应有的恰当的谦逊：道德判断并不是我的本分，我只是为读者提供工具，帮助他们形成自己的结论。我当时也是在尽力避免一种哲学训练容易带给人们的过度自信。瑞·蒙克认为，正是这样的过度自信让罗素发表了很多幼稚可笑的政治言论。蒙克指出：" 我们不能像罗素一样傲慢地说，'我思考过这世上最难的问题，所以，应该由谁来做美国总统这样的问题简直是小菜一碟'。事情并非如此。"

我想要的不只是戒骄戒躁，我确实没得出明确的结论。和我社交圈子里多数人的认识——他们几乎无一例外地激烈反对那场战争——不同，我认为论证的两方势均力敌。如今我认为，其中部分原因在于，很多为了反对那场战争而提出的论证在哲学上实在很无力。这些糟糕透顶的论证过多地吸引了我的注意力，而这些反对战争的论证充满了弱点，我注意到了它们的全部，但是没有看到它们为数不多的重要优点。这也是哲学训练带来的弊端之一。我们受到的训练更多地在于如何挑毛病、找漏洞、发现弱点，至于如何提出出色的论证，我们学到的太少了。结果专业上的怀疑主义变成了生活里的习惯：无论占据主导地位的论证是什么，我们都不肯相信它。

如今我认为，不应该从一开始就思考正义战争理论，再去把它运用到这个问题上，我首先应该尽可能地贴近并审视事实。一方面，这场战争的很多事实令人极度不安，而批评者对它们只是一带而过。比如，萨达姆·侯赛因和一个邻国打了一场毁灭性的战争，又侵略了另一个邻国。全球社会有充足的理由相信他拥有化学武器和生物武器，因为伊拉克可能早在20世纪80年代就上马了生物武器和核武器项目，而且，1980—1988年，在对伊朗的战争中，以及在国内对付库尔德人和马丹人（也被称为沼泽阿拉伯人）时，萨达姆都使用过化学武器。除此之外，他还一而再，再而三地扰乱联合国武器核查人员的工作。

但是，从另外一方面来说，历史一次又一次地告诉我们，发动战争总是会导致大量的伤亡，而且在战争的废墟上建立和平的民主政府极其困难。如果这个国家从未出现过成熟的民主制度，又长期处在宗派林立的惨痛分裂中，这个希望只会更加渺茫。简言之，发动战争几乎必定会带来灾难，而不发动战争只能坐视惨剧不断地延续下去。

你可能会把这些数据带入正义战争理论的框架，分析针对萨达姆·侯赛因的战争是否具备正当的理由、战争有没有可能取胜等问题。如此这般地分解和剖析论证确实可能很有帮助。分析是一件强有力的工具，可以帮助我们集中注意力。但是，说到底，我们根本不需要一种理论或者复杂的道德论证就能得出结论，那就是诉诸战争是一场赌注极高的危险赌博，美国和它的盟友不一定非要为此下注。

过多的理论思考可能让我们对这一切事实视而不见，因为我们在赞同某些事情时，可以把它说得符合正义战争理论的每一项标准。这场战争的目标是正义的，因为它是为了铲除一个刽子手式的暴君，它的合法权威来自联合国决议，参战方是合法的政府，宣战的意图是正义的，平民会得到尽可能的优待，《日内瓦公约》会得到遵守等。至于取胜的可能性，美国和英国对此充满了信心，而且它们应该是信息最完备的一方。

道德推理应当从事实开始，再用理论来帮助分析这些事实，而不是从原则入手，再把这些原则套用在问题上。关于这一点，我认为第二次海湾战争这个让人毛骨悚然的例子格外贴切。理论先行的方法会分散我们的注意力，让我们看不到最基本的问题，也即实际情况如何；它会让我们过多地关注次要问题，也即应当如何看待现实。

有的时候，在试着拼合心理拼图时，我们会思考、思考、再思考，然后撞到南墙上。会不会是因为我们想得太多了？假如思考二字的含义是完全自觉的、循序渐进的分析，那么答案当然是"是的"。想要出色地思考，我们要确保做好此外的一切，为思想的引擎加油。比如，我们应该锻炼身体，保证充足的睡眠，不要总是醉得不省人事，再花很多时间去醒酒。

在梅森·柯里令人愉快的佳作《创作者的一天世界》中，我们可以明显地看到，思考并不能和脑力劳动画等号。这本书描述了181位艺术家和知识分子的日常习惯。尽管他们的日常各具特色，但大多数人都有惯常的工作规律，而且每天只工作3~5个小时。对他们来说，抽出时间让思想任意驰骋或者让大脑彻底放空似乎是必不可少的。因此，每次出去散步，或者早上工作几个小时后到外面喝杯咖啡时，我不会有丝毫的负罪感。我现在就要出去散散步。

柯里的这本书还通过强有力的证据推翻了一种充满浪漫色彩的错误认识：麻醉品可以增强认知。以杰克森·波洛克为例，他确实是个嗜酒如命的人，但他最杰出的作品都是在比较清醒的时候创作的。大多数时候，人们在极度兴奋的时候都是满口胡柴，只有他们自己偶尔才会觉得这些废话大有深意。致幻剂可能会产生深邃的联系感和合一感，但这并不能转化为有用的知识层面的主张。麻醉品激发重要思想的实例寥若晨星，它们无法成为"麻醉品有助于思考"的一般证据。

麻醉品**有时**稍有帮助的原因在于，它们会激励人的思想在直觉层面工作，而不是局限于理智层面。这会打开新的可能性，建立全新的、富有成效的联系。这种想象力的释放并不是在取代理性，而是在加强理性。它让理性思维担负起检验和磨砺思想的作用，而不是提出它们。这实际上正是想象力的主要作用。

那么这些想法从何而来？这往往是个谜。就像阿根廷小说家吉列尔莫·马丁内斯问到的那样："比如，你在数学中发现真相的途径，或者一部新小说在你心里的酝酿形成——它们是'嗖'的一声跳出来的还是一步步走出来的？你能看见某种隐而不显的推理所带来的启示吗？"即使是在我们努力思考某个对象时，当一个答案出现时，它往往也像突然跳进我们的脑海中一样。我认为，我们很少真正感受过演绎推理一步步产生结论的那种过程。相反，我们往往在拥有了一种想法之后，才能看到某项出色的论证是支持它的。这意味着，出色的思维必须为心理过程创造条件，帮助它在后台运转起来，而不仅仅是当论证摆在我们面前的时候拥有分析它们的技能那么简单。

哲学家吉纳维夫·劳埃德非常赞同"智力的运转和想象力的发挥密不可分"这一认识。他认为，理性"包括对接收到的思想开展批判性反思和转化的能力"，而这反过来又求诸想象力来构想出替代性的想法。

有的时候，我们也可以把非理性，甚或不理性的过程当成工具，用它们来点燃想象力，再反过来加强推理。这也是人文主义作家菲利普·普尔曼提出的绝妙建议。他是在创作玛丽这个充满理智的科学家角色时提出这个建议的，而玛丽的参考书是《易经》。普尔曼告诉我，他并不相信《易经》、塔罗牌或者其他类似的事物能揭示真理，但是，"我确实认为，它们能带给我们某些随机的成套想法，它们能解放我们思想中的创造力，把那些不属于理性的部分释放出来，有些东西只有依靠它们才找得到"。

普尔曼说，玛丽是个"很聪明的人，她不会让理性捆住自己的手脚"。这真是一句绝妙的评语。我们也可以换一种说法：我们的理性应该更多地求诸纯粹理性以外的万物。直觉、想象力和猜想都可以让理性的自我变得丰满起来。

如何建立正确的联系？

- 当心各种主义和学说。最好把它们用作分类的工具,而不是当作最本质的区别。
- 要让理论跟随事实,而不是强迫事实附和理论。
- 要对道德理论抱有特别的怀疑态度。不要简单地把它们套用在现实生活的问题上。首先要注意各种具体情况,把理论和原则仅仅当作思考这些情况的辅助工具。要通过现实的视角来检验理论及其局限性。
- 不要把真相的一个重要方面错误地当成全部真相。
- 应当极力消除僵化的极性对立,而不是加强它们。
- 把真正存在联系的点连接起来。不要乱点鸳鸯谱。
- 不要只是从局部来分析事物。要从整体上寻求全面的解释。
- 避免科学主义。由于它的主张——只有科学真理才是唯一货真价实的真理——是不科学的,所以科学主义是一种搬起石头砸自己的脚的主义。
- 发挥想象力,为理性分析带来思路和直觉。
- 让自己的头脑有时间去休息、去信马由缰地漫游,放任它通过难以捉摸的、无意识的方式运转。

[第十二章]

永不放弃

CHAPTER TWELVE

错误是通向真理的阶梯！人非圣贤，孰能无过！如果没犯过十次八次的错误，甚至百八十次的错误，怎么可能发现真理。

——陀思妥耶夫斯基，《罪与罚》

坚持不懈、百折不挠，这些美德得到了人们的普遍赞誉。讲述人们如何无惧失败终获成功的故事，是这个时代最受欢迎的民间故事。哲学界同样不乏这样的故事。大卫·查尔默斯和安迪·克拉克的一篇论文曾经接连被三家重要期刊拒于门外，直到最后才被《分析》接受。那篇名为《延展心智论》（"The Extended Mind"）的论文后来成了心灵哲学领域里被讨论最多的文章之一。

然而，思想领域的锲而不舍之所以成为一种美德，并不是因为它必将带领我们走向最终的成功。在这里，永不放弃更多是一种坚持，它要求我们即使最终答案是不存在的，我们也要过一种智识上全神贯注的生活。对智人来说，思考不只是实现目的的手段，它本身就是完整的人类生活的一部分。

大约20年前，乔纳森·雷在一场关于克尔恺郭尔的谈话中雄辩地说出这个道理。雷指出："最要紧的并不是如何做一名哲学家，而是如何**成为**一名哲学家。"我向来记不住谈话的细节，但是这个核心思想给我留下了深刻的印象——无论它是否切合那场谈话的主题。雷触及了哲学思考的某个根本所在。哲学思考是一种行动、一个过程，是一场只有方向、没有终点的旅程。如果你认为自己抵达了终点，觉得自己解决了所有问题，那么你实际上是放弃了它，你只是假装做到了不可能做到的事。

如果我们永远只能走在成为哲学家的路上，那么，就像安东尼·格雷林说的那样："宣称自己是一名哲学家是一种冒失草率的举动。因为那是只有别人才能给你的称号，如果你果真名副其实。"从这个意义来说，"其实存在很多真正的无名哲学家——那些用哲学的、思辨的方式生活的人，那些从未研究过哲学、教授过哲学也从未走进过大学的人"。反过来说，也有一些以讲授哲学为业的教师，他们其实算不上哲学家。

因此，像哲学家一样思考就是不断地成为哲学家。它要求我们永不放弃，永远不要停止追问，永远上下求索。对有些人来说，这听上去也许是种令人绝望的追求。但是我们都知道安闲自在意味着什么，不断奋进的人才是真正活着的人。

就像我们已经看到的那样，在这种连续不断的哲学思考中，有很大一部分聚焦于如何解决这样的困境：各自成立的信念，放在一起就会相互抵牾。这个过程永无止境，其中一个原因在于这些困境并不是简单地存在于那里，等着我们去解决。在努力思考的过程中，我们实际上也在不断地创造它们。就像西蒙·克里奇利说的那样："哲学应该从看似常识的地方培养出某些形式的悖论。"难怪哲学家总是在回答一个问题时同时制造出了两个新问题。

总是有新的困境跳出来，很多哲学家都曾指出，这些困境一旦产生，就不是每一个都能得到解决。康德提出过四种"二律背反"，也就是我们在试图理解终极现实时必然出现的矛盾。我们发现自己着了魔似的认为，宇宙是有开端的，**而且**是永恒的；万物都是由最小的单位组成的，**而且**基本组成单位是不存在的；万事有因，**而且**有些事情必定是没有起因的；世间至少有一个必然存在，**而且**没有必然存在的存在。托马斯·内格尔提出，我们无法在自由意志和我们对宇宙的客观认识之间做到调和，所以不得不采用一种"双重视野"：有时自内而外地把自己视为自由的主体，有时自外而内地把自己视为宇宙这部庞大机器上的一个轮齿。科林·麦金坚称，意识问题永远无法得到解决，因为每个物种都有其理解的局限性。小猫无法理解加密货币，人不懂得意识是怎样发生的。

丹尼尔·丹尼特认为，至少在有些问题上，他的很多哲学界同辈往往过早地宣布问题是无法解决的。"如果人们说这些问题非常棘手,我会立刻怀疑这是他们喜闻乐见的情况,他们希望它一直如此……这有时显而易见,比如意识问题就是如此。类似科林·麦金和杰瑞·福多的人们就会说:'这个问题根本无解——咱们去打会儿网球吧。'"

知道自己什么时候走进了思考的死胡同是一项特别重要的本领。我们有时确实需要承认自己的失败。但是在更多情况下,面对看上去的死胡同,最好的应对并不是彻底放弃,而是不要一而再,再而三地尝试同一种失败的方法。当碰壁时,我们一般有两种选择。第一种是这堵墙不厚、不高也不长,只是我们还没找到办法翻过它、撞穿它或者绕过它。第二种是我们要沿着来时的路走回去,尝试找到另一条通道。绝境常常说明,我们对问题的思考方式是错误的,而不是说明我们根本不该去思考它。

然而我们往往得不到一个令自己满意的、干净利落的答案。有的时候,有些答案还算不错。但是,如果我们用这些答案来解释一切、来回答悬而未决的遗留问题,它们就会显露出不足之处。道德推理通常就是这样的,它们几乎从未做到斩钉截铁地明晰。很多人对此充满了挫败感,不过斯坎伦提出:"无论从事哪种严肃哲学,我们都必须具备很高的容忍度,要受得了挫败和不完整:如果问题很容易就能找到答案,它们就不会成为哲学问题了。"德里达说得好:"如果事情很简单,大家就都会知道。"

有的时候,无论我们的批判性思维能力有多敏锐,我们都无法回答一些让人不胜其烦的问题。就算最伟大的哲学家也是一样,甚至尤其如此。大卫·休谟曾写过,对于"人类理性的多重矛盾和不完美"的"激烈认识"是"如此猛烈地灼烧着我的大脑,以至我想把一切信念和推理统统拒之门外，这样就不用再去仰望任何观点，即使它们比别的观念更有可能成立"。他发现自己"分不清这些问题"，他想象自己"处于想象力所及的最糟糕的境况里，被最深的黑暗团团围住，并被剥夺了一切的天赋和才能"。[1] 虽然他发现"理智并不足以驱散这些阴云"，但幸运的是，"大自然本身足以达成这一目的，她治愈了我的哲学忧郁和谵妄"。说到生活对焦虑的缓解，休谟说："我吃饭，我下双陆棋，我与人交谈，我和朋友们欢聚一堂。我快快乐乐地度过三四个小时，然后重新回到这些思考中来，才发现它们如此冰冷、牵强和荒谬可笑，以至我甚至不想进一步思考它们。"生活不会等到所有的答案具备，它也不必如此。

然而有些人并不甘心生活在不确定性里。在技术号称可以度量一切的文化里，伪造的确定性和精确性俯拾即是。没有证据可以证明，每天走一万步是保持健康的关键，然而我们很多人都天真地相信了，每天留心数着自己的脚步。可可中的黄烷醇也许真的"有利于内皮依赖性血管舒张，协助正常的血液流动"，但是，根据欧洲食品安全局的建议，我们每天应当摄入 200 毫克的可可黄烷酮。[2] 你真的能够相信这个建议吗？为什么手机上的天气应用程序要提前好几天连续不断地做出预报，而且是详细到每个小时的预报？有这个必要吗？每个人都知道，直到实际天气发生之前，这些预报会一直变个不停。以上每个例子都包含虚假的精确性，这种精确性是为了造成一种假冒伪劣的确定性。其实大可不必，我们不妨提出没那么确切的建议，如实地反映现实的不确定性，这样反而来得更诚实些，例如：保持活力；如果你真的很喜欢，可以稍微吃些黑巧克力；记着星期四可能有雨，至于具体时间，等雨下了你就知道了。

根据心理学家的解释，诚实之所以屡屡受挫，一个原因在于人对确定性的偏爱。我们容易轻信那些表达确定性的人，并对那些看上去疑虑重重的人毫无信任可言。伊丽莎白·洛夫特斯告诉我们：你们刚好搞反了。比如，在法庭上，言之凿凿的目击证人往往得到更多的信任，然而，对准确性来说，信心是一种不可靠的指标。这种偏见确实很难克服。我知道心理学对此有哪些剖析，我也很厌恶傲慢和过度膨胀的信心，可是，每当有人在我面前自信满满地说些什么时，我总是很难相信他说的是不对的。断定一个人不诚实或者错得离谱似乎是一件狠心肠的事，所以我还是愿意相信他们可能是对的，这样让我感觉舒服得多。

我们对确定性的错爱和对不确定性的疏远是一体两面的。我们之所以经常硬着头皮接受自己并不喜欢的东西，是因为我们宁愿如此，也不愿意去冒改变的风险。这种对"熟悉的魔鬼"的偏好也许是一种合理的审慎，但它也可能反映了一种对不确定性的毫无根由的偏见。比如，你应该辞掉工作还是将就下去？辞掉工作的后果通常是不确定的，如果不辞掉工作，你心里一定很清楚生活会是什么样的。如果你的工作还说得过去，这本身也许就是你留下来的充足理由。但是，如果你真的恨透了那份工作，除非离职的风险是灾难性的，否则你为什么还要待下去？答案通常很简单，因为不确定性本身就是叫人害怕的。哲学或许可以帮助我们驯服这种"不确定性恐惧症"——指的是对不确定性的过度恐惧。即便哲学提供了答案，这些答案也不是明确的。哲学是一位了不起的老师，它教给我们同不确定性共存的艺术，让我们学会怎样心安理得地接受没有最终答案、只有开放结尾的生活。

作为个人，我们会在多大程度上依赖确定性和精确性，这可能和每个人的脾气秉性密切相关。不过这是可以改变的，以希拉里·普特南为例,他感受到了确定性的吸引力,但是他有足够的智慧去抵御它的诱惑。虽然他不喜欢"维特根斯坦的信徒们强加于哲学的条条框框",但是他表示,"说到我们多数人都会掉入的陷阱,维特根斯坦做过很多批判。在我看来,这些批判都是正确的且意义深远的"。它们有些来自"一种错误的信念,认为系统性必定是可能的",普特南称为"哲学家的**必定**"。普特南反对这种急于使人的思想变得整齐划一、井然有序的要求。普特南的抵制可以追溯到他对语境敏感越来越深刻的心领神会。达到真正的清晰性离不开对每个问题或现象具体细节的密切注意。但是,对确定性的追求通常想要的是一种一刀切的阐释,一套适用于万物的宏大理论。

斯图尔德·汉普希尔和普特南在这一思想上遥相呼应。他谈到,逻辑是某种形式的"收敛型推理"。"无论是谁,只要他胜任这个问题,就会接受经由定理得来的结论。就是这样。"比如,"罗素在他的自传里说过,在阅读欧几里得的论著时,他突然间仿佛升入了一个完美世界,因为那里没有论证,所有的结果都已被证明完毕。"但是,"现实问题的关键就在于,永远没有那种意义上的'就是这样'。真正有用的推理都有可能出错,都需要我们承担一定的风险。我们要尽己所能地把它做对,但是也许我们做不对,或者我们根本不清楚什么是真正的做对。"

我们一次又一次地发现,那些对确定性、普遍有效性的渴求,对足以涵盖一切可能结果的原理的追求,最终不过是堂吉诃德式的狂想。以科学哲学为例。几乎每位科学家都会同意,任何一种对"科学方法"的描述都不足以涵盖科学家实际工作的全貌。物理学家艾伦·索卡尔指出:"我很怀疑是否存在一种完全的、全局性的(科学方法)理论,理由很简单,科学关乎理性,而理性永远是对不可预见的情况的调适——我们怎么可能把不可预见的情况写成整齐划一的代码？"那些误认为自己完全有能力为科学方法把脉的哲学家没有认识到，"这个世界是极端复杂的"。他们只是把自己的思维方式投射到科学家身上，所以会有"过多的形式逻辑和过少的推理，这同科学家的现实生活非常接近"。

理性生活留下如此繁多的不确定性和未被回答的问题，这让很多人失望不已。启蒙之梦最终只是让现实的黑暗减弱了一点点。但是，这种幻灭感的根本原因常常是一开始期望过高。安东尼·格雷林说过，人们常常错误地以为，"既然理性如此了不起，事情就应该是尽善尽美的"。难怪当事情明显不可能完美时，人们就会得出理性名不副实的结论。他指出："我认为这是不对的。"他给出的例子是英国两家相互竞争的卫星电视网络：天空电视台和英国卫星广播公司。天空电视台的技术比较差，却在竞争中略胜一筹。但这并不意味着人们的行为存在任何的不理性。因为除了技术的效用，这里还涉及很多其他的因素，例如可负担性、可选节目的丰富性，以及谁是更好的投资对象等。所有这些因素都处于理性思考的推动之下。格雷林指出："理性思考的结果可能是选择第三好的方案，甚至是排在第十位的选择。这样的情况有很多。但这仍是理性思考的结果，而且它很可能比其他选择好很多，例如，简单粗暴地选择最强的那一个而不对其加以审视，甚至胡乱选择或者随机选择。"理性并不能确保最优决策或结果，尤其是因为理性的运用永远需要依赖人，而人不是圣贤，总是容易犯错的。尽管如此，理性仍然是我们理解世界的最好工具。

让人倍感矛盾的是，有的时候我们懂的东西越多，事情似乎越说不通。几年前，我为自己一本关于自由意志的著作举办首场谈话活动。第一位提问者举手说:"我想更好地理解自由意志,因此今天晚上来到这里。听完您的讲座后,我好像反而更不知所云了。"也许就是因为我讲得不好。不过,就算我讲得更好些,那位提问者可能还是会发出同样的抱怨,那么我当时的答复同样是很好的解释。我告诉他,在我们坐下来努力思考问题之前,脑子里常常充满了含混不清的想法。它们之所以看上去说得通,仅仅是因为我们还没有仔细拷问它们,还没有把它们的问题和矛盾暴露出来。在这种反思之前的、模糊的状态下,自由意志是什么?我们是否拥有它?这些问题的答案似乎相当明显。同样明显的还有知识不同于信念,而且人人都懂得二者的差异。但是,我们一旦开始认真思考这些问题,把这一画面放在更锐利的焦点之下,就会发现问题比我们想象的要复杂得多。因此,**更多的清晰性会带来更高的复杂性**,同时造成更多的困惑,至少一开始是这样的。

在最理想的情况下,清晰性会带着我们走出困境,帮助我们理解表面上的相悖和矛盾之处。然而这只是最理想的情况,我们不能总是指望这样的结果。这样做是不明智的。即使如此,我们仍然能收获比之前更高的清晰性,并且从中获益。我认为这正是伯纳德·威廉斯身上最了不起的美德之一。他是20世纪英国最优秀的哲学家之一,每次读他的文章,我都感到自己对事物的理解更深入了。但是如果有人问我威廉斯的哲学立场是什么,我很可能答不上来。

后来在遇到威廉斯时,我问过他,像我这样的描述能否让他感到高兴。他的回答是"是的"。"我认为这也许是因为,当人们发现无法理解自己的行为和想法时,那便是哲学的起点。"他关注的焦点在于"打开通道,提出建议,帮助人们更好地理解它们"。

有些人觉得这样的方法太消极了。威廉斯旧日的导师迪克·黑尔会对他说："你把这些东西都推翻了,要用什么来填补空白?"威廉斯的回答是:"我不需要用任何东西来填补它,那里就应该空着。"

我赞同威廉斯的看法。人们有时会抱怨,他们向哲学寻求答案,到头来反倒生出了更多的疑问。这样的评价多少有些不公平。我们的思想要取得进步,不一定非要得到那个正确答案,也许排除掉一个错误答案或者提出一个更好的问题就足够了。唐纳德·戴维森曾经谈起自己的朋友和同事威拉德·冯·蒯因。他表示,蒯因"鼓励我相信这样一种可能性:哲学也许无法让我们知道什么是对的,但它一定能发现什么是错的。通过哲学来发现错误大约是我们能切实指望它的唯一一件事"。

瑞·蒙克指出:"清晰性是一个过程,而不是一种状态。真正优秀的课堂和研讨让学生们带着困扰自己的问题而来,而他们离开教室时,会觉得自己对这个问题的认识比之前略微清晰了一些。然而,此时真正的思考才刚刚开始。"

杰西·诺曼把这一观点同济慈的"消极感受力"思想联系在了一起。诺曼将其形容为"一种不急于做出判定的能力,它会把主题摆在你面前,直到它变得清晰可辨,并且在智识和现实层面上变得容易驾驭"。根据济慈的形容,消极感受力是一种"静立于不确定性、不解和疑虑之中"的能力,它"并不急于追赶事实和理性的脚步"。济慈并不是在说,我们要停下追赶事实和理性的脚步,那显然是错的。问题出在"急于追赶"上面。在这种状态下,不安的感受会促使我们过于绝望、过于急切地乱闯乱撞。正如诺曼所言:"在这种时候,大量的激励因素会成群结队地出现,从经济的到心理的，不一而足。它们会促使我们过早地做出判断……能够具备智识上的自律和现实中的自主，让自己始终保持距离。这样的人太罕见了。"

哲学家通常要在清晰性和确定性之间选择一个。我甚至怀疑每个人都是如此。瑞·蒙克给出了维特根斯坦和罗素的对比：

> 维特根斯坦想要做到透彻的清晰，但他的努力遭遇了惨败；在罗素的例子里，惨败而归的是实现彻底确定性的尝试。我认为，这一对比很能说明问题，它说明了我们为什么要做哲学。我们想要的是像罗素追求的那样为自己相信的一切找到绝对确定的基础，还是说，因为我们感到有些糊涂、有些迷茫，希望能消除这种困惑？

经过两千多年的观察，哪种方法更具成效？我认为答案已经非常明显，如果说不上肯定的话，那就是清晰性比确定性更胜一筹。虽然这两个目标都是不可能绝对达成的——完全的清晰和彻底的确定一样不可能实现。但是，如果我们追寻的是清晰性，我们总可以每次清晰一点点。而如果我们追求的是确定性，我们就会永远失败下去。尽管我们嘴上总是说要达到"更高的确定性"，但确定性实际上是没有级别和刻度的：我们要么确定，要么不确定。我们唯一拥有的确定性就是不确定——无论我们感兴趣的确定性是什么，它都不可能实现。

号召人们放弃确定性、追求更高的清晰性似乎是一种谦卑得令人压抑的追求，好像会带来令人大失所望的结果。就像珍妮特·拉德克利夫·理查兹说的那样："'会了不难'，那正是哲学的烦恼之处。一旦你搞清楚了某件事，它就会变得显而易见。"但是如果这是真的，那么如果没有清晰性，这样的显而易见就会让人视而不见。我们如果寻找的是确定性，就会很容易追求远在天边的虚幻，错失近在眼前的真实。

在政治领域追求绝对和确定性可能是灾难性的。政治家、哲学家杰西·诺曼坚决摒弃"帕斯卡所说的'几何精神'，即政治理念是先验的，它源于某种理性理想，并通过人类的行为表现出来"。他把这一点回溯到柏拉图的《理想国》。在这本书里，统治阶级"凭借对一般概念的抽象知识脱颖而出"。这同亚里士多德的政治方法形成了鲜明的对比。后者立足于经验，更多地把政治视为一种脚踏实地的行动，旨在解决问题。诺曼指出："事实证明，单就如何治理这个问题而论，亚里士多德的方法要高明得多。"

政治是妥协的艺术，是一种管理利益与价值冲突的手段，所以，它只能通过一种由协议与和解组成的、相当杂乱的集合体来治理，此外别无他法。毫无异议的政治只能通过独裁做到。无论何时，如果一个政府以自己的正义观念作为绝对理想，并依此治理社会，其结果必然是暴政和祸殃。

迈克尔·桑德尔是社群主义哲学家中的执牛耳者，他对自由主义的批判入木三分：

> 我们内心深处认为，可能存在一个毫无摩擦的、理想的公共领域。这样的想法对民主有害无益，我们会因此把人们的一些最深层的、实质性的道德观点逼入地下或者将其掩盖起来，人人都说自己是不偏不倚的。长此以往，就会造成怨恨和猜忌，每个人都觉得自己遭到了恶意的对

待，觉得自己的看法没有得到认真考虑。

追求共识可能对科学有益，但它在公共领域没有立足之地。桑德尔还指出：

> 我不确定共识是否应该成为高于一切的目标。我们生活在多元社会里，这里充斥着各种各样的不同意见，关于美好的生活，关于道德性和宗教，关于正义与权利……我认为，我们的目标应该是尽可能地建成一个公平的社会。但是，公平的必要条件是什么？什么样的权利必须得到尊重？公共利益应由什么组成？对此，人们的意见总是不同的。这是一个非常现实的问题。

所有理智的人都会认同一点：分歧会在理智的人中间不断存续下去。正如环保主义哲学家戴尔·杰米森说的那样："人们可能相信很多不同的东西，但这并非因为他们不理智；人们也可能获得很多不同的感受，这并非因为他们不敏锐。"但这并不代表理性的对话或者分享感受的努力是毫无意义的。"思考的对象总是有好有坏，感受的方式总是有敏锐有迟钝。社群生活的一部分宗旨就在于形成共同价值观念。"做得到共同谈论、倾听和思考的社会能够凝聚在一起，就算做不到完全其乐融融，至少也能做到和谐融洽。

完美的解决方案根本不存在。正因为认识到这一点，很多最优秀的作家和创意者极不情愿宣布自己作品的完成。他们常常在最后期限的压力逼迫下才交付作品，就此完结。这样的完美主义让一部分人的作品相对较少，但是达到了最高的质量。珍妮特·拉德克利夫·理查兹就是个例子。她只撰写了两部著作，相隔21年，而这两部著作都是精品。德里克·帕菲特在1971年发表了一篇影响深远的论文，13年后，他出版了一部著作，又过了足足27年，他才出版了一部两卷本的续作。

直到年过八旬，菲利帕·福特才发表了自己的第一部，也是唯一一部专著：《自然的善性》。这部杰作篇幅有限，但是内容极为丰富。然而，由于特有的诚恳，福特始终认为自己还有很多未经检验的或者验证不足的地方。比如，她曾指出："我对幸福和繁荣没有像样的看法。我们可能真的具有两种关于幸福的概念：在一种意义上，恶人可得繁荣；在另一种意义上，恶人不得繁荣。"她说："有一点很重要，那本书的每位读者都应该意识到，它包含着不少空白，而那正是我想努力填补的地方。"福特并不是在故作谦逊，而是目光如炬。每个领域的学术人士都想知道自己有哪些不懂之处，自己还需要做到什么。

追求尽善尽美也会产生自己的问题，在明知有待完善的情况下宣布作品的完结也能带来各种好处。但是，如果人们认为，完稿就等于达到了尽善尽美，那就不会有人写出好的作品。比如，大卫·休谟虽然一生著述颇丰，但是进入晚年后，休谟几乎一直在修订自己早年的著作，推出新的版本。对他来说，最终版本是不存在的。科学家总是念念有词地说着"还需要更多的研究"，好像那是一份神圣的义务。这在哲学领域的对应做法是宣称某些问题将是或者应该成为"另一篇论文的主题"，而这几乎成了惯例。思想者应当牢记，更多的思考永远是必要的。所谓的"最终陈述"只能是截至当下的总结，而不是真正的完结。

还有一种方法可以防止过早地结束探究，即用开放的心态面对

（自己看来）行不通的思想。对西蒙·格伦迪宁来说，困惑似乎是一种极大的动力。"我发现自己很喜欢尝试理解那些自己不懂的东西。虽然别人可能因为无法理解而不肯去深入了解它们，但这让我非常着迷。"因此，他煞费苦心地细读海德格尔、维特根斯坦和德里达等人的著作，并对它们的"晦涩难解抱着一种别人不肯给予的开放态度"。

这是前文提到的宽容原则的又一个例证。格伦迪宁说，他的态度反映了"一泓善意，我在面对艰深作品时也会抱着这样的善意，每当思考比我聪慧得多的人的思想时，我总会如此"。这样做也是有风险的，我们如果**太过**宽厚，可能会把太多的时间浪费在不值得的思想上。格伦迪宁坦承："这一泓善意有时也会虚掷，可能不如一开始时那样值得。这样的情况也时有发生。"但是就算因宽厚犯错，也不能一股脑地否定其价值。无论我们不理解的人是不是比我们更聪明，至少他们多数都是聪明的。把别人的作品看得一无是处，这个想法让人觉得难以置信。

时间宝贵，我不认为应该把自己觉得艰深或难以置信的著作主动放在优先地位。但是我们至少应该时不时地接触它们，并且保持开放的心态。比如，我觉得海德格尔有些自命不凡，有些没必要地晦涩。尽管如此，通过他人的评注，我仍然发现他的一些思想是值得关注的，例如其关于人类与技术的关系的论述等。而且我可以肯定的是，他一定还有其他值得关注的思想。总体而言，德里达并不在我的关注范围之内，而且他经常遭到我关注的人的嘲弄。但是，自从读过格伦迪宁笔下的德里达，我开始从他关于语言的迭代视角中发现极大的意义，而且彼得·萨蒙为德里达撰写的出色传记也确认了一点：他绝对不是欺世盗名之辈。

我们经常听说，人们因为听信了道听途说或者夸张渲染的传闻而摒弃德里达、海德格尔和类似的思想家。这样的情况数不胜数，令人神伤。你一定不会从安东尼·戈特利布那里听到这样的话，因为多年的记者生涯教给他的最重要的一课就是，"不要轻信任何人说的任何事，一定要求证、求证、再求证"。这为他撰写西方哲学史带来了极大的帮助。"我发现，我们印在纸张上的内容，尤其是新闻里的内容，也包括书里的很多内容不少都是错的，因为人们会照搬他们从别的地方抄来的东西。这太让人难以置信了。"我们至少应该同样彻底地检视自己的思想。

由于现实的必要性，我们经常迫不得已地宣布一个项目或者一项探询结束，从而继续前行。本书的交稿日期日益临近，虽然我希望能缩小本书本身的出色程度和人们感受得到的出色程度之间的差距，但是这个目标恐怕一辈子也无法彻底完成。很多事情在现实中不可能一直保持"未完成"状态，但它仍然是一种宝贵的心理状态。即使不得不关上一扇思想的大门，我们也应该记住它的位置，如果有一天需要重新打开它，我们还能找到它。

无休止地质疑，这样的精神生活听上去可能是件苦差事。从某种意义上说，它当然不易。深具哲思的作家迈克尔·弗雷恩曾经说道："我这辈子都在研究几个思想上的难题，而且我看不见解开它们的希望。"他选择了"希望"这个字眼，这很有趣，因为弗雷恩被引用最多的一句台词来自他为电影《分秒不差》撰写的剧本："这不是绝望，劳拉，我能忍受绝望。让我无法忍受的是希望。"在这部电影里，希望是令人痛苦的，因为它让主人公无休止地坚持下去，只为了一场永远不会来到的救赎。

希望常常是必不可少的。但是如果永远无法得到满足，希望就成了一种诅咒。如果我们的希望是有朝一日能够解决所有未解的问题，让我们的整个人生充满意义，我们就是在陷害自己，把自己推向万劫不复的挫败和失望。我们必须学会怎样与问题共存，甚至享受这样的生活，就像弗雷恩那样。弗雷恩告诉我，有一次，他和乔纳森·本内特谈到一个话题：什么东西带给他们生命中最大的快乐。本内特的答案是"陷入严峻的思想难题无法自拔"。我听过很多人论述快乐生活的诀窍，但是第一次听说这样的高见。

也许本内特确实有些古怪。我更倾向于瑞·蒙克的说法："哲学并不会让我们快乐。那不是它的本分。哲学凭什么应该是抚慰人心的？"不过"快乐"是个很油滑的字眼。如果我们认为它的含义是一种纯粹的、洋溢着喜悦的满足感，它就会稍纵即逝，我们也许在面对美食时更容易得到这样的快乐，而不是翻开一本面前的康德的《纯粹理性批判》的时候。

我们有时会把"满足"当作"快乐"，即使如此，我们也要谨慎小心地理解它。如果我们认为完整和圆满的感受就是满足感，那么它同样是难以捉摸的，无法从深思中获得。但是，如果认为足够即满足、自己满意即满足，那么我想，人当然可以从深度思考的人生中获得满足感，即使这样的思考没有最终答案也无妨。

并不是每个人都需要这样的生活方式。未经省察的人生也可能值得过。我认为，让我们感觉人生值得一过的是"接触"。它可能是无言的，比如对那些耕种土地或者整天和自然世界打交道的人来说便是如此。对另一些人来说，它可能是社会性的，因为他们要和别人打交道。对一些人来说，它又可能是创意性的，他们要造出某些东西，无论是艺术品还是手工艺品。刻苦思考是一种更深刻地接触世界的方式。它拓宽了我们的精神境界，为我们打开了超乎想象的道路，帮助我们理解世界。更多地明白山重水复的背后可能是柳暗花明，可以让我们在这个令人困惑不解的星球上生活得自在一些。

你可能认为这听起来过于乐观，但冷眼观世，难道不是只能看到冰冷严酷的画面吗？我并不这样认为。每当我们更深入地理解某个事物，更多的现实就会被揭示出来，它的奇妙之处就会变得越来越多。一些透过事物表面现象发现其背后根本力量的科学家常常会陷入惊叹，而不是沮丧。神经学家安尼尔·塞思说："每一次科学取代我们的位置成为事物的中心，都会给予我们更多的回赠。"[3] 物理学家卡洛·罗韦利也写过类似的话："每当确实的事物被质疑或分解时，新的事物总会由此显现，于是我们能进一步看到此前看不到的东西。"[4]

我们发现的一切并不都是积极正面的。哲学和科学不同，前者更多地关心规范性，也就是事物应该是什么样的，而非事物现在是什么样的。这拉开了理想与现实之间的差距，并可能由此带来失望。但是，最重要的是我们如何应对它，这取决于我们自己。法国的存在主义认为，生命的荒谬是痛苦、自弃和绝望的缘由。而英国的存在主义认为，生命的荒诞是惹人发笑的。这里的"英国存在主义"哲学主要指的是巨蟒剧团的作品。在电影《巨蟒与圣杯》和《布莱恩的一生》中，这个剧团嘲弄了"人生是由更高尚的、超凡的理想驱动的"这一思想。我们只是得过且过罢了，并且常常要忍受旁人没完没了的残忍和奚落。然而这两部电影都是喜剧，我们只会大笑，因为它们并没有那么阴郁。罗杰·斯克鲁顿指出："很多时候，我们之所以发笑，是因为知道自己没有实现理想。假如连理想都没有，幽默就会变成黑色幽默。"

接受问题得不到回答，接受在没有绝对确定性的情况下追求更高的清晰性，接受改正更多的错误而不是获得正确的答案。这些都不应该被视为放弃。萨特说过："人不一定非要有希望才能工作。"换句话说，既然人生不会有任何确切的保证，我们只能学会在没有保障的情况下行动。我们之所以努力，不是因为相信最终必定能成功，而是**不相信**自己一定会失败。

在充满挫败、迷茫和困难的思考中做到最大限度的坚持不懈，其最强有力的理由也许是：这是**应该**做的。理性中包含着"应该"，这是毫无异议的。无论何时，每当遇到强有力的论证时，我们都**应该**接受它的结论。人们经常认为，推理中的这个"应该"和伦理学中的"应当"是不一样的。我并不这样认为，我们应该好好思考，因为我们如果做到了这一点，就能更清楚地看到自己应当去思考些什么。反过来说，我们如果不好好思考，就不知道自己应该思考些什么，最后往往听信很多不该听信的东西。因此，要尽可能地做好推理。这不仅是实现目标的现实手段，也是刻不容缓的道德要求。

如何做到坚持不懈？

- 把思考视为永无止境的成长过程，而不是获得终极智慧的手段。
- 未解决的思想问题会永伴我们左右，旧的问题刚刚被解决，新的问题又会不断产生。要学会接受它。
- 陷入思考困境可能是因为使用了错误的方法。可以尝试回溯来时的道路，换个角度走近问题。
- 我们不能也不应该等到所有重大的不确定性解决之后才开始向前生活。要带着不确定性前进。
- 抵制确定性、虚假的精确性和过度自信的诱惑。
- 学会克服"不确定性恐惧症"。不确定性普遍存在，不值得害怕。培养自己的适应能力，学会与不确定性、未解谜题和疑惑和谐共存。
- 接受图式主义和形式主义的局限性。并非一切都可以简化为定律或方法。
- 不过分夸大理性的力量，就不会对它失望。我们使用理性，并不是因为它是探明真理的最好方法，而是因为其他的路走不通。
- 寻求更高的清晰性，清楚地意识到：一开始，清晰性可能带来更多的复杂性，甚至进而产生更多的疑惑。
- 在面对人类的欲望、偏好和价值观时，不要强求共识。应该求同存异，找到平衡点，而不是想方设法地消除差异。
- 没有最好，只有更好，所有的完结都是暂时的——不一定非要成为一个完美主义者才能明白这个道理。
- 永远对自己没听懂或者不明白的事物保持开放心态。
- 不要忘记反思式人生的满足感。思考世界也是投身其中的最根本方式之一。

结语　CONCLUSION

> 最重要的是打假。要摒弃一切形式的虚假，尤其不能对自己虚伪。要警惕自己的不诚实，时刻保持警醒。
>
> —— 陀思妥耶夫斯基，《卡拉马佐夫兄弟》

始终隐藏在本书背后的一条主线是亚里士多德极尽实用的中庸之道，我们同样可以在孔子的思想中找到它。中庸说的是，德行几乎不存在针锋相对的反面，其自身的过度或不足才是最可怕的。比如，慷慨是挥霍与吝啬之间的中庸，理解是缺乏同情心与溺爱娇惯之间的中庸，自豪感是自我仇视与傲慢自大之间的中庸。

同样的道理也适用于思考的美德，我们已经在前文一次又一次看到这一点。我们可能太过精确或者太过模糊（这里的精确是虚假的精确）。对于自己不赞同的观点，我们可能为它着想得太多，也可能太少。我们可能为自己考虑得过多，也可能过少。正是出于这个原因，本书的每一条建议都搭配了一条请勿盲从的警示：追随论证，无论它带领我们走向哪里，但是不要跟随它走向荒谬；质疑一切，但不要时时刻刻质疑；定义自己的用词，但是并非所有的语词都是可被定义的；思考的美德离不开权衡和判断，对每一种错误来说，都有一种对等且相对的错误方法。我们可能过多地使用了批判性思维方法，也可能过少，这要根据具体情况来判定。中庸之道是一种元原理，我们应当时刻记在心里。

然而中庸并不是解锁一切理性力量的万能钥匙。本书最基本的主张是，没有一套算法能帮助我们恰当地思考，没有一种打遍天下无敌手的方法可供使用，也不存在一个 P 因子。即使如此，我们也可以拥有某种类似备忘录的方法，用一种总体性的框架把优质思维的不同要素统合在一处。这对我们的思考大有裨益。

在尝试提炼它的精髓部分时，我发现自己描述的是一种过程。我之所以说"一种过程"，是因为它在现实生活中表现出的并不是清晰直白的线性结构，而且我们必须根据情境来灵活使用它，不能机械地套用。遗憾的是，它的 4 个组成部分的首字母无法组成一个好听的缩略词。不过，"专注"（Attend）、"明晰"（Clarity）、"解构"（Deconstruct）和"连接"（Connect）这 4 个关键词的首字母可以组成 AC/DC。它刚好和澳大利亚最优秀的摇滚乐队重名。这多少有些讽刺，因为这支乐队可不是因为理性主义而闻名天下的。这也许可以提醒我们：有些东西不必想太多。

专注

第一个要素既是优秀推理的第一步，也是接下来每一步的必要组成部分。它的重要性无与伦比，怎么强调都不过分。本书的每条建议都可以说是专注原则的实际运用：专注于证据，留心什么是最重要的，专注于自身推理的步骤，留心那些未被言明的假设，注意自己使用的语言，专注于其他专家和学科的已有贡献，留意心理陷阱、自身的偏见和自己的脾气秉性，警惕自负心理，专注于更宽广的图景，当心宏大理论的诱惑等。

如果这听上去是一项艰辛的实践，那是因为它确实很难。严谨的思维在很大程度上就是一种讲求运用之妙的力气活。经过长期的进化，我们已经变成了"认知吝啬鬼"，只用尽可能少的气力为自己找到下一顿饭，养育下一代人。能不思考就不思考，这样会让日子好过得多。如果非思考不可，最好是在酒桌上吟风弄月，或者在社交媒体上装疯卖傻，这样更有乐趣些。没有人是无可指责的，但是努力求索和不思进取之间存在天壤之别，那些把自己推向思维极限的人和原地踏步的人之间存在巨大的差距。

明 晰

专注带给我们最重要的结果之一是更高的明晰性。我们绝大多数的错误都源于未能对思考的对象形成足够明晰的认识，这样说也许并不夸张。我们必须知道真正的问题是什么，而不是简单地以为自己或者他人已经知道了这一点。什么是真正的重点？利害关系如何？我们必须厘清相关事实，辨明各种概念的含义，认清论证是如何构建的，它属于演绎、归纳、溯因还是兼而有之。更高的明晰性常常是我们能期待自身推理得出的最高成果，如果不能在一开始做到尽可能明晰，就不可能在结束时收获更高的明晰性。

解 构

我们已经懂得了专注，学会尽可能清晰地看待问题，接下来要做到解构，即做出一切必要的区分，把问题分解为不同的方面。其中一部分是形式上的：该论证是如何推进的？每个步骤是否扎实可靠？有一些是概念性的、语言学上的：一个语词的背后是否隐藏着更多的含义？是否需要构造一个比现有词语更准确的新词或者表达方式？有没有把本来不需要或者不应该属于同一个整体的思想生拼硬凑在一起？还有一些解构是经验性的：哪些事实比较重要？哪些是次要的、带有误导性的或者纯粹分散注意力的？还有一些是心理性的：哪些看似合理的部分是我们希望合理的？又有多少仅仅因为我们不喜欢而遭到摒弃？拆分时务必全神贯注，谨慎从事。

连 接

专注、明晰和解构都是优质思维必不可少的要素。然而，如果单凭它们本身，我们只能得到一堆拆散的局部零件，它们整齐地码放在那里而无法投入使用。我们必须在恰当的时候把它们组合在一起。一个组合好的结构有多完整，只有时间能告诉我们答案。不过，如果我们不试着把它们连接起来，真正有益的结果就不可能产生。

想把拆散的局部零件连接在一起，当然离不开高度的专注。有些联系也许并不明显。比如，我们可能认为有机素食是最符合伦理道德的食物，但是我们也许没想到，如果没有动物肥料，绝大多数的有机农场都难以为继。"谣言粉碎机"听上去是个不错的想法，可能因为我们不知道，心理学研究告诉我们，对迷信的破除可能反而让它们变得广为人知、根深蒂固。凡是听上去令人激动的想法，我们都应当提醒自己慢下来，不要急于追捧它们，要先想清楚它们背后的含义。

连接受益于推理的社会维度。我们如果在阅读时涉猎不广，就会错失来自其他领域的知识，而这些领域恰恰与我们正在思考的问题有关。如果不和聪慧的人谈论自己的想法，我们就会错过由此而来的某些出人意料的联系。

思考的构建阶段需要极大的细心，为此我们必须具备极大的谦逊和耐心。AC/DC 四要素中有三项指向透彻的思考，只有最后一项的主旨是得出结论。我认为这是合理的。因为如果让我们用一句话来总结优质思维的关键，那它一定是"不要直接跳到结论"。要慢慢地、手脚并用地爬向结论，慢下来，审视自己走过的每一步。在这个凡事推崇快速和轻松的时代，思考必须是缓慢而艰苦的。

关键概念词汇表 GLOSSARY OF KEY CONCEPTS

溯因推理（Abduction）

寻求最佳解释的论证方式。在所有其他条件相同的情况下（即 ceteris paribus），最佳解释必须兼备简单性、相干性、全面性和可检验性。

精确（Accuracy）

伯纳德·威廉斯的两项"真理的美德"之一，另一项是**真诚**（sincerity）。当一贯的精确占据主导地位时，真理通常会随之而至。

人身攻击谬误（Ad hominem fallacy）

针对论证提出者——而不是论证本身——的诘难，对人不对事。了解论证是谁提出的也许很重要，但这本身并不能告诉我们论证是否成立。

肯定前件（Affirming the antecedent）

一种有效的**演绎**论证形式：如果 x，那么 y；因此，当 x（即前件）时，那么 y。比如，假如香肠是用豆腐做的，那么它适合素食主义者食用。据此可得，这根香肠是用豆腐做的，因此它适合素食主义者食用。

肯定后件（Affirming the consequent）

一种无效的**演绎**推理形式：如果 x，那么 y；那么，因为 y（即后件），所以 x。比如，如果这根香肠是豆腐做的，那么它适合素食主义者食用。据此可得，这根香肠适合素食主义者食用，所以它是豆腐做的。（该论证是错误的：它也可能是用素肉、结构性植物蛋白或者很多其他原料制成的。）

加总谬误（Aggregation fallacy）

一种错误认识（它通常表现为一种隐性的假设）：如果某个事物是好的，那么更多的这种事物一定会好上加好。

困境（Aporia or apory）

两个或多个观点看似各自正确，放在一起就会发生矛盾。举一个被哲学家普遍忽视（这很奇怪）的例子："史蒂夫·旺德是一位音乐奇才"和"他创作了让人笑掉大牙的歌曲《电话诉衷情》"。

后天（A posteriori）

后天是来自经验的，比如科学即后天的，与之相对的是先天。

先天（A priori）

先天指先于经验或者无须借助经验。比如数学是先天的：想要知道 2+3=5，只需要知道数字和运算符号的含义是什么。

注意力经济（Attention economy）

身处当代消费环境的企业相互之间不断竞争，试图赢得人们的注意力，这样做通常是为了将注意力变现。就这一点而言，企业的表现非常出色，因为我们经常会通过极为廉价的方式出卖自己的注意力。

可得性启发法或**可得性偏误**（Availability heuristic or bias）

它指的是这样一种倾向性：我们经常把赖以判断的基础放在最

近发生或者最鲜明突出的证据上，而不是最牢靠或者关系最密切的证据上。

乞题（Begging the question）

认定一项论证本该证明的一个或者多个**预设前提**是真的。

行为疲劳（Behavioural fatigue）

一种虚造的社会心理学名词。在新冠疫情期间，英国政府用它来证明隔离政策一再推迟的正当性。这也提醒我们，看似科学的东西并不都是真科学。

咬牙坚持（Biting the bullet）

接受一项论证或者一种立场带来的反直觉的或者不可信的结果。此举须慎用。

范畴错误（Category mistakes）

把某一事物归入某一类型，而它实际上属于另一类型，甚至无类可归。

其他条件均同（Ceteris paribus）

在其他条件都相同的情况下。在进行宽泛的论述时，它是一种有用的（但是未被充分利用的）限定条件。

变化盲（Change blindness）

这是人类的一种奇怪的趋向性。如果注意力被引开或者一开始就精神涣散，人们可能不会注意到所处环境中发生的某些变化。

聚类思维（Cluster thinking）

这也是一种倾向性。人们把逻辑上和/或**经验**上明显不同的观念集中在一起，认为信其一就必须信其他，拒绝其一就必须拒绝其他。它也是一种极具吸引力的**认知吝啬**。

认知共情（Cognitive empathy）

理解他人推理的能力。与之形成对比的是情感共情，即感受他人感受的能力。

认知吝啬鬼（Cognitive misers）

人类天生就是认知吝啬鬼。我们想用最低限度的心理能量过活，因而会采用各种**启发法**或者捷径，但它们中有很多都具有误导性。

可设想性论证（Conceivability arguments）

根据可否设想在前后一致的基础上得出结论的论证方式。绝大多数可设想性论证的糟糕程度都超出了人类的设想。

结论（Conclusion）

不可直接跳到结论。**有效演绎**论证的结论必须是在遵循**前提**的基础上逐步推导而出的。

证真偏差（Confirmation bias）

人们往往只注意和记住那些支持自身观点的证据，却忽视或遗忘对自身论点不利的证据。它也被称为"我方偏差"（myside bias）。

一致性（Consistency）

一种理想状态。当一致性达成时，其中的各种观念不会互相抵牾。

谁在受益？（Cui bono?）

谁是受益者？这是一个非常有用的问题，它会提醒我们注意既得利益者。不过它的答案本身并不能告诉我们一项论证**是否可靠**。

死猫战略（Dead cat strategy）

一种战术。罔顾事实或相关性，刻意抛出极其过分或夸张的言论，把人们的注意力从对己不利的关注点上分散开来。这种做法在政治圈里极为常见。

演绎推理（Deduction）

一种由**前提条件**出发一步步推导得出结论的论证方式。

回音室（Echo chambers）

在这一实际的或者虚拟的空间中，人们只能听见与自身观点相同或者相似的观点。这并不是一个新概念，大多数社区、报纸、俱乐部和协会组织的建立初衷就是成为回音室。

经验主义的（Empirical）

以证据为依据。科学是经验主义的，数学和逻辑学则不是。

省略三段论（Enthymemes）

未被言明的、常常是假定的**前提**。通常需要对其详加说明。

错误理论（Error theory）

用来解释为什么一项错误的论证或者错误的观点仍然被理智的人接受。

坚持FAF原则（Faffing about）

它是优秀思维的核心：检视事实（Facts）、密切地注意（Attention）、追问由此可证什么（Follows）。

复杂问题谬误（Fallacy of the complex question）

一个问题不允许人们直接做出回答，而是首先逼迫人们接受一些他们也许不愿接受的东西。比如有人问："你为什么这么混球？"

归化谬误（Fallacy of domestication）

即把一种思想转译（实际上是篡改）成自己更熟悉的样子。这种错误在跨文化思考中非常普遍。

两可谬误（Fallacy of equivocation）

错误地使用或者刻意地误用一个词义含混不清的词语，由此造成不合时宜的效果。比如责备一个人表达歧视（discriminate 表示"看不起"的贬义含义），实际上这个人只是在区分（discriminate 表示"辨识、辨别"的中性含义）客观差异。

口误谬误（Fallacy of the telling slip）

把别人的口误或者无心之语当作审判的依据，认为可以从中看到对方的真正好恶，甚至把它的重要性置于对方平时言论与行为的整体之上。

假两难推理（False dichotomy）

一种毫无必要的二元选择。比如有人说，你无法既支持言论自由，又支持某些信息造假形式入刑，但是，我们有没有可能认为，言论自由应该以"不滥用自由，避免因此造成危害"这一前提条件为基础呢？

起源谬误（Genetic fallacy）

摒弃一项论证或观念，仅仅由于它的起源是值得质疑的。事实上，它的起源与它的真实性毫无干涉。愚者千虑，必有一得，再糟糕的人有时也能提出很好的想法。

群体思维（Groupthink）

一个群体之内的意见严重趋同，以至提出不同的看法或者开展不同的思考变得极为困难。

启发法（Heuristics）

一种心理捷径或经验法则，可以让我们大量节省思考所需的气力。人类离不开启发法，但是要当心它把我们引入歧途。

整体性解释（Holistic explanations）

立足于整个体系的全貌和行为方式的解释说明。与之相对的是还原论。

当且仅当（Iff）

"当且仅当"也被称为"双条件"。"如果"（if）和"当且仅当"（iff）的逻辑极为不同，应该做到清晰明确。参见"肯定前件"和"肯定后件"。

内隐偏差（Implicit bias）

无意识的偏见，它同样可能影响那些沦为这些偏见牺牲品的人，因为人们往往会消化吸收社会常规。

不确定性恐惧症（Incertophobia）

对不确定性的畏惧。它是一把衡量一个人智识成熟度的尺子。

归纳论证（Induction）

从经验出发的论证方式。从演绎推理的角度来看，归纳从来都是无效的，但是人类无法离开归纳。

语调（Intonation）

它会在极大程度上影响我们对很多观念的理解。想象一下，有人平静舒缓地说"没有上帝，道德重返人间"，另一个人用惊恐万状的语调说出同一句话，那会是怎样一番景象。同样的观念，也会呈现两个截然不同的世界。

直觉式信念和反思式信念（Intuitive and reflective beliefs）

直觉式信念是我们从骨子里真切感受到其正确性的看法，它们会因此影响我们的行为。反思式信念指的是，如果有人问起，我们会说它们是正确的，但是它们不一定像预期的那样影响我们的感受和行动。有些人可能经过反思后认为自己不能再喝酒了，但是如果真的再喝一扎啤酒,他们也不会因此感到过多不安。

主义主义(Ismism)

一种正当的成见。它反对各种"主义""学说",以及一切把人类的思维方式过于整齐划一地划入各种思想门派的做法。

"是/应该"分野(Is/ought gap)

事实陈述与价值陈述之间的逻辑分野。以事实为**前提**的**有效演绎**论证不能对价值做出**结论**。但这并不意味着事实不具备价值意义。

逻各斯中心主义(Logocentrism)

一种优先考虑语词和概念的理解方式。

特立独行者的悖论(The maverick's paradox)

特立独行者遵循证据和论证,而不是从众,这是正确的做法;然而这也会让大多数特立独行者走向错误的结论。

中庸之道(The mean)

在道德领域和推理过程中立足于过度与不足之间的一种美德。离开了中庸之道,我们可能失之于过度模糊,也可能失之于过度精确;在追求逻辑有效性时可能过犹不及,也可能草率敷衍;可能过于容易地放弃,也可能过分执拗地坚持。

意义即用法(Meaning as use)

认为语词的意义通常并非定义中指明的那样严格,而是它们在实际使用中的含义。

元归纳(Meta-induction)

由关于"这一类事物"如何的一般先例出发——而不是以当前问题的细节为依据——的推理。在具体信息不足但存在大量关于"此类事物"的证据时,这种方法比较有效。

我方偏差（Myside bias）

见"证真偏差"。

自然主义谬误（Naturalistic fallacy）

由某事物的自然天性来论证它是对的或者好的。这自然是错的。

奥卡姆的剃刀（Ockham's Razor）

一项原则：如无必要，勿增实体。更宽泛地说，**在其他条件均同的情况下**，简单的解释优于复杂的解释。

举证责任（Onus of proof）

一项值得明确的准则。在出现异议时，证明论点的举证责任是否更多地落在一方，而不是另一方？一般来说，举证责任应由造成明显危害的一方承担，或者由反对专家意见的一方来承担。

乐观偏差（Optimism bias）

一种并非普遍存在的人类习性：预期最好的结果，至少也是较好的结果。

前提（Premise）

形成论证基础的陈述（或者命题）。前提必须由经验证明为真或者由其他**可靠**论证证明为真。

宽容原则（Principle of charity）

在思考一项论证或观念时，尽可能地把它想成最好的样子，否则你的任何否定都可能言之过早。

心理学化（Psychologising）

把一个人的观念或行动归因于其隐秘的心理动机。它几乎总是在疑神疑鬼。一般来说，我们——包括心理治疗师在内——应当注意避免心理学化。

过高的再定义和过低的再定义（Redefinition, high and low）

过高的再定义改变一个词语的用途，使它的用途窄于合理的预期。比如有人说真正的朋友宁愿自己坐牢也不愿让自己的朋友出丑，这毫无道理地抬高了友谊的标准。反过来说，过低的再定义会让词语的运用宽于合理的预期。比如说，仅仅因为有人在救急募捐中不够慷慨就把他说成杀人犯，这显然是夸大其词。

归谬法（Reductio ad absurdum）

论证一项观念在逻辑上必然推导出一项荒谬的结论，以此证明该观念是错误的。举例说明，假如你认为应该暂缓对气候变化的判断，因为它还没有得到百分之百的证明，那么你应该同时搁置关于一切事物的判断，因为没有什么是百分之百确定的。这简直荒唐透顶，所以你那暂缓关于气候变化的判断的理由是有问题的。

还原论（Reductionism）

把事物分解为最小组成部分，并在此基础之上做出解释。它在科学领域里极具威力，但是，如果分解造成了解释对象的消失，这种方法就不再有效。举个例子，我们无法通过检视每个像素的方法来解释一幅摄影作品的美。

均值回归（Regression to the mean）

很多系统具有回归自然均衡状态的趋势。如果不能考虑到这一点，就容易把很多事情，例如连胜的终结或者身体的康复等，归于错误的原因。

怀疑主义（Scepticism）

怀疑主义表现为多种形式和程度。方法论的怀疑主义质疑过程中的每个环节，以此获得最大的确定性。皮浪的怀疑论普遍怀疑一切信念，它的根据是万物皆不可知。休谟信奉的温和怀疑主义倡导平衡——既相信万物都无从确定这一事实，又对必须信以为真的事物做出现实的评判，并在二者之间找到平衡。

科学主义（Scientism）

它认为只有通过科学验证的认识才有意义。科学主义很不科学。

语义滑坡（Semantic slide）

有意或者无意的滑坡，使得一个词语的含义变得与其本义近似或者密切相关但又存在关键差异。以"awesome"为例，长久以来，这个词语的含义已从原本的"令人敬畏"滑为"相当不错"。并不是每个例子都如这般无关痛痒。

显著性（Significance）

一个模棱两可的名词。如果一个事物不可能是错误产生的结果，那就说明它具有统计学意义上的显著性。但它是否在其他意义上具备显著性，那是另一回事。比如，两种不同的行为在对健康的影响方面可能会产生统计学意义上的显著差异，但这一差异在现实生活中可能微乎其微，不足以影响人的行为。假如戒掉一种你心爱的食物可以让你的寿命增加一个月，你会因此而割爱吗？

真诚（Sincerity）

伯纳德·威廉斯提出两项"真理的美德"，其一是真诚，其二是"**精确**"。它要求我们正心诚意地同他人交流观念，真心实意地追求真理。

境遇伦理学（Situational ethics）

小写的境遇伦理学强调在特定道德困境中密切关注细节，切勿简单粗暴地套用一般性原理。不要把它同约瑟夫·弗莱彻的基督教境遇伦理学混为一谈，因为后者有时也被简称为（大写的）"境遇伦理学"。

滑坡谬误（Slippery slope）

在接受一件显然正确或者可接受的事物时不可避免地走向另一件糟糕的事物。滑坡谬误更多是心理性的，而不是逻辑上的，而且它们通常不像告诫者描述的那样不可避免。

社会认识论（Social epistemology）

它的研究对象是知识获取与验证的社会基础。

连锁悖论（Sorites paradox）

一系列微小的变化单独不会造成显著的影响，但是放在一起会造成极大的不同。比如说，掉一根头发不会造成秃头，但是如果一根接一根地不断脱发，人总是要秃的。它也表明这样一个事实：很多概念的边界是模糊的。

可靠（Sound）

如果一项**演绎**论证是**有效**的，且它的**前提**为真，那么这项论证就是可靠的。

规定性释义（Stipulative definitions）

在使用一个词语的规定性释义时，我们不会宣称它符合该词语先前存在的本义，规定性释义的存在只是为了满足特定目的。我们都很清楚自己在使用专门术语时，规定性释义的使用没有问题，但是不能因此假装自己在使用它们的本义。

稻草人谬误（Straw man fallacy）

避重就轻地批驳对方想法或论证中无足轻重的部分，而回避其重点。

证言不公（Testimonial injustice）

指证言未得到应有的重视，这通常是因为作证者未被给予恰当的地位。

思想实验（Thought experiments）

专门设计的假想情境，目的是诱发直觉，明确推理中发挥作用的关键因素。切忌与真正的论证混为一谈。

先验论证（Transcendental argument）

一种结构论证："既然此项显然为真，那么彼项必定为真。"例如，因为伦勃朗的自画像是天才之作，所以伦勃朗一定是个天才。

"你也一样"谬误（Tu quoque）

你也一样。它并不是对某一立场的决定性反驳，而是用来指出论证者的不一致之处。比如，如果有人说你吃肉不道德，可是他自己同样吃肉，那么他就犯了"你也一样"谬误！但这并不代表吃肉是道德的。它想指出的重点是对方的虚伪。

有效（Valid）

如果一项**演绎**论证的结论严格遵循它的前提条件，它就是有效的。但这并不能保证它是**可靠**的。比如，稍具理性的人都会把我写过的书买来通读，因此，如果你是个理性的人，你现在就去买我的全套作品吧。这样的论证是有效的，但可惜的是，它是不可靠的。

受访者

THE INTERVIEWEES

本书的很多内容取自我在过去二十年里对哲学家和民间钻研哲学的人士的访谈。下面的名单告诉读者的远远不只是他们的名字、采访时间和采访主题。如果你对他们的思想发生兴趣，它还会告诉你从哪里入手。不过这些都是我的个人推荐，有些作品也许不是最知名的，不过读者查找起来并不难。受访者的有些著作也许对普通读者来说颇有难度，我在这些作品后面标记了"φ"符号，权当提醒。这样的提醒有时也许不够公允，因为有些人觉得困难的著作在别人看来不一定困难。

1997年至2010年，我在《哲学家杂志》担任编辑，很多采访都是在那里完成的。当时，女性在哲学领域的代表人数严重不足，尤其是在顶级哲学家阵营里。这样的情况后来得到逐步改善。令人遗憾的是，这一失衡体现在下面的名单中。名单同样反映了种族多样性的不足。如需感受种族多样性在哲学领域的改善，可以观看英国皇家哲学研究所2019年以来的相关视频——本人从2019年开始担任这家研究所的学术主任，也可以收听该研究所的播客《深思缓虑》(*Thinking Hard and Slow*)。

很多访谈记录经过整理编辑，被收录在《哲学家在想什么》和《哲学家又在想什么》(*What More Philosophers Think*) 这两部著作里。它们都是我和杰里米·斯唐鲁姆共同编纂的（Continuum, 2005, 2007）。还有一小部分收录在《新英国哲学访谈录》(*New British Philosophy: The Interviews*) 一书中，这本书也是我和斯唐鲁姆合作编纂的（Routledge, 2002）。

奎迈·安东尼·阿皮亚，政治哲学家和道德哲学家，主要研究世界主义和非洲思想史。访谈：《哲学家杂志》，2011 年第 2 季度，第 53 期。入门著作：*The Lies That Bind: Rethinking Identity - Creed, Country, Color, Class, Culture* (Profile Books, 2018)。

琼·贝克维尔，主持人、作家，终生与知识分子同行。访谈：《哲学家杂志》，2005 年第 4 季度，第 72 期。入门著作：*The Centre of the Bed: An Autobiography* (Hodder & Stoughton, 2003)。

西蒙·布莱克本，主要研究道德哲学和语言哲学。访谈：《哲学家杂志》，2001 年第 3 季度，第 15 期；《哲学家在想什么》。入门著作：*Truth: A Guide for the Perplexed* (Penguin, 2005)。

大卫·查尔默斯，心灵哲学家，他关于意识问题的著作广为人知。访谈：《哲学家杂志》，2008 年第 4 季度，第 43 期；《展望杂志》，线上，2022 年 2 月。入门著作：*Reality+: Virtual Worlds and the Problems of Philosophy* (Penguin and W. W. Norton, 2022)。

帕特里夏·丘奇兰德，神经哲学家，主要研究心灵哲学和道德的神经基础。访谈：《哲学家杂志》，2012 年第 2 季度，第 61 期；《展望杂志》，2019 年 11 月。入门著作：*Touching a Nerve: Our Brains, Our Selves* (W. W. Norton, 2013)。

蒂姆·克兰，心灵哲学家，对信念的本质涉猎颇多。曾接受《新英国哲学访谈录》采访。入门作品：*The Meaning of Belief: Religion from an Atheist's Point of View*（Harvard University Press, 2017）。

罗杰·克里斯普，道德哲学家。曾接受《新英国哲学访谈录》采访。入门作品：*The Cosmos of Duty: Henry Sidgwick's Methods of Ethics*（Oxford University Press, 2017）。ϕ

西蒙·克里奇利，其研究领域包括欧陆哲学、哲学与文学、精神分析、伦理和政治理论等。访谈：《哲学家杂志》，2008 年第 1 季度，第 40 期。入门著作：*Infinitely Demanding: Ethics of Commitment, Politics of Resistance*（Verso, 2007）。ϕ

丹尼尔·丹尼特，心灵哲学家。访谈：《哲学家杂志》，1999 年第 2 季度，第 6 期；2005 年第 2 季度，第 30 期；还接受过拙著 *Freedom Regained: The Possibility of Free Will*（Granta, 2015）的采访。入门著作：*Intuition Pumps and Other Tools for Thinking*（Penguin and W. W. Norton, 2013）。

罗歇-波尔·德鲁瓦，哲学家，大多数著述与日常生活息息相关。访谈：《哲学家杂志》，2006 年第 2 季度，第 34 期。入门著作：*How Are Things? A Philosophical Experiment with Unremarkable Objects*（Faber & Faber, 2006）。

迈克尔·达米特，语言哲学家。访谈：《哲学家杂志》，2001 年第 3 季度，第 15 期；《哲学家在想什么》。入门著作：他的哲学极其艰深，不过幸好他对塔罗牌的历史深感兴趣，曾和罗纳德·戴克一起写过 *A History of the Occult Tarot*（Duckworth, 2002）。

杰瑞·福多，主要研究语言哲学。访谈：《哲学家杂志》，2010 年第 2 季度，第 49 期。入门著作：*LOT 2: The Language of*

Thought Revisited（Oxford University Press, 2008）。ф

菲利帕·福特，20 世纪最具洞察力、最重要的道德哲学家之一。访谈：《哲学家杂志》，2003 年第 1 季度，第 21 期；《哲学家又在想什么》。入门著作：*Natural Goodness*（Oxford University Press, 2001）。

迈克尔·弗雷恩，小说家、剧作家，两部哲学著作的作者。访谈：《哲学家杂志》，2009 年第 4 季度，第 47 期。入门著作：他最优秀的杰作、戏剧作品 *Copenhagen*（1998），该剧在 2002 年被改编为电视电影。

西蒙·格伦迪宁专攻欧洲哲学。曾接受《新英国哲学访谈录》采访。入门著作：*The Idea of Continental Philosophy*（Edinburgh University Press, 2006）。ф

安东尼·戈特利布，记者，一部两卷本西方哲学史的作者。访谈：《哲学家杂志》，2001 年第 4 季度，第 16 期。入门著作：*The Dream of Reason: A History of Philosophy from the Greeks to the Renaissance*（Penguin, 2016）。

安东尼·格雷林，著述颇丰的学者、公共哲学家。访谈：《哲学家杂志》，2004 年第 2 季度，第 26 期；《哲学家又在想什么》。入门著作：*The Challenge of Things: Thinking Through Troubled Times*（Bloomsbury, 2016）。

约翰·哈里斯，生物伦理学家、哲学家。访谈：《哲学家杂志》，2001 年第 1 季度，第 13 期；《哲学家在想什么》。入门著作：*Enhancing Evolution: The Ethical Case for Making Better People*（Princeton University Press, 2007）。ф

萨姆·哈里斯，神经科学家、哲学家。采访：《独立报》，2011

年 4 月 11 日。入门著作：*Waking Up: Searching for Spirituality Without Religion*（Simon & Schuster/ Transworld, 2014）。

乔纳森·伊斯雷尔，思想史学家。访谈：《哲学家杂志》，2008 年第 4 季度，第 43 期。入门著作：*A Revolution of the Mind: Radical Enlightenment and the Intellectual Origins of Modern Democracy*（Princeton University Press, 2011）。

戴尔·杰米森，哲学家，主要研究环境伦理和动物权利问题。访谈：《哲学家杂志》，1998 年第 3 季度，第 3 期。入门著作：*Reason in a Dark Time: Why the Struggle Against Climate Change Failed – and What It Means for Our Future*（Oxford University Press, 2014）。

安东尼·肯尼，主要研究心灵哲学、古典哲学与经院哲学、维特根斯坦哲学和宗教哲学。访谈：《哲学家杂志》，2007 年第 1 季度，第 37 期。入门著作：*Brief Encounters: Notes from a Philosopher's Diary*（SPCK, 2019）。

小林康夫，贯通欧洲哲学与日本哲学，是二者之间首屈一指的译介者之一。曾接受过拙著 *How the World Thinks: A Global History of Philosophy*（Granta, 2018）的采访。入门著作：小林的作品极少被翻译成英文，不过他有些文章是用英文或法文发表的，见 *Le Cœur/La Mort*（University of Tokyo Centre for Philosophy, 2007）。ф

克里斯汀·科尔斯戈德，哲学家，主要研究道德哲学、实践理性、行动性、人格同一性和人与动物的伦理关系等问题。访谈：《哲学家杂志》，2012 年第 3 季度，第 58 期。入门著作：*Self-Constitution: Agency, Identity, and Integrity*（Oxford University

Press, 2009)。①

奥利弗·莱特文，英国议会前议员（保守党）、哲学博士。访谈：《哲学家杂志》，2005 年第 4 季度，第 32 期。入门著作：*Hearts and Minds: The Battle for the Conservative Party from Thatcher to the Present*（Biteback, 2017）。

亚历山大·麦考尔·史密斯，畅销小说家、前医疗法学教授。访谈：《哲学家杂志》，2005 年第 1 季度，第 29 期；《哲学家又在想什么》。入门著作：*The Sunday Philosophy Club* 系列著作中的任何一本。

托尼·麦克沃尔特，英国议会前议员（工党）、哲学学士。他参加过《哲学家杂志》的圆桌会议（2002 年第 1 季度，第 17 期），还接受过《哲学家又在想什么》的访谈。入门著作：他是一位无暇笔耕的实干家，值得敬佩。

霍华德·马克斯，曾是一名国际大麻走私犯。访谈：《哲学家杂志》，2011 年第 3 季度，第 54 期。入门著作：自传 *Mr. Nice*（Vintage/Secker & Warburg, 1996）。

迈克尔·马丁，主要专注于知觉哲学。曾接受《新英国哲学访谈录》采访。入门著作：还未出版。他的官方网站称，马丁"即将完成一本知觉理论朴素实在论的著作，书名暂定为 *Uncovering Appearances*"。

吉列尔莫·马丁内斯，阿根廷小说家、短篇小说作家。访谈：《哲学家杂志》，2007 年第 1 季度，第 37 期。入门著作：*The Oxford Murders*（Abacus, 2005）。

玛丽·米奇利，她关于科学、伦理以及人在自然世界中的地位的著述广为人知。访谈：《哲学家杂志》，1999 年第 3 季度，第 7 期。

入门著作：*Beast and Man: The Roots of Human Nature*（Routledge, 1978; revised edition 1995）。

瑞·蒙克，哲学传记作家。访谈：《哲学家杂志》，2001年第2季度，第14期；《新英国哲学访谈录》。入门著作：*Ludwig Wittgenstein: The Duty of Genius*（Vintage/The Free Press, 1990）。

斯蒂芬·马尔霍尔，哲学家，研究领域包括维特根斯坦、后分析哲学、电影与哲学。曾接受《新英国哲学访谈录》采访。入门著作：*On Film* 第3版（Routledge, 2015）。

迈洛（原名迈尔斯·麦克尼斯），电子音乐家、制作人。访谈：《哲学家杂志》，2006年第4季度，第36期。入门作品是他令人惊叹不已的专辑：*Destroy Rock & Roll*（2004）。

杰西·诺曼，哲学家、英国议会议员（保守党）。访谈：《哲学家杂志》，2011年第4季度，第55期。入门著作：*Edmund Burke: The Visionary Who Invented Modern Politics*（Basic Books, 2013）。

玛莎·努斯鲍姆，道德哲学家、政治哲学家。她论述人类能力以及艺术和人文学科在哲学中的重要意义的著作最为读者熟悉。努斯鲍姆曾两度接受《哲学家杂志》采访：1999年第1季度，第5期；2000年第3季度，第11期。入门著作：*Not For Profit: Why Democracy Needs the Humanities*（Princeton University Press, 2010）。

奥诺拉·奥尼尔，道德哲学家、英国议会上议院中立议员。访谈：《哲学家杂志》，2003年第1季度，第21期；《哲学家又在想什么》。入门著作：*A Question of Trust: The BBC Reith Lectures 2002*（Cambridge University Press, 2002）。

米歇尔·翁弗雷，法国哲学家、卡昂人民大学创始人。访谈：

《泰晤士高等教育》，2007 年 8 月 3 日。入门著作：*In Defence of Atheism: The Case Against Christianity, Judaism and Islam*（Serpent's Tail, 2007）。

菲利普·普尔曼，小说家。访谈：《哲学家杂志》，2003 年第 4 季度，第 24 期；《哲学家又在想什么》。入门著作：*The Good Man Jesus and The Scoundrel Christ*（Canongate, 2010）。

希拉里·普特南，20 世纪分析哲学最重要的代表人物之一，在心灵哲学、语言哲学、数学哲学和科学哲学方面做出过卓越的贡献。访谈：《哲学家杂志》，2001 年第 3 季度，第 15 期；《哲学家在想什么》。入门著作：*The Threefold Cord: Mind, Body, and World*（Columbia University Press, 1999）。ф

珍妮特·拉德克利夫·理查兹，哲学家，最著名的代表作是她在生物伦理学方面的论述。访谈：《哲学家杂志》，2001 年第 1 季度，第 3 期；《哲学家在想什么》。入门著作：*Human Nature After Darwin: A Philosophical Introduction*（Routledge, 2000）。

乔纳森·雷，哲学家、历史学家。曾出席《哲学家杂志》圆桌讨论：2002 年第 1 季度，第 17 期；曾接受过《哲学家又在想什么》一书的采访。入门著作：*Witcraft: The Invention of Philosophy in English*（Allen Lane, 2019）。

亚历克斯·罗森堡，科学哲学家、小说家。曾于 2012 年 2 月 23 日在福伊尔书店举办的布里斯托尔思想节活动中接受采访，访谈经剪辑后编入我的哲学微播客《作为人生指南的科学》（*Science as a Guide to Life*）第 2 季第 6 集。入门著作：*The Atheist's Guide to Reality: Enjoying Life without Illusions*（W. W. Norton, 2012）。

迈克尔·桑德尔，道德哲学家、政治哲学家。访谈：《哲家杂志》，2010 年第 1 季度，第 48 期。入门著作：*The Tyranny of Merit: What's Become of the Common Good?* (Farrar, Straus and Giroux/Allen Lane, 2020)。

齐亚乌丁·萨达尔，学者、作家、主播、未来学家、文化批评家、公共知识分子。访谈：《哲学家杂志》，2010 年第 1 季度，第 48 期。入门著作：*A Person of Pakistani Origins* (C. Hurst & Co., 2018)。

托马斯·斯坎伦，当代最重要的道德哲学家和政治哲学家之一。访谈：《哲学家杂志》，2008 年第 2 季度，第 41 期。入门著作：*Why Does Inequality Matter?* (Oxford University Press, 2018)。

罗杰·斯克鲁顿，在政治哲学和政治美学领域著述颇丰。访谈：《哲学家杂志》，2008 年第 3 季度，第 42 期。入门著作：*A Political Philosophy: Arguments for Conservatism* (Continuum, 2006)。

约翰·塞尔，心灵哲学家、语言哲学家。访谈：《哲学家杂志》，1999 年第 4 季度，第 8 期；《哲学家在想什么》。入门著作：*Mind, Language and Society: Doing Philosophy in the Real World* (Basic Books, 1998)。

彼得·辛格，也许是全世界最著名的道德哲学家和动物权利倡导者。访谈：《哲学家杂志》，1998 年第 4 季度，第 4 期；2009 年第 4 季度，第 47 期；《哲学家在想什么》。入门著作：*Ethics in the Real World: 82 Brief Essays on Things That Matter* (Princeton University Press, 2016)。

艾伦·索卡尔，物理学家。他戏仿"后现代"科学和技术研究的恶搞论文曾引发国际轰动。访谈：《哲学家杂志》，1998 年第 4 季度，第 4 期；2008 年第 2 季度，第 41 期；《哲学家在想什么》。入门著作：与让·布里克蒙合著的 *Intellectual Impostures*（Profile, 1999）。该书在美国出版时更名为 *Fashionable Nonsense: Postmodern Intellectuals' Abuse of Science*（Picador, 1999）。

彼得·瓦尔迪，宗教哲学家，曾为高中生读者创作过十几种著作。访谈：《哲学家杂志》，2000 年第 2 季度，第 10 期；《哲学家在想什么》。入门著作：*The Puzzle of God*（Routledge, 1997）。

奈杰尔·沃伯顿，哲学家，他也是最近几十年来最受欢迎的哲学普及作家。曾接受过《新英国哲学访谈录》采访。入门著作：*A Little History of Philosophy*（Yale University Press, 2011）。

玛丽·沃诺克，道德哲学家、生物伦理学家、英国上议院议员。访谈：《哲学家杂志》，1999 年第 3 季度，第 7 期；2002 年第 4 季度，第 20 期；《哲学家在想什么》；《哲学家又在想什么》。入门著作：*Making Babies: Is There a Right to Have Children?*（Oxford University Press, 2002）。

伯纳德·威廉斯，是其所处时代道德哲学的领军人物之一。访谈：《哲学家杂志》，2003 年第 1 季度，第 21 期；《哲学家又在想什么》。入门著作：*Ethics and the Limits of Philosophy*（Routledge, 2006）。

蒂莫西·威廉森，牛津大学威克姆逻辑学教授，也是该领域最负盛名的学者之一。访谈：《哲学家杂志》，2009 年第 2 季度，第 45 期。入门著作：*Tetralogue: I'm Right, You're Wrong*（Oxford University Press, 2015）。

乔纳森·沃尔夫，政治哲学家。曾接受《新英国哲学访谈录》采访。入门读物：可在推特上关注他。

托尼·赖特，英国议会前议员（工党）、政治理论家。访谈：《哲学家杂志》，2009 年第 3 季度，第 46 期。入门著作：*British Politics: A Very Short Introduction* 第 3 版（Oxford University Press, 2020）。

斯拉沃热·齐泽克，他在公众中的号召力让其他哲学家难以望其项背。访谈：《哲学家杂志》，2004 年第 1 季度，第 25 期；《哲学家又在想什么》。入门作品：阿斯特拉·泰勒的纪录片 *Žižek!*（2005）。

注释

NOTES

序言

1. "Transferable skills" has a webpage all to itself on the Cambridge Philosophy website: www.phil.cam.ac.uk/curr-students/ugrads-after-degree-folder/ ugrads-trans-skills.

第一章 集中注意力

1. René Descartes, *Principles of Philosophy*, (1644) Part One, Section 9, in *Selected Philosophical Writings*, trans. John Cottingham, Robert Stoothoff and Dugald Murdoch (Cambridge University Press, 1988), p. 163.
2. David Hume, *A Treatise of Human Nature*, (1739) Book 1, Part 4, Section 6.
3. David Hume, "Letter from a Gentleman to His Friend in Edinburgh:

containing Some Observations on A Specimen of the Principles concerning Religion and Morality, said to be maintain'd in a Book lately publish'd, intituled, A Treatise of Human Nature, &c." (1745).

4. Edmund Husserl, *Logical Investigations* (second edition 1913).
5. Edmund Husserl, *The Crisis of European Sciences and Transcendental Phenomenology* (1936).
6. https://youtu.be/bh_9XFzbWV8.
7. https://youtu.be/FWSxSQsspiQ.
8. https://youtu.be/vJG698U2Mvo.
9. Plato, *Theaetetus*, 173d–174a.
10. *The Listener*, 1978.
11. Leah Kalmanson, "How to Change Your Mind: The Contemplative Practices of Philosophy", The Royal Institute of Philosophy, the London Lectures, 28 October 2021. https://youtu.be/ OqsO2nNrUi.

第二章 质疑一切，包括你的质疑本身

1. *Behind the Curve* (2018), dir. Daniel J Clark.
2. Immanuel Kant, *Critique of Pure Reason*, (1787) A548/B576.
3. A. M. Valdes, J. Walter, E. Segal and T. D. Spector, "Role of the gut microbiota in nutrition and health", BMJ 2018; 361:k2179 doi:10.1136/ bmj.k2179.

第三章　推敲每一个步骤

1. "We're told we are a burden. No wonder disabled people fear assisted suicide", Jamie Hale, *Guardian*, 1 June 2018, https://www.theguardian.com/commentisfree/2018/jun/01/disabled-people-assisted-dying-safeguards-pressure.
2. https://www.scope.org.uk/media/press-releases/scope-concerned-by-reported-relaxation-of-assisted-suicide-guidance/.
3. https://www.unep.org/resources/report/unep-food-waste-index-report-2021.
4. One of the favourite questions of BBC Radio's highly recommended *More or Less* programme.
5. https://www.eu-fusions.org/index.php/about-food-waste/280-food-waste-definition.
6. Household Food and Drink Waste in the United Kingdom 2012, https://wrap.org.uk/sites/default/files/2020-08/WRAP-hhfdw-2012-main.pdf.
7. Food surplus and waste in the UK – key facts, 2021, https://wrap.org.uk/resources/report/food-surplus-and-waste-uk-key-facts.
8. https://www.usda.gov/foodwaste/faqs.
9. Steven Pinker, *Rationality* (Allen Lane, 2021), p. 225.

第四章　遵循事实

1. David Hume, *An Enquiry Concerning Human Understanding* (1748/1777), Section X, "Of Miracles".

2. William Paley, *Natural Theology or Evidences of the Existence and Attributes of the Deity* (1802).

3. *An Enquiry Concerning Human Understanding*, Section XI, "A Particular Providence and a Future State".

4. G. Gigerenzer, "Out of the frying pan into the fire: Behavioral reactions to terrorist attacks", *Risk Analysis*, April 2006; 26(2):347–51, doi: 10.1111/j.1539-6924.2006.00753.x. PMID: 16573625.

5. B. F. Hwang, J. J. Jaakkola and H. R. Guo, "Water disinfection by-products and the risk of specific birth defects: A population-based cross-sectional study in Taiwan", *Environmental Health*, 2008; 7(23), https://doi.org/10.1186/1476-069X-7-23.

6. Jo Macfarlane, "Chlorine in tap water 'nearly doubles the risk of birth defects'", *Daily Mail*, 31 May 2008.

7. There's a good account here of 9/11 conspiracy theories debunked: David Oswald, Erica Kuligowski and Kate Nguyen, *The Conversation*, https://theconversation.com/9-11-conspiracy-theories-debunked-20-years-later-engineering-experts-explain-how-the-twin-towers-collapsed-167353.

第五章　使用准确的语言

1. Ludwig Wittgenstein, *Philosophical Investigations* (1953) §38.
2. Confucius, *Analects*, Book 13, Chapters 2–3, in James Legge, The Chinese Classics Vol. 1, (Oxford University Press, 1893), p. 102.
3. Thanks to Patrick Greenough for identifying the source.
4. Ludwig Wittgenstein, *Philosophical Investigations* (1953), p. 43.
5. https://www.globallivingwage.org/about/what-is-a-living-wage/.
6. https://www.livingwage.org.uk/what-real-living-wage.
7. *Shurangama Sutra*, Chapter 2, http://www.buddhanet.net/pdf_file/surangama.pdf.
8. Ludwig Wittgenstein, *Tractatus Logico-Philosophicus* (1922) §7.

第六章　兼容并蓄，全面思考

1. David Hume, *A Treatise of Human Nature*, (1740) Book 3, Part 1, Section 1.
2. *Cosmopolitan*, July 2013.

第七章　学些心理学

1. Anil Seth, *Being You: A New Science of Consciousness* (Faber & Faber, 2021).

2. See Kahneman's magnificent *Thinking, Fast and Slow* (Farrar, Straus and Giroux, 2011).

3. Steven Pinker, *Rationality: What It Is, Why It Seems Scarce, Why It Matters* (Viking, 2021), Preface.

4. Hugo Mercier and Dan Sperber, *The Enigma of Reason* (Harvard University Press, 2017).

5. David Hume, *An Enquiry Concerning Human Understanding* (1748/1777), Section V, Part Ⅰ.

6. S. L. Beilock, R. J. Rydell and A. R. McConnell, "Stereotype threat and working memory: Mechanisms, alleviation, and spillover", *Journal of Experimental Psychology: General*, 2007; 136(2): 256–276, https://doi.org/10.1037/0096-3445.136.2.256.

7. https://beingawomaninphilosophy.wordpress.com/2016/04/28/its-the-micro-aggressions/.

8. A. C. Grayling, "A booting for Bertie", *Guardian*, 28 October 2000.

9. Rachel Cooke, interview, Amia Srinivasan: "Sex as a subject isn't weird. It's very, very serious", *Guardian*, 8 August 2021, https://www. theguardian.com/world/2021/aug/08/amia-srinivasan-the-right-to- sex-interview.

第八章　捕捉重点

1. Robert Heinaman, "House-Cleaning and the Time of a Killing", *Philosophical Studies: An International Journal for Philosophy in the Analytic Tradition*, 1983; 44(3): 381–389, http://www.jstor.org/stable/4319644.
2. Nicholas Rescher, "Importance in Scientific Discovery", 2001, http://philsci-archive.pitt.edu/id/eprint/486.
3. Jerry Fodor, "Why would Mother Nature bother?", *London Review of Books*, 6 March 2003.
4. For a fuller account of my take, see *Freedom Regained* (Granta, 2015).
5. https://twitter.com/nntaleb/status/1125726455265144832?s=20.
6. https://drug-dev.com/management-insight-antifragile-nassim-taleb-on-the-evils-of-modern-medicine/.

第九章　培养自知之明

1. David Papineau, "Three scenes and a moral", *The Philosophers' Magazine*, Issue 38, 2nd Quarter 2007, p. 62.
2. https://bostonreview.net/articles/ned-block-philip-kitcher-misunderstanding-darwin-natural-selection/.

3. David Hume, "Whether the British Government inclines more to Absolute Monarchy, or to a Republic", in *Essays, Moral, Political, and Literary*, Part 1 (1741, 1777).

第十章　独立思考，但不要独自思考

1. https://www.philosophyexperiments.com/wason/ I think a problem with the experiment is the ambiguity between 'if' and 'if and only if'.
2. See David Hume, *A Treatise of Human Nature*, (1739).
3. Janet Radcliffe Richards, *The Sceptical Feminist: A Philosophical Enquiry* (Routledge, 1980).
4. See *A Short History of Truth* (Quercus, 2017).

第十一章　把万物联系起来

1. Steven Pinker, *Enlightenment Now* (Penguin/Viking, 2018).
2. *Human Action: A Treatise on Economics* (Ludwig von Mises Institute, 1949, 1998), p. 33.
3. See Anne-Lise Sibony, "The UK Covid-19 Response: A behavioural irony?", *European Journal of Risk Regulation*, June 2020; 11(2), doi:10.1017/err.2020.22.
4. https://www.bi.team/blogs/behavioural-insights-the-who-and-Covid-19/.

第十二章　永不放弃

1. David Hume, *A Treatise of Human Nature*, (1739), Book 1, Part 4, Section 7.
2. Really. https://www.efsa.europa.eu/en/efsajournal/pub/2809.
3. Anil Seth, *Being You: A New Science of Consciousness* (Faber & Faber, 2021), p. 274.
4. Carlo Rovelli, *Helgoland*, (Allen Lane, 2021), p. 168.